宋淳祐本朱文公訂正門人蔡九峰書集傳

第一册

宋 蔡沈撰

中國國家圖書館藏宋淳祐十年吕遇龍上饒郡學刻本

山東人民出版社・濟南

圖書在版編目（CIP）數據

宋淳祐本朱文公訂正門人蔡九峰書集傳 /（宋）蔡沈撰 .— 濟南：山東人民出版社，2024.3
（儒典）
ISBN 978-7-209-14319-6

Ⅰ. ①宋… Ⅱ. ①蔡… Ⅲ. ①《尚書》- 注釋 Ⅳ. ① K221.04

中國國家版本館 CIP 數據核字（2024）第 036349 號

項目統籌：胡長青
責任編輯：張艷艷
裝幀設計：武　斌
項目完成：文化藝術編輯室

宋淳祐本朱文公訂正門人蔡九峰書集傳
〔宋〕蔡沈撰

主管單位　山東出版傳媒股份有限公司
出版發行　山東人民出版社
出 版 人　胡長青
社　　址　濟南市市中區舜耕路517號
郵　　編　250003
電　　話　總編室（0531）82098914
　　　　　市場部（0531）82098027
網　　址　http://www.sd-book.com.cn
印　　裝　山東華立印務有限公司
經　　銷　新華書店

規　　格　16開（160mm×240mm）
印　　張　38
字　　數　304千字
版　　次　2024年3月第1版
印　　次　2024年3月第1次
ISBN　978-7-209-14319-6
定　　價　92.00圓（全二冊）

《儒典》選刊工作團隊

學術顧問　杜澤遜　李振聚　徐　泳

項目統籌　胡長青

責任編輯　劉　晨　劉嬌嬌　張艷艷

呂士遠　趙　菲　劉一星

前言

中國是一個文明古國、文化大國，中華文化源遠流長，博大精深。在中國歷史上影響較大的是孔子創立的儒家思想，因此整理儒家經典、注解儒家經典，爲儒家經典的現代化闡釋提供权威、典范、精粹的典籍文本，是推進中華優秀傳統文化創造性轉化、創新性發展的奠基性工作和重要任務。

中國經學史是中國學術史的核心，歷史上創造的文本方面和經解方面的輝煌成果，大量失傳了。西漢是經學的第一個興盛期，除了當時非主流的《詩經》毛傳以外，其他經師的注釋後來全部失傳了。東漢的經解衹有鄭玄、何休等少數人的著作留存下來，其餘也大都失傳了。南北朝至隋朝興盛的義疏之學，其成果僅有皇侃《論語疏》幸存於日本。五代時期精心校刻的《九經》、北宋時期國子監重刻的《九經》以及校刻的單疏本，也全部失傳。南宋國子監刻的單疏本，我國僅存《周易正義》、《爾雅疏》、《春秋公羊疏》（三十卷殘存七卷）、《春秋穀梁疏》（十二卷殘存七卷），日本保存了《尚書正義》、《毛詩正義》、《禮記正義》（七十卷殘存八卷）、《周禮疏》（日本傳抄本）、《春秋公羊疏》（日本傳抄本）、《春秋正義》（日本傳抄本）。南宋兩浙東路茶鹽司刻八行本，我國保存下來的有《周禮疏》、《禮記正義》、《春秋左傳正義》（紹興府刻）、《論語注疏解經》（二十卷殘存十卷）、《孟子注疏解經》（存臺北『故宫』），日本保存有《周易注疏》《尚書正義》（凡兩部，其中一部被清楊守敬購歸）。南宋福建刻十行本，我國僅存《春秋穀梁注疏》、《春秋左傳注疏》（六十卷，一半在大陸，一半在臺灣），日本保存有《毛詩注疏》《春秋左傳注疏》。從這些情况可以看出，經書代表性的早期注釋和早期版本國内失傳嚴重，有的僅保存在東鄰日本。

鑒於這樣的現實，一百多年來我國學術界、出版界努力搜集影印了多種珍貴版本，但是在系統性、全面性和準確性方面都還存在一定的差距。例如唐代開成石經共十二部經典，石碑在明代嘉靖年間地震中受到損害，明代萬曆初年西安府學等學校師生曾把損失的文字補刻在另外的小石上，立於唐碑之旁。近年影印出版唐石經拓本多次，都是以唐代石刻與明代補刻割裂配補的裱本爲底本。由於明代補刻采用的是唐碑的字形，這種配補本難以區分唐刻與明代補刻，不便使用，亟需單獨影印唐碑拓本。

爲把幸存於世的、具有代表性的早期經解成果以及早期經典文本收集起來，系統地影印出版，我們規劃了《儒典》編纂出版項目。

《儒典》出版後受到文化學術界廣泛關注和好評，爲了滿足廣大讀者的需求，現陸續出版平裝單行本。共收録一百十一種元典，共計三百九十七册，收録底本大體可分爲八個系列：經注本（以開成石經、宋刊本爲主。開成石經僅有經文，無注，但它是用經注本删去注文形成的）、經注附釋文本、纂圖互注本、單疏本、八行本、十行本、宋元人經注系列、明清人經注系列。

《儒典》是王志民、杜澤遜先生主編的。本次出版單行本，特請杜澤遜、李振聚、徐泳先生幫助酌定選目。特此説明。

二〇二四年二月二十八日

目録

第一册

第二册

進書集傳表

臣抗言惟精惟一以執中蓋三聖傳心之法無黨無偏而建極乃百王立治之經念先臣親繹於師承而遺帙粗明乎宗旨恭逢
叡聖敢效消埃臣抗惶懼惶懼頓首頓首臣竊攷典謨訓誥誓命之文無非載道及更劉班賈馬鄭服之手浸以失眞二孔注䟽之雖存諸家箋釋之愈衆黨同伐異已乖平平蕩蕩之風厭常喜新又失渾渾灝灝之旨訛以相襲雜而不純曁

皇圖赤伏之中興有大儒朱熹之特出經皆爲
之訓傳義理洞明書尤切於討論工夫未逮謂
先臣沉從游最久見道已深俾加探索之功以
遂發揮之志微辭奧指既得於講貫之餘大要
宏綱盡授以述作之意往復之緘具在刪潤之
墨如新半生殫採摭之勞六卷著研覃之思帝
王之制坦然明白聖賢之言炳若丹青使登徹
九重亦
緝熙之一助兹者恭遇
皇帝陛下智由天錫

德與日新
任賢勿貳
去邪勿疑
旣從民情而罔咈
保邦未危
制治未亂
益思君道之克艱雖
聰明之憲天猶
終始而念學臣誤蒙
拔擢獲玷班行自惟章句之徒莫效絲毫之

報抱父書而永歎望
宸闕以冒
塵儻獲
清問
乙覽之
俯臨豈但疇昔辛勤之不朽
置之座右常
聞無怠無荒之規
冒于海隅咸仰
克寬克仁之治臣無任瞻

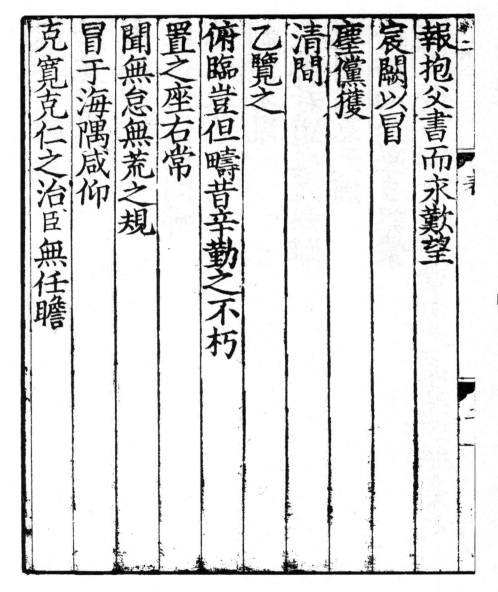

天望
聖激切昇營之至所有先臣沉書集傳六卷小
序一卷朱熹問答一卷繕寫成十二册用
黄羅裝褙複封謹隨表上
進以
聞臣抗惶懼惶懼頓首頓首謹言
淳祐七年八月　日奉議郎秘書省著作佐郎兼權侍右郎官兼樞密院編修官兼諸王宮大小學教授臣蔡抗　上表

淳祐丁未八月二十六日臣抗面對

延和殿所得

聖語

臣抗奏二劄節次蒙

聖諭臣奏畢又蒙

玉音宣問臣前此繳進奏劄臣再一一奏畢遂

奏臣犬馬之情切於愛

主父懷耿耿無自指陳茲侍

清光盡攄蘊抱臣退歸山林死無悔恨

玉音忽云卿前日所進尚書解

朕常看其間甚好是卿之父臣奏臣先臣沆辛
勤三十年著成此書今遭遇
陛下賜之
乙覽九原知幸千載光榮
玉音云正是從朱熹學臣奏先臣此書皆是朱
熹之意朱熹晚年訓傳諸經略備獨書未有訓
解以先臣從游最久遂授以大意令具藁而自
訂正之今朱熹刪改親筆一一具存
玉音云曾刊行臣奏坊中板行已久蜀中亦曾
板行今家有其書掠取先臣之緒餘以

獻者亦皆竊
陛下官爵獨先臣此書未得上徹
聖覽臣所以冒昧繳進
王音云昨已特付下尚書省議褒謚矣臣奏臣
先臣此書惟以未得徹
聖覽爲恨今既得徹
聖覽此外臣何敢他有覬望惟先臣此書上蒙
聖恩褒借臣不勝受
恩感激容臣下殿謝
恩遂退

後省看詳

中書後省

准都省送到侍右郎官蔡抗奏繳進朱熹訂正先臣沉書集傳并書序問答一十二冊送後省看詳申今看詳蔡君沉書解得於朱文公之指授義理周浹事證精切多諸儒之所未講其言聖賢傳心之法帝王經世之具天人會通之際政治沿革之原世變升降民心離合莫不得其指要真足以垂世傳遠其書宜藏之祕閣以俟聖天子緝熙正學之須謹按沉西山先生季通

子也西山爲文公畏友文公門人多從其學沅
不墜其先之傳多有著述而於討索涵泳之中
又能眞知實踐允謂醇儒生雖不得仕而學者
敬慕之眞西山文忠公嘗銘其墓三致意其人
昔邵先生康節歿於布衣而死得謚今沅亦宜
得謚近年得謚者其家多有所希冀或自陳乞
沅之子孫於此深有所不願也
聖朝何惜不畀沅以謚而勸著書明理之儒哉
敬看詳以聞右件元奏批頭併書序問答集傳
共壹拾貳册隨狀見到繳申

尚書省

淳祐年月

日朝請郎權尚書吏部侍郎兼權中書舍人兼侍講同修國史實錄院同修撰兼侍講趙汝騰狀

書傳問答

贈太師徽國公朱熹與 先臣沉手帖

比想冬寒感時追慕孝履支持熹年來病勢交攻困悴日甚要是根本已衰不復能與病爲敵看此氣象豈是久於人世者諸書且隨分如此整頓一番禮書大段未了最是書說未有分付處因思向日喻及尚書文義通貫猶是第二義直須見得二帝三王之心而通其所可通毋強通其所難通即此數語便已參到七八分千萬便撥置此來議定綱領早與下手爲佳諸說此

間亦有之但蘇氏傷於簡林氏傷於繁王氏傷於鑿呂氏傷於巧然其間儘有好處如制度之屬秪以疏文爲本若其間有未穩處更與挑剔令分明耳餘干人未遣更欲付一書也熹頓首

仲默賢契友

又

承書知服藥有效深以爲喜熊生他處用藥未聞如此或是自有緣法相契也星經之說俟更詳看但云天繞地左旋一日一周此句下恐欠一兩字說地處却似亦說得有病蓋天繞地一

周了更過一度日之繞地比天雖退然却一日只一周而無餘也岐梁恐須並存衆説而以晁氏爲斷但梁山證據不甚明白耳禹貢有程尚書説冊大難送俟到此可見稍暇能早下來爲佳熹頓首　仲默賢契友

又

示喻書説數條皆是但康誥外事與肆汝小子封等處自不可曉只合闕疑熹嘗謂尚書有不必解者有須着意解者有略須解者有不可解者其不可解者正謂此等處耳熹頓首　仲默

賢契交

井辟之說只從鄭氏爲是向董叔重得書亦辨此條一時信筆答之謂當從古註說後來思之不然是時三叔方流言於國周公處兄弟骨肉之間豈應以片言半語便遽然興師以誅之聖人氣象大不如此又成王方疑周公周公固不應不請而自誅之若請之於王王亦未必見從則當時事勢亦未必然雖曰聖人之心公平正大區區嫌疑自不必避但舜避堯之子於南河之南禹避舜之子於陽城自是合如此若居堯

之宮逼堯之子即爲簒矣或又謂成王疑周公故周公居東不幸成王終不悟不知周公又如何處愚謂周公亦惟盡其忠誠而已矣胡氏家録有一段論此極有意味熹頓首　仲默賢契友

陳淳安卿記朱熹語

臨行拜别先生曰安卿今年已許人書會冬間更煩出行一遭不然亦望自愛李丈禀白書解且乞放緩願早成禮書以幸萬世先生曰書解甚易只等蔡仲默來便了禮書大段未也

黄義剛毅然記朱熹語

蔡仲默集註尚書至肇十有二州因云禹即位後又併作九州先生曰也見不得但後面皆只說帝命式于九圍以有九有之師不知是甚麽時併作九州

蔡仲默論五刑不贖之意先生曰是穆王方有贖法嘗見蕭望之言古不贖刑燾甚疑之後來方省是贖刑不是古因取望之傳看畢曰說得也無引證

蔡仲默論五刑三就先生曰燾嘗思量以爲用此五刑是就三處如大辟棄於市宮刑下蠶室

其他底刑也是就箇隱僻處不然教那人
當風割了耳鼻豈不破傷風胡亂死了人
義剛歸有日先生曰公這數日也莫要閑義剛
言伯靜在此數日因與之理會天度問伯靜之
說如何義剛言伯靜以爲天是一日一周日則
不及一度非天過一度也先生曰此說不是若
以爲天是一日一周則四時中星如何解不同
若是如此則日日一般却如何紀歲把甚麽時
節做定限若以天爲不過而日不及一度則趲
來趲去將次午時便打三更矣因取禮記月令

疏指其中說早晚不同及更行一度兩處曰此說得甚分明其他曆書都不如此說蓋非不曉但是說滑了口後信口說習而不察更不去子細點檢而今若就天裏看時只是行得三百六十五度四分度之一若把天外來說則是一日過了一度季通嘗有言論日月則在天裏論天則在太虛空裏若去太虛空裏觀那天自是日日衮得不在舊時處先生至此以手畫輪子曰謂如今日在這一處明日自是又衮動着些子又不在舊時處了又曰天無體只二十八宿便

是體日月皆從角起日則一日運一周依舊只到那角上天則一周了又過角些子日日累上去到一年便與日會次日蔡仲默附至書傳天說云天體至圓周圍三百六十五度四分度之一繞地左旋常一日一周而過一度日麗天而少遲故日行一日亦繞地一周而在天爲不及一度積三百六十五日九百四十分日之二百三十五而與天會是一歲日行之數也月麗天而尤遲一日常不及天十三度十九分度之七積二十九日九百四十分日之四百九十九而

與日會十二會得全日三百四十八餘分之積又五千九百八十八如日法九百四十而一得六不盡三百四十八通計得日三百五十四九百四十分日之三百四十八是一歲月行之數也歲有十二月月有三十日三百六十日者一歲之常數也故日與天會而多五日九百四十分日之二百三十五者爲氣盈月與日會而少五日九百四十分日之五百九十二者爲朔虛合氣盈朔虛而閏生焉故一歲閏率則十日九百四十分日之八百二十七三歲一閏則三十

二日九百四十分日之六百單一五歲再閏則五十四日九百四十分日之三百七十五十有九歲七閏則氣朔分齊是爲一章也先生以此示義剛曰此說分明

右贈太師徽國公朱熹與先臣沆手帖及問答語録也竊惟先臣沆奉命傳是書也左右就養逮啓手足諸篇綱領悉經論定凡得之面命口授者已具載傳中其見於手帖語録者僅止此蒐輯披玩不勝感咽于以見

一時師友之際其成是書也不易如
此謹附卷末以致惓惓景仰孝慕之
思云臣抗百拜敬書

九峯蔡先生書集傳序

慶元己未冬先生文公令沉作書集傳明年先生殁又十年始克成編總若干萬言嗚呼書豈易言哉二帝三王治天下之大經大法皆載此書而淺見薄識豈足以盡發藴奥且生於數千載之下而欲講明於數千載之前亦已難矣然二帝三王之治本於道二帝三王之道本於心得其心則道與治固可得而言矣何者精一執中堯舜禹相授之心法也建中建極商湯周武相傳之心法也曰德曰仁曰敬曰誠言雖殊而

理則一無非所以明此心之妙也至於言天則嚴其心之所自出言民則謹其心之所由施禮樂教化心之發也典章文物心之著也家齊國治而天下平心之推也心之德其盛矣乎二帝三王存此心者也夏桀商受亡此心者也太甲成王困而存此心者也存則治亡則亂治亂之分顧其心之存不存如何耳後世人主有志於二帝三王之治不可不求其道有志於二帝三王之道不可不求其心求心之要舍是書何以哉沉自受讀以來沉潛其義參考衆說融會貫

通𨗳敢折衷微辭奥旨多述舊聞二典禹謨先生蓋嘗是正手澤尚新嗚呼惜哉先生改本已附文集中其閒亦有經承先生口授指畫而未及盡改者今悉更定見本篇集傳本先生所命故凡引用師說不復識別四代之書分爲六卷文以時異治以道同聖人之心見於書猶化工之妙著於物非精深不能識也是傳也於堯舜禹湯文武周公之心雖未必能造其微於堯舜禹湯文武周公之書因是訓詁亦可得其指意之大略矣嘉定己巳三月既望武夷蔡沉序

書　　朱文公訂正蔡九峯集傳

漢孔安國曰古者伏犧氏之王天下也始畫八卦造書契以代結繩之政由是文籍生焉陸氏曰伏犧風姓以木德王即太皥也書契刻木而書其側以約事也易繫辭云上古結繩而治後世聖人易之以書契文文字也籍書籍也伏犧神農黃帝之書謂之三墳言大道也少昊顓頊高辛唐虞之書謂之五典言常道也至于夏商周之書雖設教不倫雅誥奥義其歸一揆是故歷代寶之以爲大訓陸氏曰神農炎帝也姜姓以火德王黃帝軒轅也姬姓以土德王一號有熊氏墳大也少昊金天氏名摯己姓黃帝之子以金德王顓頊高陽氏姬

姓黃帝之孫以水德王高辛帝嚳也黃帝之曽孫姬姓以木德王唐帝堯也姓伊耆氏帝嚳之子初爲唐侯後爲天子都陶故號陶唐氏以火德王虞帝舜也姓姚氏國號有虞顓頊六世孫以土德王夏禹有天下之號也以金德王商湯有天下之號也亦號殷以水德王周文王武王有天下之號也以木德王揆度也八卦之說謂之八索求其義也九州之志謂之九丘丘聚也言九州所有土地所生風氣所宜皆聚此書也春秋左氏傳曰楚左史倚相能讀三墳五典八索九丘即謂上世帝王遺書也陸氏曰索求也倚相楚靈王時史官也先君孔子生於周末覩史籍之煩文懼覽之者不一遂乃定禮樂明舊章刪詩

爲三百篇約史記而修春秋讚易道以黜八索述職方以除九丘討論墳典斷自唐虞以下訖于周芟夷煩亂翦截浮辭舉其宏綱撮其機要足以垂世立教典謨訓誥誓命之文凡百篇所以恢弘至道示人主以軌範也帝王之制坦然明白可舉而行三千之徒並受其義程子曰所謂大道若性與天道之說聖人豈得而去之哉若言陰陽四時七政五行之道亦必至要之理非如後世之繁衍末術也固亦常道聖人所以不去也或者所謂羲農之書乃後人稱述當時之事失其義理如許行爲神農之言及陰陽權變醫方稱黃帝之說耳此聖人所以去之也五典既皆常道又去其三蓋上古雖已有文字而制立

法度爲治有迹得以紀載有史官以識其事自堯始耳○今按周禮外史掌三皇五帝之書周公所録必非僞妄而春秋時三墳五典八索九丘之書猶有存者若果全備孔子亦不應悉删去之或其簡編脫落不可通曉或是孔子所見止自唐虞以下不可知耳今亦不必深究其說也

及秦始皇滅先代典籍焚書坑儒天下學士逃難解散我先人用藏其家書于屋壁秦國名始皇名政并六國爲天子自號始皇帝焚詩書在三十四年坑儒在三十五年顔師古曰家語云孔騰字子襄畏秦法峻急藏尚書孝經論語於夫子舊堂壁中而漢記尹敏傳云孔鮒所藏二說不同未知孰是漢室龍興開設學校旁求儒雅以聞大猷濟南伏生年過九十失其本經口以傳授裁二十餘篇以其上古

之書謂之尚書百篇之義世莫得聞漢藝文志云尚書經二十九卷注云伏生所授者儒林傳云伏生名勝爲秦博士以秦時禁書伏生壁藏之其後大兵起流亡漢定伏生求其書亡數十篇獨得二十九篇即以教于齊魯之間孝文時求能治尚書者天下無有聞伏生治之欲召時伏生年九十餘老不能行於是詔太常使掌故晁錯往受之顏師古曰衛宏定古文尚書序云伏生老不能正言言不可曉使其女傳言教錯齊人語多與潁川異錯所不知凡十二三略以其意屬讀而已陸氏曰二十餘篇即馬鄭所注二十九篇是也孔穎達曰泰誓本非伏生所傳武帝之世始出而得行史因以入於伏生所傳之內故云二十九篇也○今按此序言伏生失其本經口以傳授漢書乃言初亦壁藏而後亡數十篇其說與此序不同蓋傳聞異辭爾至於篇數亦復不同者伏生本但有堯典皋陶謨禹貢甘誓湯誓盤庚高宗肜日西伯戡黎微子牧誓洪

範金滕大誥康誥酒誥梓材召誥洛誥多方多士立政無逸君奭顧命呂刑文侯之命費誓秦誓凡二十八篇今加泰誓一篇故爲二十九篇耳其泰誓眞僞之說詳見本篇此未暇論也

至魯共王好治宮室壞孔子舊宅以廣其居於壁中得先人所藏古文虞夏商周之書及傳論語孝經皆科斗文字王又升孔子堂聞金石絲竹之音乃不壞宅悉以書還孔氏科斗書廢已久時人無能知者以所聞伏生之書考論文義定其可知者爲隸古定更以竹簡寫之增多伏生二十五篇伏生又以舜典合於堯典益稷合於皋陶謨盤庚三篇

合爲一康王之誥合於顧命復出此篇幷序
凡五十九篇爲四十六卷其餘錯亂摩滅弗
可復知悉上送官藏之書府以待能者陸氏曰共
王漢景帝子名餘傳謂春秋也一云周易十
翼非經謂之傳科斗蟲名蝦蟇子書形似之
爲隸古定謂用隸書以易古文吳氏曰伏生
傳於旣耄之時而安國爲隸古又特定其所
可知者而一篇之中一簡之內其不可知者
蓋不無矣乃欲以是盡求作書之本意與夫
本末先後之義其亦可謂難矣而安國所增
多之書今篇目具在皆文從字順非若伏生
之書詰曲聱牙至有不可讀者夫四代之書
作者不一乃至二人之手而遂定爲二體乎
其亦難言矣二十五篇者謂大禹謨五子之
歌胤征仲虺之誥湯誥伊訓太甲三篇咸有
一德說命三篇泰誓三篇武成旅獒微子之
命蔡仲之命周官君陳畢命君牙冏命也復

出者舜典益稷盤庚三篇康王之誥凡五篇又百篇之序自爲一篇共五十九篇即今所行五十八篇而以序冠篇首者也爲四十六卷者孔疏以爲同序者同卷異序者異卷同序者太甲盤庚說命泰誓皆三篇共序凡十二篇只四卷又大禹皐陶謨益稷康誥酒誥梓材亦各三篇共序凡六篇只二卷外四十篇篇各有序凡四十卷通共序者六卷故爲四十六卷也其餘錯亂摩滅者汨作九共九篇槀飫帝告釐沃湯征汝鳩汝方夏社疑至臣扈典寳明居肆命徂后沃丁咸乂四篇伊陟原命仲丁河亶甲祖乙高宗之訓分器旅巢命歸禾嘉禾成王政將蒲姑賄肅愼之命亳姑凡四十二篇今亡承詔爲五十九篇作傳於是遂研精覃思博考經籍採摭羣言以立訓傳約文申義敷暢厥旨庶幾有補於將來書序序所以爲作者之意昭然

義見宜相附近故引之各冠其篇首定五十八篇詳此章雖說書序序所以爲作者之意而未嘗以爲孔子所作至劉歆班固始以爲孔子所作既畢會國有巫蠱事經籍道息用不復以聞傳之子孫以貽後代若好古博雅君子與我同志亦所不隱也陸氏曰漢武帝末征和中江充造蠱敗矣太子○今按安國此序不類西京文字疑或後人所託然無據未敢必也以其本末頗詳故備載之讀者宜考焉漢書藝文志云書者古之號令號令於衆其言不立具則聽受施行者弗曉古文讀應爾雅故解古今語而可知也括蒼葉夢得曰尚書文皆奇澁非作文者故欲如此蓋當時語自爾也今按此說是也大抵書

文訓誥多奇澁而誓命多平易蓋訓誥皆是記録當時號令於衆之本語故其間多有方言及古語在當時則人所共曉而於今世反爲難知誓命則是當時史官所撰櫽括潤色粗有體製故在今日亦不難曉耳　孔穎達曰孔君作傳值巫蠱不行以終前漢諸儒知孔本五十八篇不見孔傳遂有張霸之徒僞作舜典汨作九共九篇大禹謨益稷五子之歌胤征湯誥咸有一德典寶伊訓肆命原命武成旅獒冏命二十四篇除九共九篇共卷爲十六卷蓋亦略見百篇之序故以伏生二十八篇者復出舜典益稷盤庚二篇康王之誥及泰誓共爲三

十四篇而僞作此二十四篇十六卷附以求合於孔氏之五十八篇四十六卷之數也劉向班固劉歆賈逵馬融鄭玄之徒皆不見眞古文而誤以此爲古文之書服虔杜預亦不之見至晉王肅始似竊見而晉書又云鄭冲以古文授蘇愉愉授梁柳柳之內兄皇甫謐又從柳得之而柳又以授臧曹曹始授梅賾賾乃於前晉奏上其書而施行焉漢書所引泰誓云誣神者殃及三世又云立功立事惟以永年疑即武帝之世所得者律歷志所引伊訓畢命字畫有與古文略同者疑伏生口傳而晁錯所屬讀者其引武成則伏生無此篇必張霸

所僞作者也今按漢儒以伏生之書爲今文而謂安國之書爲古文以今考之則今文多艱澁而古文反平易或者以爲今文自伏生女子口授晁錯時失之則先秦古書所引之文皆已如此恐其未必然也或者以爲記錄之實語難工而潤色之雅詞易好故訓誥誓命有難易之不同此爲近之然伏生倍文暗誦乃偏得其所難而安國考定於科斗古書錯亂摩滅之餘反專得其所易則又有不可曉者至於諸序之文或頗與經不合而安國之序

又絶不類西京文字亦皆可疑獨諸序之本不先經則賴安國之序而見故今定此本壹以諸篇本文爲經而復合序篇於後使覽者得見聖經之舊而又集傳其所可知姑闕其所不可知者云

朱文公訂正門人蔡九峯書集傳卷之一

虞書虞舜氏因以爲有天下之號也書凡五篇堯典雖紀唐堯之事然本虞史所作故曰虞書其舜典以下夏史所作當曰夏書春秋傳亦多引爲夏書此云虞書或以爲孔子所定也

堯典堯唐帝名說文曰典從冊在丌上尊閣之也此篇以簡冊載堯之事故名曰堯典後世以其所載之事可爲常法故又訓爲常也今文古文皆有

曰若稽古帝堯曰放勳欽明文思安安允恭克讓光被四表格于上下曰粤越通古文作粤曰若者發語辭周書越若來三月亦此例也稽考也史臣將叙堯事故先言考古之帝堯者其德如下文所云也曰者猶言其說如此也放至也猶孟子言放乎四海是也勳功也言堯之功大而無所不至也欽恭敬

也明通明也敬體而明用也文文章也思意思也文著見而思深遠也安安無所勉強也言其德性之美皆出於自然而非勉強所謂性之者也允信克能也常人德非性有物欲害之故有強爲恭而不實欲爲讓而不能者惟堯性之以信恭而能讓也光顯被及表外格至上天下是地也言其德之盛如此故其所及之遠如此也蓋放勳者總言堯之德業也欽明文思安安本其德性而言也允恭克讓以其行實而言也至於被四表格上下則放勳之所極也孔子曰惟天爲大惟堯則之故書叙帝王之德莫盛於堯而其贊堯之德莫備於此且又首以欽之一字爲言此書中開卷第一義也讀者深味而有得焉則一經之全體不外是矣其可忽哉

克明俊德以親九族九族既睦平章百姓百姓昭明協和萬邦黎民於變時雍

明明之也俊大也堯之大德上文所稱是也九族高祖至玄孫之親舉近以該遠五服異姓之親亦在其中也睦親而和也平均章

明也百姓畿內民庶也昭明皆能自明其德也萬邦天下諸侯之國也黎黑也民首皆黑故曰黎民於歎美辭變變惡爲善也時是雍和也此言堯推其德自身而家而國而天下所謂放勳者也

乃命羲和欽若昊天曆象日月星辰敬授人時

乃者繼事之辭羲氏和氏主曆象授時之官若順也昊廣大之意曆所以紀數之書象所以觀天之器如下篇璣衡之屬是也日陽精一日而繞地一周月陰精一月而與日會星二十八宿衆星爲經金木水火土五星爲緯皆是也辰以日月所會分周天之度爲十二次也人時謂耕穫之候凡民事早晚之所關也其說詳見下文

分命羲仲宅嵎夷曰暘谷寅賓出日平秩東作日中星鳥以殷仲春厥民析鳥獸孳尾

此下四節言曆既成而分職以頒布且考驗之恐其推步之或差也或曰上文所命蓋羲伯和伯此乃分命其仲叔未詳是否也宅居也嵎夷即禹貢嵎

夷既略者也曰暘谷者取日出之義羲仲所居
官次之名蓋官在國都而測候之所則在於嵎
夷東表之地也寅敬也賓禮接之如賓客也亦
帝嚳曆日月而迎送之意出日方出之日蓋以
春分之旦朝方出之日而識其初出之景也平
均秩序作起也東作春月歲功方興所當作起
之事也蓋以曆之節氣早晚均次其先後之宜
以授有司也日中者春分之刻於夏永冬短爲
適中也晝夜皆五十刻舉晝以見夜故曰日星
鳥南方朱鳥七宿唐一行推以鶉火爲春分昏
之中星也殷中也春分陽之中也析分散也先
時冬寒民聚於隩至是則以民之散處而驗其
氣之溫也乳化曰孳交接曰尾以物之生育而驗其氣之和也申命羲叔宅南
交平秩南訛敬致日永星火以正仲夏厥民因
鳥獸希革申重也南交南方交趾之地陳氏曰南交下當有曰明都三字訛化也謂
夏月時物長盛所當變化之事也史記索隱作南爲謂所當爲之事也敬致周禮所謂春夏致

日蓋以夏至之日中祠日而識其景如所謂日至之景尺有五寸謂之地中者也永長也日永晝六十刻也星火東方蒼龍七宿火謂大火夏至昏之中星也正者夏至陽之極午爲正陽位也因析而又析以氣愈熱而民愈散處也希革鳥獸毛希而革易也

分命和仲宅西曰昧谷寅餞納日平秩西成宵中星虛以殷仲秋厥民夷鳥獸毛毨

西謂西極之地也曰昧谷者以日所入而名也餞禮送行者之名納日方納之日也蓋以秋分之莫夕方納之日而識其景也西成秋月物成之時所當成就之事也宵夜也宵中者秋分夜之刻於夏冬爲適中也晝夜亦各五十刻舉夜以見日故曰宵星虛北方玄武七宿之虛星秋分昏之中星也亦曰殷者秋分陰之中也夷平也暑退而人氣平也毛毨鳥獸毛落更生潤澤鮮好也

申命和叔宅朔方曰幽都平在朔易日短星昴以正仲冬厥民隩

鳥獸氄毛朔方北荒之地謂之朔者朔之爲言蘇也萬物至此死而復蘇猶月之晦而有朔也日行至是則淪於地中萬象幽暗故曰幽都在察也朔易冬月歲事已畢除舊更新所當改易之事也日短晝四十刻也星昴西方白虎七宿之昴宿冬至昏之中星也亦曰正者冬至陰之極子爲正陰之位也隩室之內也氣寒而民聚於內也氄毛鳥獸生耎毳細毛以自溫也蓋既命羲和造曆制器而又分方與時使各驗其實以審夫推步之差聖人之敬天勤民其謹如是是以術不違天而政不失時也又按此冬至日在虛昏中昴今冬至日在斗昏中壁中星不同者蓋天有三百六十五度四分度之一歲有三百六十五日四分日之一天度四分之一而有餘歲日四分之一而不足故天度常平運而舒日道常內轉而縮天漸差而西歲漸差而東此歲差之由唐一行所謂歲差者是也古曆簡易未立差法但隨時占候修改以與天合至東晉虞喜始以天爲天以歲爲歲乃立差以追其變約以五十年退一度何承天以爲太

過乃倍其年而又反不及至隋劉焯取二家中數七十五年爲近之然亦未爲精密也因附著于此

帝曰咨汝羲暨和朞三百有六旬有六日以閏月定四時成歲允釐百工庶績咸熙

咨嗟也嗟嘆而告之也暨及也朞猶周也允信釐治工官庶衆績功咸皆熙廣也天體至圓周圍三百六十五度四分度之一繞地左旋常一日一周而過一度日麗天而少遲故日行一日亦繞地一周而在天爲不及一度積三百六十五日九百四十分日之二百三十五而與天會是一歲日行之數也月麗天而尤遲一日常不及天十三度十九分度之七積二十九日九百四十分日之四百九十九而與日會十二會得全日三百四十八餘分之積五千九百八十八如日法九百四十而得六不盡三百四十八通計得日三百五十四九百四十分日之三百四十八是一歲月行之數也歲有十二月月有三十日三百六十者一歲之常數也故日與天會而多五日九百

四十分日之二百三十五者爲氣盈月與日會而少五日九百四十分日之五百九十二者爲朔虛合氣盈朔虛而閏生焉故一歲閏率則十日九百四十分日之八百二十七三歲一閏則三十二日九百四十分日之六百一五歲再閏則五十四日九百四十分日之三百七十五十有九歲七閏則氣朔分齊是爲一章也故三年而不置閏則春之一月入于夏而時漸不定矣子之一月入于丑而歲漸不成矣積之之久至於三失閏則春皆入夏而時全不定矣十二失閏子皆入丑歲全不成矣其名實乖戾寒暑反易農桑庶務皆失其時故必以此餘日置閏月於其間然後四時不差而歲功得成以此信治百官而衆功皆廣也

帝曰疇咨若時登庸放齊曰胤子朱啓明帝曰吁嚚訟可乎

此下至鯀績用弗成皆爲禪舜張本也疇誰咨訪問也若順庸用也堯言誰爲我訪問能順時爲治之人而登用之乎放齊臣名胤嗣也胤子朱堯之嗣子丹朱也啓開也言其性開明可登

用也吁者歎其不然之辭嚚謂口不道忠信之言訟爭辯也朱蓋以其開明之才用之於不善故嚚訟禹所謂傲虐是也此見堯之至公至明深知其子之惡而不以一人病天下也或曰胤國子爵堯時諸侯也夏書有胤侯周書有胤之舞衣兮亦未見其必不然姑存於此云

帝曰疇咨若予采驩兜曰都共工方鳩僝功帝曰吁靜言庸違象恭滔天采事也都歎美之辭也驩兜臣名共工官名蓋古之世官族也方且鳩聚僝見也言共工方且鳩聚而見其功也靜言庸違者靜則能言用則違背也象恭貌恭而心不然也滔天二字未詳與下文相似疑有舛誤上章言順時此言順事職任大小可見

帝曰咨四岳湯湯洪水方割蕩蕩懷山襄陵浩浩滔天下民其咨有能俾乂僉曰於鯀哉帝曰吁咈哉方命圮族岳曰异哉試可乃已

帝曰往欽哉九載績用弗成

四岳官名一人而總四岳諸侯之事也湯湯水盛貌洪大也孟子曰水逆行謂之洚水洚水者洪水也蓋水涌出而未洩故氾濫而逆流也割害也蕩蕩廣貌懷包其四面也襄駕出其上也大阜曰陵浩浩大貌滔漫也極言其大勢若漫天也俾使乂治也言有能任此責者使之治水也僉衆共之辭四岳與其所領諸侯之在朝者同辭而對也於歎美辭鯀崇伯名歎其美而薦之也咈者甚不然之之辭方命者逆命而不行也王氏曰圓則行方則止方命猶今言廢閣詔令也蓋鯀之爲人悻戾自用不從上令也圮敗族類也言與衆不和傷人害物鯀之不可用者以此也楚辭言鯀婞直是其方命圮族之證也岳曰四岳之獨言也异義未詳疑是已廢而復強舉之之意試可乃已者蓋廷臣未有能於鯀者不若姑試用之取其可以治水而已言無預它事不必求其備也堯於是遣之往治水而戒以欽哉蓋任大事不可以不敬聖人之戒辭約而意盡也載年也九載三考功用不

成故黜之帝曰咨四岳朕在位七十載汝能庸命巽朕位岳曰否德忝帝位曰明明揚側陋師錫帝曰有鰥在下曰虞舜帝曰俞予聞如何岳曰瞽子父頑母嚚象傲克諧以孝烝烝乂不格姦帝曰我其試哉女于時觀厥刑于二女釐降二女于嬀汭嬪于虞帝曰欽哉朕古人自稱之通號吳氏曰巽遜古通用言汝四岳能用我之命而可遜以此位乎蓋丹朱既不肖羣臣又多不稱故欲舉以授人而先之四岳也否不通忝辱也明明上明謂明顯之下明謂已在顯位者揚舉也側陋微賤之人也言惟德是舉不拘貴賤也師衆錫與也四岳羣臣諸侯同辭以對也鰥無妻之名虞氏舜名也俞應許之辭予聞者我亦嘗聞是人也如何者復問其德之詳也岳曰四岳獨對也瞽無目之

名言舜乃瞽者之子也舜父號瞽叟心不則德義之經爲頑母舜後母也象舜異母弟名傲驕慢也諧和烝進也言舜不幸遭此而能和以孝使之進進以善自治而不至於大爲姦惡也女以女與人也時是刑法也二女堯二女娥皇女英也此堯言其將試舜之意也莊子所謂二女事之以觀其內是也蓋夫婦之間隱微之際正始之道所繫尤重故觀人者於此爲尤切也釐理降下也嬀水名在今河中府河東縣出歷山入河爾雅曰水北曰汭亦小水入大水之名蓋兩水合流之内也故從水從内蓋舜所居之地嬪婦也虞舜氏也史言堯治裝下嫁二女于嬀水之北使爲舜婦于虞氏之家也欽哉堯戒二女之辭即禮所謂往之女家必敬必戒者況以天子之女嫁於匹夫尤不可不深戒之也

舜典

今文古文皆有今文合于堯典而無篇首二十八字○唐孔氏曰東晉梅賾上孔傳闕舜典自乃命以位以上二十八字世所不傳多用王范之注以補之而皆以慎徽五典以下爲舜典之初至齊蕭鸞建武四年姚方興於大航頭得孔氏傳古文舜典乃上之事未施行而方興以罪致戮至隋開皇初購求遺典始得之今按古文孔傳尚書有曰若稽古以下二十八字伏生以舜典合於堯典只以慎徽五典以上接帝曰欽哉之下而無此二十八字梅賾既失孔傳舜典故亦不知有此二十八字而慎徽五典以下則固具於伏生之書故傳者用王范之注以補之至姚方興乃得古文孔傳舜典於是始知有此二十八字或者由此乃謂古文舜典一篇皆盡亡失至是方全得之遂疑其僞蓋過論也

曰若稽古帝舜曰重華協于帝濬哲文明溫恭允塞玄德升聞乃命以位華光華也協合也帝謂堯也濬深哲智也溫和粹也塞實也玄幽潛也升上也言堯既有光華而舜又有光華可合於堯因言其目則深沈而有智文理而光明和粹而恭敬誠信而充實有此四者幽潛之德上聞于堯堯乃命之以職位也

慎徽五典五典克從納于百揆百揆時叙賓于四門四門穆穆納于大麓烈風雷雨弗迷徽美也五典五常也父子有親君臣有義夫婦有別長幼有序朋友有信是也從順也左氏所謂無違教也此蓋使爲司徒之官也揆度也百揆者揆度庶政之官惟唐虞有之猶周之冢宰也時叙以時而叙左氏所謂無廢事也四門四方之門古者以賓禮親邦國諸侯各以方至而使主焉故曰賓穆穆和之至也左氏所謂無凶人也此蓋又兼四岳之官也麓山足也烈迅迷

錯也史記曰堯使舜入山林川澤暴風雷雨舜行不迷蘇氏曰洪水爲害堯使舜入山林相視原隰雷雨大至衆懼失常而舜不迷其度量有絶人者而天地鬼神亦或有以相之歟愚謂遇烈風雷雨非常之變而不震懼失常非固聰明誠智確乎不亂者不能也易震驚百里不喪匕鬯意爲近之

帝曰格汝舜詢事考言乃言厎可績三載汝陟帝位舜讓于德弗嗣格來詢謀乃汝厎致陟升也堯言詢舜所行之事而考其言則見汝之言致可有功於今三年矣汝宜升帝位也讓于德讓于有德之人也或曰謙遜自以其德不足爲嗣也

正月上日受終于文祖上日朔日也葉氏曰上旬之日曾氏曰如上戊上辛上丁之類未詳孰是受終者堯於是終帝位之事而舜受之也文祖者堯始祖之廟未詳所指爲何人也

在璿璣玉衡以齊七政在察也美珠謂之璿璣機也以璿飾璣所以象天體之轉運也衡橫也謂衡簫也以

玉爲管橫而設之所以窺璣而齊七政之運行猶今之渾天儀也七政日月五星也七者運於天有遲有速有順有逆猶人君之有政事也此言舜初攝位整理庶務首察璣衡以齊七政蓋曆象授時所當先也○按渾天儀者天文志云言天體者三家一曰周髀二曰宣夜三曰渾天宣夜絕無師說不知其狀如何周髀之術以爲天似覆盆蓋以斗極爲中中高而四邊下日月旁行遶之日近而見之爲晝日遠而不見爲夜蔡邕以爲考驗天象多所違失渾天說曰天之形狀似鳥卵地居其中天包地外猶卵之裏黃圓如彈丸故曰渾天言其形體渾渾然也其術以爲天半覆地上半在地下其天居地上見者一百八十二度半強地下亦然北極出地上三十六度南極入地下亦三十六度而嵩高正當天之中極南五十五度當嵩高之上又其南十二度爲夏至之日道又其南二十四度爲春秋分之日道又其南二十四度爲冬至之日道南下去地三十一度而已是夏至日北去極六十七度春秋分去極九十一度冬至去極一百

一十五度此其大率也其南北極持其兩端其
天與日月星宿斜而廻轉此必古有其法遭秦
而滅至漢武帝時落下閎始經營之鮮于妄人
又量度之至宣帝時耿壽昌始鑄銅而爲之象
宋錢樂又鑄銅作渾天儀衡長八尺孔徑一寸
璣徑八尺圓周二丈五尺強轉而望之以知日
月星辰之所在即璿璣玉衡之遺法也歷代以
來其法漸密本朝因之爲儀三重其在外者曰
六合儀平置黑單環上刻十二辰八干四隅在
地之位以準地面而定四方側立黑雙環背刻
去極度數以中分天脊直跨地平使其半入地
下而結於其子午以爲天經斜倚赤單環背刻
赤道度數以平分天腹橫繞天經亦使半出地
上半入地下而結於其卯酉以爲天緯三環表
裏相結不動其天經之環則南北二極皆爲圓
軸虛中而內向以挈三辰四遊之環以其上下
四方於是可考故曰六合次其內曰三辰儀側
立黑雙環亦刻去極度數外貫天經之軸內挈
黃赤二道其赤道則爲赤單環外依天緯亦刻
宿度而結於黑雙環之卯酉其黃道則爲黃單

環亦刻宿度而又斜倚於赤道之腹以交結於卯酉而半入其內以爲春分後之日軌半出其外以爲秋分後之日軌又爲白單環以承其交使不傾墊下設機輪以水激之使其日夜隨天東西運轉以象天行以其日月星辰於是可考故曰三辰儀其最在內者曰四遊儀亦爲黑雙環如三辰儀之制以貫天經之軸其環之內則兩面當中各施直距外指兩軸而當其要中之內面又爲小窾以受玉衡要中之小軸使衡既得隨環東西運轉又可隨處南北低昂以待占候者之仰窺焉以其東西南北無不周徧故曰四遊此其法之大略也沈括曰舊法規環一面刻周天度一面加銀丁蓋以夜候天晦不可目察則以手切之也古人以璿飾璣疑亦爲此今太史局秘書省銅儀制極精緻亦以銅丁爲之歷家之說又以北斗魁四星爲璣杓三星爲衡今詳經文簡質不應北斗二字乃用寓名恐未必然姑存其說以廣異聞

肆類于上帝禋于六宗望于山川徧于羣神肆遂也類禋望皆祭名周

禮肆師類造于上帝注云郊祀者祭昊天之常祭非常祀而祭告于天其禮依郊祀爲之故曰類如泰誓武王伐商王制言天子將出皆云類于上帝是也禋精意以享之謂宗尊也所尊祭者其祀有六祭法曰埋少牢於泰昭祭時也相近於坎壇祭寒暑也王宮祭日也夜明祭月也幽宗祭星也雩宗祭水旱也山川名山大川五嶽四瀆之屬望而祭之故曰望徧周徧也羣神謂丘陵墳衍古昔聖賢之類言受終觀象之後即祭祀上下神祇以攝位告也

輯五瑞

既月乃日覲四岳羣牧班瑞于羣后

輯斂瑞信也公執桓圭侯執信圭伯執躬圭子執穀璧男執蒲璧五等諸侯執之以合符於天子而驗其信否也周禮天子執冒以朝諸侯鄭氏注云名玉以冒以德覆冒天下也諸侯始受命天子錫以圭圭頭斜銳其冒下斜刻小大長短廣狹如之諸侯來朝天子以刻處冒其圭頭有不同者即辨其僞也既盡覲見四岳四方之諸侯羣牧九州之牧伯也程子曰輯五瑞徵五等諸侯也此以上皆

正月事至盡此月則四方諸侯有至者矣遠近不同來有先後故日日見之不如它朝會之同期於一日蓋欲以少接之則得盡其詢察禮意也班須同羣后即侯牧也旣見之後審知非僞則又須還其瑞以與天下正始也

歲二月東巡守至于岱宗柴望秩于山川肆覲東后協時月正日同律度量衡修五禮五玉三帛二生一死贄如五器卒乃復五月南巡守至于南岳如岱禮八月西巡守至于西岳如初十有一月朔巡守至于北岳如西禮歸格于藝祖用特

孟子曰天子適諸侯曰巡守巡守者巡所守也歲二月當巡守之年二月也岱岱宗太山也柴燔柴以祀天也望望秩以祀山川也秩者其牲幣祝號之次第如五岳視三公四瀆視諸侯其餘視伯子男者也東后東方之諸侯也時謂四時

月謂月之大小日謂日之甲乙其法略見上篇
諸侯之國其有不齊者則協而正之也律謂十
二律黄鍾太簇姑洗蕤賓夷則無射大呂夾鍾
仲呂林鍾南呂應鍾也六爲律六爲呂凡十二
管皆徑三分有奇空圍九分而黄鍾之長九寸
夫呂以下律呂相間以次而短至應鍾而極焉
以之制樂而節聲音則長者聲下短者聲高下
者則重濁而舒遲上者則輕清而剽疾以之審
度而度長短則九十分黄鍾之長一爲一分而
十分爲寸十寸爲尺十尺爲丈十丈爲引以之
審量而量多少則黄鍾之管其容子穀秬黍中
者一千二百以爲龠而十龠爲合十合爲升十
升爲斗十斗爲斛以之平衡而權輕重則黄鍾
之龠所容千二百黍其重十二銖兩龠則二十
四銖爲兩十六兩爲斤三十斤爲鈞四鈞爲石
此黄鍾所以爲萬事根本諸侯之國其有不一
者則審而同之也時月之差由積日而成其法
則先粗而後精度量衡受法於律其法則先本
而後末故言正日在協時月之後同律在度量
衡之先立言之叙蓋如此也五禮吉凶軍賓嘉

也修之所以同天下之風俗五玉五等諸侯所執者即五瑞也三帛諸侯世子執纁公之孤執
玄附庸之君執黃二生卿執羔大夫執鴈一死士執雉五玉三帛二生一死所以爲贄而見者
此九字當在肆覲東后之下協時月正日之上誤脫在此言東后之覲皆執此贄也如五器劉
侍講曰如同也五器即五禮之器也周禮六器六贄即舜之遺法也卒乃復者舉祀禮覲諸侯
一正朔同制度修五禮如五器數事皆畢則不復東行而遂西向且轉而南行也故曰卒乃復
南岳衡山西岳華山北岳恒山二月東五月南八月西十一月北各以其時也格至也言至于
其廟而祭告也藝祖疑即文祖或曰文祖藝祖之所自出未有可考也特特牲也謂一牛也古
者君將出必告于祖禰歸又至其廟而告之孝子不忍死其親出告反面之義也王制曰歸格
于祖禰鄭注曰祖下及禰皆一牛程子以爲但言藝祖舉尊爾實皆告也但止就祖廟共用一
半不如時祭各設主於其廟也二說未知孰是今兩存之五載一巡守羣后

四朝敷奏以言明試以功車服以庸五載之內天子巡守者一諸侯來朝者四蓋巡守之明年則東方諸侯來朝于天子之國又明年則南方之諸侯來朝又明年則西方之諸侯來朝又明年則北方之諸侯來朝又明年則天子復巡守是則天子諸侯雖有尊卑而一往一來禮無不答是以上下交通而遠近洽和也敷陳奏進也周禮曰民功曰庸程子曰敷奏以言者使各陳其爲治之說言之善者則從而明考其功有功則賜車服以旌異之其言不善則亦有以告飭之也林氏曰天子巡守則有協時月以下等事諸侯來朝則有敷奏以言以下等事

肇十有二州封十有二山濬川肇始也十二州冀兗青徐荊揚豫梁雍幽并營也中古之地但爲九州曰冀兗青徐荊揚豫梁雍禹治水作貢亦因其舊及舜即位以冀青地廣始分冀東恒山之地爲并州其東北醫無閭之地爲幽州又分青之東北遼東等處爲營州而冀州止有河內之地今河東一路是也封表也封

十二山者每州封表一山以爲一州之鎮如職方氏言揚州其山鎮曰會稽之類濬川濬導十二州之川也然舜既分十有二州而至商時又但言九圍九有周禮職方氏亦止列爲九州有揚荆豫青兖雍幽冀并而無徐梁營也則是爲十二州蓋不甚久不知其自何時復合爲九也吳氏曰此一節在禹治水之後其次敘不當在四罪之先蓋史官泛記舜所行之大事初不計先後之序也

象以典刑流宥五刑鞭作官刑扑作教刑金作贖刑眚災肆赦怙終賊刑欽哉欽哉惟刑之恤哉

象如天之垂象以示人而典者常也示人以常刑所謂墨劓剕宮大辟五刑之正也所以待夫元惡大憝殺人傷人穿窬淫放凡罪之不可宥者也流宥五刑者流遣之使遠去如下文流放竄殛之類也宥寬也所以待夫罪之稍輕雖入於五刑而情可矜法可疑與夫親貴勳勞而不可加以刑者則以此而寬之也鞭作官刑者木末垂革官府之刑也扑作

教刑者夏楚二物學校之刑也皆以待夫罪之輕者金作贖刑者金黃金贖贖其罪也蓋罪之極輕雖入於鞭扑之刑而情法猶有可議者也此五句者從重入輕各有條理法之正也肆縱也眚災肆赦者眚謂過誤災謂不幸若人有如此而入於刑則又不待流宥金贖而直赦之也賊殺也怙終賊刑者怙謂有恃終謂再犯若人有如此而入於刑則雖當宥當贖亦不許其宥不聽其贖而必刑之也此二句者或由重而即輕或由輕而即重蓋用法之權衡所謂法外意也聖人立法制刑之本末此七言者大略盡之矣雖其輕重取舍陽舒陰慘之不同然欽哉欽哉惟刑之恤之意則未始不行乎其間也蓋其輕重毫釐之間各有攸當者乃天討不易之定理而欽恤之意行乎其間則可以見聖人好生之本心也據此經文則五刑有流宥而無金贖周禮秋官亦無其文至呂刑乃有五等之罰疑穆王始制之非法之正也蓋當刑而贖則失之輕疑赦而贖則失之重且使富者幸免貧者受刑又非所以爲平也

流共工于幽

洲放驩兜于崇山竄三苗于三危殛鯀于羽山四罪而天下咸服流遣之遠去如水之流也放置之於此不得他適也竄則驅逐禁錮之殛則拘囚困苦之隨其罪之輕重而異法也共工驩兜鯀事見上篇三苗國名在江南荆揚之間恃險爲亂者也幽洲北裔之地水中可居曰洲崇山南裔之山在今澧州三危西裔之地即雍之所謂三危既宅者羽山東裔之山即徐之蒙羽其藝者服者天下皆服其用刑之當罪也程子曰舜之誅四凶怒在四凶舜何與焉蓋因是人有可怒之事而怒之聖人之心本無怒也聖人以天下之怒爲怒故天下咸服之春秋傳所記四凶之名與此不同說者以窮奇爲共工渾敦爲驩兜饕餮爲三苗檮杌爲鯀不知其果然否也

二十有八載帝乃殂落百姓如喪考妣三載四海遏密八音殂落死也死者魂氣歸于天故曰殂體魄歸于地故曰落喪爲之服也遏絶密靜也八音金石

絲竹匏土革木也言堯聖德廣大恩澤隆厚故四海之民思慕之深至於如此也儀禮圻內之民爲天子齊衰三月圻外之民無服今應服三月者如喪考妣應無服者遏密八音堯十六即位在位七十載又試舜三載老不聽政二十八載乃崩在位通計百單一年

月正元日舜格于文祖月正正月也元日朔日也漢孔氏曰舜服堯喪三年畢將即政故復至文祖廟告蘇氏曰受終告攝此告即位也然春秋國君皆以遭喪之明年正月即位於廟而改元孔氏云喪畢之明年不知何所據也

詢于四岳闢四門明四目達四聰詢謀闢開也舜既告廟即位乃謀治于四岳之官開四方之門以來天下之賢俊廣四方之視聽以決天下之壅蔽

咨十有二牧曰食哉惟時柔遠能邇惇德允元而難任人蠻夷率服牧養民之官十二牧十二州之牧也王政以食爲首農事以時爲先舜言足食之道惟在於不違農時也

采者寬而撫之也能者擾而習之也遠近之勢如此先其略而後其詳也惇厚允信也德有德之人也元仁厚之人也難拒絕也任古文作壬包藏凶惡之人也言當厚有德信仁人而拒姦惡也凡此五者處之各得其宜則不特中國順治雖蠻夷之國亦相率而服從矣

舜曰咨四岳有能奮庸熙帝之載使宅百揆亮采惠疇僉曰伯禹作司空帝曰俞咨禹汝平水土惟時懋哉禹拜稽首讓于稷契曁皋陶帝曰俞汝往哉

奮起熙廣載事亮明惠順疇類也一說亮相也舜言有能奮起事功以廣帝堯之事者使居百揆之位以明亮庶事而順成庶類也僉衆也四岳所領四方諸侯有在朝者也禹姒姓崇伯鯀之子也平水土者司空之職時是懋勉也指百揆之事以勉之也蓋四岳及諸侯言伯禹見作司空可宅百揆帝然其舉而咨禹使仍作司空而兼行百揆之事録其舊績而勉其

新功也以司空兼百揆如周以六卿兼三公後世以它官平章事知政事亦此類也稽首首至地稷田正官稷名棄姓姬氏封於邰契臣名姓子氏封於商稷契皆帝嚳之子暨及也皐陶亦臣名俞者然其舉也汝往哉者不聽其讓也此章稱舜曰此下方稱帝曰者以見堯老舜攝堯在時舜未嘗稱帝此後舜方真即帝位而稱帝也

帝曰棄黎民阻飢汝后稷播時百穀

阻戹后君也有爵土之稱播布也穀非一種故曰百穀此因禹之讓而申命之使仍舊職以終其事也

帝曰契百姓不親五品不遜汝作司徒敬敷五教在寬

親相親睦也五品父子君臣夫婦長幼朋友五者之名位等級也遜順也司徒掌教之官敷布也五教父子有親君臣有義夫婦有別長幼有叙朋友有信以五者當然之理而爲教令也敬敬其事也聖賢之於事雖無所不敬而此又事之大者故特以敬言之寬裕以待之也蓋五者之理出於人心之本然非有強而後

能者自其拘於氣質之偏溺於物慾之蔽始有昧於其理而不相親愛不相遜順者於是因禹之讓又申命契仍爲司徒使之敬以敷教而又寬裕以待之使其優柔浸漬以漸而入則其天性之眞自然呈露不能自已而無無恥之患矣孟子所引堯言勞來匡直輔翼使自得之又從而振德之亦此意也

帝曰皐陶蠻夷猾夏寇賊姦宄汝作士五刑有服五服三就五流有宅五宅三居惟明克允

猾亂夏明而大也曾氏曰中國文明之地故曰華夏四時之夏疑亦取此義也劫人曰寇殺人曰賊在外曰姦在内曰宄士理官也服服其罪也呂刑所謂上服下服是也三就孔氏以爲大罪於原野大夫於朝士於市不知何據竊恐惟大辟棄之於市宮辟則下蠶室餘刑亦就屛處蓋非死刑不欲使風中其瘡誤而至死聖人之仁也五流五等象刑之當宥者也五宅三居者流雖有五而宅之但爲三等之居如列爵惟五分土惟三也孔氏以爲大罪居

於四裔次則九州之外次則千里之外雖亦未見其所據然大槩當略近之此亦因禹之讓而申命之又戒以必當致其明察乃能使刑當其罪而人無不信服也帝曰疇若予工僉曰垂哉帝曰俞咨垂汝共工垂拜稽首讓于殳斨暨伯與帝曰俞往哉汝諧若順其理而治之也曲禮六工有土工金工石工木工獸工草工周禮有攻木之工攻金之工攻皮之工設色之工搏埴之工皆是也帝問誰能順治予百工之事者垂臣名有巧思莊子曰攦工垂之指即此也殳斨伯與三臣名也殳以積竹爲兵建兵車者斨方鑿斧也古者多以其所能爲名殳斨豈能爲二器者歟往哉汝諧者往哉汝和其職也帝曰疇若予上下草木鳥獸僉曰益哉帝曰俞咨益汝作朕虞益拜稽首讓于朱虎熊羆帝曰俞往哉汝諧上下山林澤藪也虞掌山

澤之官周禮分爲虞衡屬於夏官朱虎熊羆四臣名也高辛氏之子有曰仲虎仲熊意以獸爲名者亦以其能服是獸而得名歟史記曰朱虎熊羆爲伯益之佐前殳斨伯與當亦爲垂之佐也

帝曰咨四岳有能典朕三禮僉曰伯夷帝曰俞咨伯汝作秩宗夙夜惟寅直哉惟清伯拜稽首讓于夔龍帝曰俞往欽哉典主也三禮祀天神享人鬼祭地祇之禮也伯夷臣名姜姓秩叙也宗祖廟也秩宗主叙次百神之官而專以秩宗名之者蓋以宗廟爲主也周禮亦謂之宗伯而都家皆有宗人之官以掌祭祀之事亦此意也夙早寅敬畏也直者心無私曲之謂人能敬以直內不使少有私曲則其心潔清而無物慾之汚可以交於神明矣夔龍二臣名

帝曰夔命汝典樂敎冑子直而温寬而栗剛而無虐簡而無傲詩言志歌永言聲依

永律和聲八音克諧無相奪倫神人以和夔曰於予擊石拊石百獸率舞胄長也自天子至卿大夫之適子也栗莊敬也上二無字與毋同凡人直者必不足於溫故欲其溫寬者必不足於栗故欲其栗所以慮其偏而輔翼之也剛者必至於虐故欲其無虐簡者必至於傲故欲其無傲所以防其過而戒禁之也教胄子者欲其如此而其所以教之之具則又專在於樂如周禮大司樂掌成均之法以教國子弟而孔子亦曰興於詩成於樂蓋所以蕩滌邪穢斟酌飽滿動盪血脉流通精神養其中和之德而救其氣質之偏者也心之所之謂之志心有所之必形於言故曰詩言志既形於言則必有長短之節故曰歌永言既有長短則必有高下清濁之殊故曰聲依永聲者宮商角徵羽也大抵歌聲長而濁者爲宮以漸而清且短則爲商爲角爲徵爲羽所謂聲依永也既有長短清濁則又必以十二律和之乃能成文而不亂假令黃鍾爲宮則大簇爲商姑洗爲角

林鍾爲徵南呂爲羽蓋以三分損益隔八相生而得之餘律皆然即禮運所謂五聲六律十二管還相爲宮所謂律和聲也人聲既和乃以其聲被之八音而爲樂則無不諧協而不相侵亂失其倫次可以奏之朝廷薦之郊廟而神人以和矣聖人作樂以養情性育人材事神祇和上下其體用功效廣大深切乃如此今皆不復見矣可勝歎哉夔曰以下蘇氏曰舜方命九官濟濟相讓無緣夔於此獨言其功此益稷之文簡編脫誤複見於此

帝曰龍朕堲讒說殄行震驚朕師命汝作納言夙夜出納朕命惟允

堲疾殄絕也殄行者謂傷絕善人之事也師衆也謂其言之不正而能變亂黑白以駭衆聽也納言官名命令政教必使審之既允而後出則讒說不得行而矯僞無所託矣敷奏復逆必使審之既允而後入則邪僻無自進而功緒有所稽矣周之内史漢之尚書魏晉以來所謂中書門下者皆此職也

帝曰咨汝二十有二人欽哉

惟時亮天功二十二人四岳九官十二牧也周官言内有百揆四岳外有州牧侯伯蓋百揆者所以統庶官而四岳者所以統十二牧也既分命之又總告之使之各敬其職以相天事也曾氏曰舜命九官新命者六人命伯禹命伯夷咨四岳而命者也命垂命益從咨而命者也命夔命龍因人之讓不咨而命者也夫知道而後可宅百揆知禮而後可典三禮知道知禮非人人所能也故必咨於四岳若予工若上下草木鳥獸則非此之比故從咨而已禮樂命令其體雖不若百揆之大然其事理精微亦非百工庶物之可比伯夷既以四岳之舉而當秩宗之任則其所讓之人必其中於典樂納言之選可知故不咨而命之也若稷契皐陶之不咨者申命其舊職而已又按此以平水土若百工各爲一官而周制同領於司空此以士一官兼兵刑之事而周禮分爲夏秋兩官蓋帝王之法隨時制宜所謂損益可知者如此三載考績三考黜陟幽明庶績咸熙分北三苗考核實也

三考九載也九載則人之賢否事之得失可見於是陟其明而黜其幽賞罰明信人人力於事功此所以庶績咸熙也北猶背也其善者留其不善者竄徙之使分背而去也此言舜命二十二人之後立此考績黜陟之法以時舉行而卒言其效如此也按三苗見於經者如典謨益稷禹貢呂刑詳矣蓋其負固不服乍臣乍叛舜攝位而竄逐之禹治水之時三危已宅而舊都猶頑不即工禹攝位之後帝命徂征而猶逆命及禹班師而後來格於是乃得考其善惡而分北之也呂刑之言遏絕則通其本末而言不可以先後論也

舜生三十徵庸三十在位五十載陟方乃死徵召也陟方猶言升遐也韓子曰竹書紀年帝王之没皆曰陟陟昇也謂昇天也書曰殷禮陟配天言以道終其德協天也故書紀舜之没云陟其下言方乃死者所以釋陟爲死也地之勢東南下如言舜巡守而死宜言下方不得言陟方也按此得之但不當以陟爲句絕耳方猶云徂乎方之方陟方乃死猶言徂落而死也

舜生三十年堯方召用歷試三年居攝二十八年通三十年乃即帝位又五十年而崩蓋於篇末總叙其始終也史記言舜巡守崩于蒼梧之野孟子言舜卒於鳴條未知孰是今零陵九疑有舜冢云

大禹謨

謨謀也林氏曰虞史既述二典其所載有未備者於是又叙其君臣之間嘉言善政以爲大禹皋陶謨益稷三篇所以備舜典之未備者今文無古文有

曰若稽古大禹曰文命敷于四海祇承于帝命敎祇敬也帝謂舜也文命敷于四海者即禹貢所謂東漸西被朔南暨聲敎訖于四海者是也史臣言禹既已布其文敎於四海矣於是陳其謨以敬承于舜如下文所云也文命史記以爲禹名蘇氏曰以文命爲禹名則敷于四海者爲何事耶

曰后克艱厥后臣克艱厥臣政乃乂黎民敏德曰以下即禹祇承于帝之言也艱難也孔子曰爲君難爲臣不易即此意也乃者難辭也敏速也禹言君而不敢易其爲君之道臣而不敢易其爲臣之職夙夜祇懼各務盡其所當爲者則其政事乃能修治而無邪慝下民自然觀

感速化於善而有不容已者矣帝曰俞允若茲嘉言罔攸伏野無遺賢萬邦咸寧稽于衆舍己從人不虐無告不廢困窮惟帝時克嘉善攸所也舜然禹之言以爲信能如此則必有以廣延衆論悉致羣賢而天下之民咸被其澤無不得其所矣然非忘私順理愛民好士之至無以及此而惟堯能之非常人所及也蓋爲謙辭以對而不敢自謂其必能舜之克艱於此亦可見矣程子曰舍己從人最爲難事己者我之所有雖徧舍之猶懼守己者固而從人者輕也

益曰都帝德廣運乃聖乃神乃武乃文皇天眷命奄有四海爲天下君廣者大而無外運者行之不息大而能運則變化不測故自其大而化之而言則謂之聖自其聖而不可知而言則謂之神自其威之可畏而言則謂之武自其英華發外而言則謂之文眷顧奄盡也堯之初起不見於經傳稱其自唐侯

特起爲帝觀益之言理或然也或曰舜之所謂帝者堯也羣臣之言帝者舜也如帝德罔愆帝其念哉之類皆謂舜也蓋益因舜尊堯而遂美舜之德以勸之言不特堯能如此帝亦當然也今按此説所引比類固爲甚明但益之語接連上句惟帝時克之下未應遽舍堯而譽舜又徒極口以稱其美而不見其有勸勉規戒之意恐唐虞之際未遽有此諛佞之風也依舊説贊堯爲是

禹曰惠迪吉從逆凶惟影響惠順迪道也逆反道者也惠迪從逆猶曰順善從惡也禹言天道可畏吉凶之應於善惡猶影響之出於形聲也以見不可不艱者以此而終上文之意

益曰吁戒哉儆戒無虞罔失法度罔遊于逸罔淫于樂任賢勿貳去邪勿疑疑謀勿成百志惟熙罔違道以干百姓之譽罔咈百姓以從己之欲無怠無荒四夷來王先吁後戒欲使聽者

精審也儆與警同虞度罔勿也法度法則制度也淫過也當四方無可虞度之時法度易至廢弛故戒其失墜逸樂易至縱恣故戒其遊淫言此三者所當謹畏也任賢以小人間之謂之貳去邪不能果斷謂之疑謀圖爲也有所圖爲揆之於理而未安者則不復成就之也百志猶易所謂百慮也咈逆也九州之外世一見曰王帝於是八者朝夕戒懼無怠於心無荒於事則治道益隆四夷之遠莫不歸往中土之民服從可知今按益言八者亦有次第蓋人君能守法度不縱逸樂則心正身修義理昭著而於人之賢否孰爲可任孰爲可去事之是非孰爲可疑孰爲不可疑皆有以審其幾微絕其蔽惑故方寸之間光輝明白而於天下之事孰爲道義之正而不可違孰爲民心之公而不可咈皆有以處之不失其理而毫髮私意不入於其間此其懲戒之深旨所以推廣大禹克艱惠迪之謨也苟無其本而是非取舍決於一己之私乃欲斷而行之無所疑惑則其爲害反有不可勝言者矣可不戒哉

禹曰於帝念哉德

惟善政政在養民水火金木土穀惟修正德利用厚生惟和九功惟叙九叙惟歌戒之用休董之用威勸之以九歌俾勿壞

益言儆戒之道禹歎而美之謂帝當深念益之所言也且德非徒善而已惟當有以善其政政非徒法而已在乎有以養其民下文六府三事即養民之政也水火金木土穀惟修者水克火火克金金克木木克土而生五穀或相制以洩其過或相助以補其不足而六者無不修矣正德者父慈子孝兄友弟恭夫義婦聽所以正民之德也利用者工作什器商通貨財之類所以利民之用也厚生者衣帛食肉不飢不寒之類所以厚民之生也六者既修民生始遂不可以逸居而無教故爲之惇典敷教以正其德通工易事以利其用制節謹度以厚其生使皆當其理而無所乖則無不和矣九功合六與三也叙者言九者各順其理而不汩陳以亂其常也歌者以九功之叙而詠之歌也言九者

既已修和，各由其理，民享其利，莫不歌詠而樂其生也。然始勤終怠者，人情之常。恐安養既久，怠心必生，則已成之功不能保其久而不廢，故當有以激勵之，如下文所云也。董，督也。威，古文作畏。其勤於是者，則戒諭而休美之；其怠於是者，則督責而懲戒之。然又以事之出於勉強者不能久，故復即其前日歌詠之言，協之律呂，播之聲音，用之鄉人，用之邦國，以勸相之，使其歡欣鼓舞，趨事赴功，不能自已，而前日之成功得以久存而不壞。此周禮所謂九德之歌、九韶之舞，而太史公所謂佚能思初，安能惟始，沐浴膏澤而歌詠勤苦者也。葛氏曰：洪範五行，水火木金土而已，穀本在木行之數，禹以其爲民食之急，故別而附之也。

帝曰：俞！地平天成，六府三事允治，萬世永賴，時乃功。

水土治曰平，言水土既平而萬物得以成遂也。六府即水火金木土穀也，六者財用之所自出，故曰府。三事，正德、利用、厚生也，三者人事之所當爲，故曰事。舜因禹言養民之政，而推其功以美之也。

帝

曰格汝禹朕宅帝位三十有三載耄期倦于勤汝惟不怠總朕師九十曰耄百年曰期舜至是年已九十三矣總率也舜自言既老血氣已衰故倦於勤勞之事汝當勉力不怠而總率我衆也蓋命之攝位之事堯命舜曰陟帝位舜命禹曰總朕師者蓋堯欲使舜眞宅帝位舜讓弗嗣後惟居攝亦若是而已

禹曰朕德罔克民不依皐陶邁種德德乃降黎民懷之帝念哉念茲在茲釋茲在茲名言茲在茲允出茲在茲惟帝念功邁勇往力行之意種布降下也禹自言其德不能勝任民不依歸惟皐陶勇往力行以布其德德下及於民而民懷服之帝當思念之而不忘也茲指皐陶也禹遂言念之而不忘固在於皐陶舍之而他求亦惟在於皐陶名言於口固在於皐陶誠發於心亦惟在於皐陶也蓋反覆思之而卒無有易於皐陶者惟帝深念其功而使

之攝位也帝曰皋陶惟茲臣庶罔或干予正汝作士明于五刑以弼五教期于予治刑期于無刑民協于中時乃功懋哉干犯正政弼輔也聖人之治以德爲化民之本而刑特以輔其所不及而已期者先事取必之謂舜言惟此臣庶無或有干犯我之政者以爾爲士師之官能明五刑以輔五品之教而期我以至於治其始雖不免於用刑而實所以期至於無刑之也故民亦皆能協於中初無有過不及之差則刑果無所施矣凡此皆汝之功也懋勉也蓋不聽禹之讓而稱皋陶之美以勸勉之也皋陶曰帝德罔愆臨下以簡御衆以寬罰弗及嗣賞延于世宥過無大刑故無小罪疑惟輕功疑惟重與其殺不辜寧失不經好生之德洽于民心茲用不犯于有司

愆過也簡者不煩之謂上煩密則下無所容御者急促則衆擾亂嗣世皆謂子孫然嗣親而世疏也延遠及也父子罪不相及而賞則遠延于世其善善長而惡惡短如此過者不識而誤犯也故者知之而故犯也過誤所犯雖大必宥不忌故犯雖小必刑即上篇所謂眚災肆赦怙終賊刑者也罪已定矣而於法之中有疑其可重可輕者則從輕以罰之功已定矣而於法之中有疑其可輕可重者則從重以賞之辜罪經常也謂法可以殺可以無殺殺之則恐陷於非辜不殺之恐失於輕縱二者皆非聖人至公至平之意而殺不辜者尤聖人之所不忍也故與其殺之而害彼之生寧姑全之而自受失刑之責此其仁愛忠厚之至皆所謂好生之德也蓋聖人之法有盡而心則無窮故其用刑行賞或有所疑則常屈法以伸恩而不使執法之意有以勝其好生之德此其本心所以無所壅遏而得行於常法之外及其流衍洋溢漸涵浸漬有以入于民心則天下之人無不愛慕感悅興起於善而自不犯于有司也皐陶以舜美其功故言

御

此以歸功於其上蓋不敢當其襃美之意而自謂己功也帝曰俾予從欲以治四方風動惟乃之休民不犯法而上不用刑者舜之所欲也汝能使我如所願欲以治教化四達如風鼓動莫不靡然是乃汝之美也舜又申言以重歎美之帝曰來禹降水儆予成允成功惟汝賢克勤于邦克儉于家不自滿假惟汝賢汝惟不矜天下莫與汝爭能汝惟不伐天下莫與汝爭功予懋乃德嘉乃丕績天之曆數在汝躬汝終陟元后洚水洪水也古文作降孟子曰水逆行謂之洚水蓋山崩水渾下流淤塞故其逝者輒復反流而泛濫決溢洚洞無涯也其災所起雖在堯時然舜既攝位害猶未息故舜以爲天警懼於己不敢以爲非己之責而自寛也允信也禹奏言而能踐其言試功而能有其功所謂成允成功也禹

能如此則既賢於人矣而又能勤於王事儉於私養此又禹之賢也有此二美而又能不矜其能不伐其功然其功能之實則自有不可掩者故舜於此復申命之必使攝位也懋懋古通用楙盛大之意丕大績功也懋乃德者禹有是德而我以爲盛大嘉乃丕績者禹有是功而我以爲嘉美也曆數者帝王相繼之次第猶歲時氣節之先後汝有盛德大功故知曆數當歸於汝汝終當升此大君之位不可辭也是時舜方命禹以居攝未即天位故以終陟言也

人心惟危道心惟微惟精惟一允執厥中

心者人之知覺主於中而應於外者也指其發於形氣者而言則謂之人心指其發於義理者而言則謂之道心人心易私而難公故危道心難明而易昧故微惟能精以察之而不雜形氣之私一以守之而純乎義理之正道心常爲之主而人心聽命焉則危者安微者著動靜云爲自無過不及之差而信能執其中矣堯之告舜但曰允執其中今舜命禹又推其所以而詳言之蓋古之聖人將以

天下與人未嘗不以其治之之法并而傳之其見於經者如此後之人君其可不深思而敬守之哉

無稽之言勿聽弗詢之謀勿庸無稽者不考於古弗詢者不咨於衆言之無據謀之自專是皆一人之私心必非天下之公論皆妨政害治之大者也言謂泛言勿聽可矣謀謂計事故又戒其勿用也上文既言存心出治之本此又告之以聽言處事之要內外相資而治道備矣

可愛非君可畏非民衆非元后何戴后非衆罔與守邦欽哉愼乃有位敬修其可願四海困窮天禄永終惟口出好興戎朕言不再可愛非君乎可畏非民乎衆非君則何所奉戴君非民則誰與守邦欽哉言不可不敬也可願猶孟子所謂可欲凡可願欲者皆善也人君當謹其所居之位敬修其所可願欲者苟有一毫之不善生於心害於政則民不得其所者多矣四海之民至於困窮則君之天禄一

絕而不復續豈不深可畏哉此又極言安危存亡之戒以深警之雖知其功德之盛必不至此然猶欲其戰戰兢兢無敢逸豫而謹之於毫釐之間此其所以爲聖人之心也好善也戎兵也言發於口則有二者之分利害之幾可畏如此吾之命汝蓋已審矣豈復更有他說蓋欲禹受命而不復辭避也

禹曰枚卜功臣惟吉之從帝曰禹官占惟先蔽志昆命于元龜朕志先定詢謀僉同鬼神其依龜筮協從卜不習吉禹拜稽首固辭帝曰毋惟汝諧

枚卜歷卜之也帝之所言人事已盡禹不容復辭但請歷卜有功之臣而從其吉冀自有以當之者而已得遂其辭也官占掌占卜之官也蔽斷昆後龜卜筮蓍習重也帝言官占之法先斷其志之所向然後令之於龜今我志既先定而衆謀皆同鬼神依順而龜筮已協從矣又何用更枚卜乎況占卜之法不待重吉也固辭再辭也毋者禁止其

辭言惟汝可以諧此元后之位也正月朔旦受命于神宗率百官若帝之初神宗堯廟也蘇氏曰堯之所從受天下者曰文祖舜之所從受天下者曰神宗受天下於人必告於其人之所從受者禮曰有虞氏禘黃帝而郊嚳祖顓頊而宗堯則神宗爲堯明矣正月朔旦禹受攝帝之命于神宗之廟總率百官其禮一如帝舜受終之初等事也帝曰咨禹惟時有苗弗率汝徂征禹乃會羣后誓于師曰濟濟有衆咸聽朕命蠢茲有苗昏迷不恭侮慢自賢反道敗德君子在野小人在位民棄不保天降之咎肆予以爾衆士奉辭伐罪爾尚一乃心力其克有勳徂往也舜咨嗟言今天下惟是有苗之君不循教命汝往征之征正也往正其罪也會徵會也誓戒也軍旅曰誓有會有誓自

唐虞時已然禮言商作誓周作會非也禹會諸侯之師而戒誓以征討之意濟濟和整衆盛之貌蠢動也蠢蠢然無知之貌昏闇迷惑也不恭不敬也言苗民昏迷不敬侮慢於人妄自尊大反戾正道敗壞常德用舍顛倒民怨天怒故我以爾衆士奉帝之辭罰苗之罪爾衆士庶幾同心同力乃能有功此上禹誓衆之辭也林氏曰堯老而舜攝者二十有八年舜老而禹攝者十有七年其居攝也代總萬機之政而堯舜之爲天子蓋自若也故國有大事猶禀命焉禹征有苗蓋在夫居攝之後而禀命於舜禹不敢專也以征有苗推之則知舜之誅四凶亦必禀堯之命無疑

三旬苗民逆命益贊于禹曰惟德動天無遠弗屆滿招損謙受益時乃天道帝初于歷山往于田日號泣于旻天于父母負罪引慝祗載見瞽瞍夔夔齋慄瞽亦允若至誠感神矧茲有

苗禹拜昌言曰俞班師振旅帝乃誕敷文德舞干羽于兩階七旬有苗格三旬三十日也以師臨之閱月苗頑猶不聽服也贊佐屆至也是時益蓋從禹出征以苗負固恃強未可威服故贊佐於禹以為惟德可以動天其感通之妙無遠不至蓋欲禹還兵而增修其德也滿損謙益即易所謂天道虧盈而益謙者帝舜也歷山在河中府河東縣仁覆閔下謂之旻曰非一日也言舜耕歷山往于田之時以不獲順於父母之故而日號呼于旻天于其父母蓋怨慕之深也負罪自負其罪不敢以為父母之罪引慝自引其慝不敢以為父母之慝也祇敬載事也瞍長老之稱言舜敬其子職之事以見瞽瞍也齋莊敬也慄戰慄也夔夔莊敬戰慄之容也舜之敬畏小心而盡於事親者如此允信若順也言舜以誠孝感格雖瞽瞍頑愚亦且信順之即孟子所謂厎豫也誠感物曰誠益又推極至誠之道以為神明亦且感格而況於苗民乎昌言盛德之言拜所以敬其言也

班還振整也謂整旅以歸也或謂出曰班師入曰振旅謂班師於有苗之國而振旅於京師也誕大也文德文命德教也干楯羽翳也皆舞者所執也兩階賓主之階也七旬七十日也格至也言班師七旬而有苗來格也舜之文德非自禹班師而始敷苗之來格非以舞干羽而後至史臣以禹班師而歸弛其威武專尚德教干羽之舞雍容不迫有苗之至適當其時故作史者因即其實以形容有虞之德數千載之下猶可以是而想其一時氣象也

書傳

三八

皋陶謨 今文古文皆有

曰若稽古皋陶曰允迪厥德謨明弼諧禹曰俞如何皋陶曰都慎厥身修思永惇叙九族庶明勵翼邇可遠在兹禹拜昌言曰俞稽古之下即記皋陶之言者謂考古皋陶之言如此也皋陶言爲君而信蹈其德則臣之所謀者無不明所弼者無不諧也俞如何者禹然其言而復問其詳也都者皋陶美其問也慎者言不可不致其謹也身修則無言行之失思永則非淺近之謀厚叙九族則親親恩篤而家齊矣庶明勵翼則羣哲勉輔而國治矣邇近兹此也言近而可推之遠者在此道也蓋身修家齊國治而天下平矣皋陶此言所以推廣允迪謨明之義故禹復俞而然之也○又按典謨皆稱稽古而下文所記則異典主記事故堯舜皆載其實謨主記言故禹皋陶則載其謨后克艱厥后臣克艱厥臣禹之謨也允

迪厥德謨明弼諧皐陶之謨也然禹謨之上增文命敷于四海祗承于帝者禹受舜天下非盡皐陶比例立言輕重於此可見

皐陶曰都在知人在安民禹曰吁咸若時惟帝其難之知人則哲能官人安民則惠黎民懷之能哲而惠何憂乎驩兜何遷乎有苗何畏乎巧言令色孔壬

皐陶因禹之俞而復推廣其未盡之旨歎美其言謂在於知人在於安民二者而已知人智之事安民仁之事也禹曰吁者歎而未深然之辭也時是也帝謂堯也言既在知人又在安民二者兼舉雖帝堯亦難能之哲智之明也惠仁之愛也能哲而惠猶言能知人而安民也遷竄巧好令善孔大也好其言善其色而大包藏凶惡之人也言能哲而惠則智仁兩盡雖黨惡如驩兜者不足憂昏迷如有苗者不足遷與夫好言善色大包藏姦惡者不足畏是三者舉不足害吾之治極言仁智功用如此其大也

或曰巧言令色孔壬共工也禹言三凶而不及鯀者爲親者諱也○揚氏曰知人安民此皋陶一篇之體要也九德而下知人之事也天叙有典而下安民之道也非知人而能安民者未之有也

皋陶曰都亦行有九德亦言其人有德乃言曰載采采禹曰何皋陶曰寬而栗柔而立愿而恭亂而敬擾而毅直而温簡而廉剛而塞彊而義彰厥有常吉哉

亦總也亦行有九德者總言德之見於行者其凡有九也亦言其人有德者總言其人之有德也載行采事也總言其人有德必言其行某事某事爲可信驗也禹曰何者問其九德之目也寬而栗者寛弘而莊栗也柔而立者柔順而植立也愿而恭者謹愿而恭恪也亂治也亂而敬者有治才而敬畏也擾馴也擾而毅者馴擾而果毅也直而温者徑直而温和也簡而廉者簡易而廉隅也剛而塞者剛健而篤實也彊而義者彊勇而

好義也而轉語辭也正言而反應者所以明其德之不偏皆指其成德之自然非以彼濟此之謂也彰著也成德著之於身而又始終有常其吉士矣哉**日宣三德夙夜浚明有家日嚴祗敬六德亮采有邦翕受敷施九德咸事俊乂在官百僚師師百工惟時撫于五辰庶績其凝**宣明也三德六德者九德之中有其三有其六也浚治也亮亦明也有家大夫也有邦諸侯也浚明亮采皆言家邦政事明治之義氣象則有小大之不同三德而爲大夫六德而爲諸侯以德之多寡職之大小槩言之也夫九德有其三必日宣而充廣之而使之益以著九德有其六尤必日嚴而祗敬之而使之益以謹也翕合也德之多寡雖不同人君惟能合而受之布而用之如此則九德之人咸事其事大而千人之俊小而百人之乂皆在官使以天下之才任天下之治唐虞之朝下無遺才而上無廢事者良以此也師師相師法也

言百僚皆相師法而百工皆及時以趨事也百
僚百工皆謂百官言其人之相師則曰百僚言
其人之趨事則曰百工其實一也撫順也五辰
四時也木火金水旺於四時而土則寄旺於四
季也禮運曰播五行於四時者是也
疑成也言百工趨時而衆功皆成也**無教逸欲**
有邦兢兢業業一日二日萬幾無曠庶官天工
人其代之無與毋通禁止之辭教非必教令謂
上行而下效也言天子當以勤儉率
諸侯不可以逸欲導之也兢兢戒謹也業業危
懼也幾微也易曰惟幾也故能成天下之務蓋
禍患之幾藏於細微而非常人之所豫見及其
著也則雖智者不能善其後故聖人於幾則兢
業以圖之所謂圖難於其易爲大於其細者此
也一日二日者言其日之至淺萬幾者言其幾
事之至多也蓋一日二日之間事幾之來且至
萬焉是可一日而縱欲乎曠廢也言不可用非
才而使庶官曠廢厥職也天工天之工也人君
代天理物庶官所治無非天事苟一職之或曠

則天工廢矣可不深戒哉

天叙有典勑我五典五惇哉天秩有禮自我五禮有庸哉同寅協恭和衷哉天命有德五服五章哉天討有罪五刑五用哉政事懋哉懋哉

叙者君臣父子兄弟夫婦朋友之倫叙也秩者尊卑貴賤等級隆殺之品秩也勑正惇厚庸常也有庸馬本作五庸衷降衷之衷即所謂典禮也典禮雖天所叙秩然正之使叙倫而益厚用之使品秩而有常一則在我而已故君臣當同其寅畏協其恭敬誠一無間融會流通而民彝物則各得其正所謂和衷也章顯也五服五等之服自九章以至一章是也言天命有德之人則五等之服以彰顯之天討有罪之人則五等之刑以懲戒之蓋爵賞刑罰乃人君之政事君主之臣用之當勉勉而不可怠者也○楊氏曰典禮自天子出故言勑我自我若夫爵人於朝與衆共之刑人於市與衆棄之天子不得而私焉此其立言之異也

天

聰明自我民聰明天明畏自我民明威達于上下敬哉有土威古文作畏二字通用明者顯其善畏者威其惡天之聰明非有視聽也因民之視聽以爲聰明天之明畏非有好惡也因民之好惡以爲明畏上下上天下民也敬心無所慢也有土有民社也言天人一理通達無間民心所存即天理之所在而吾心之敬是又合天民而一之者也有天下者可不知所以敬之哉

皋陶曰朕言惠可底行禹曰俞乃言底可績皋陶曰予未有知思曰贊贊襄哉思曰之曰當作日襄成也皋陶謂我所言順於理可致之於行禹然其言以爲致之於行信可有功皋陶謙辭我未有所知言不敢計功也惟思日贊助於帝以成其治而已

益稷

今文古文皆有但今文合於皋陶謨帝曰來禹汝亦昌言正與上篇末文勢接續古者簡冊以竹爲之而所編之簡不可以多故釐而二之非有意於其間也以下文禹稱益稷二人佐其成功因以名篇

帝曰來禹汝亦昌言禹拜曰都帝予何言予思曰孜孜皋陶曰吁如何禹曰洪水滔天浩浩懷山襄陵下民昏墊予乘四載隨山刊木曁益奏庶鮮食予決九川距四海濬畎澮距川曁稷播奏庶艱食鮮食懋遷有無化居烝民乃粒萬邦作乂皋陶曰俞師汝昌言孜孜者勉力不怠之謂帝以皋陶既陳知人安民之謨因呼禹使陳其言禹拜而歎美謂皋陶之謨至矣我更何所言惟思日勉勉以務

事功而已觀此則上篇禹皋陶荅問者蓋相與
言於帝舜之前也如何者皐陶問其孜孜者何
如也禹言往者洪水泛溢上漫于天浩浩盛大
包山上陵下民昏瞀墊溺困於水災如此之甚
也四載水乘舟陸乘車泥乘輴山乘樏也輴史
記作橇漢書作毳以板爲之其狀如箕擿行泥
上樏史記作橋漢書作梮以鐵爲之其形似錐
長半寸施之履下以上山不蹉跌也蓋禹治水
之時乘此四載以跋履山川踐行險阻者隨循
刋除也左傳云井堙木刋刋除木之義也蓋水
涌不洩泛濫瀰漫地之平者無非水也其可見
者山耳故必循山伐木通蔽障開道路而後水
工可興也奏進也血食曰鮮水土未平民未粒
食與益進衆鳥獸魚鼈之肉於民使食以充飽
也九川九州之川也距至濬深也周禮一畒之
間廣尺深尺曰畎廣二尋深二仞曰澮畎澮之
間有遂有溝有洫皆通田間水道以小注大言
畎澮而不及遂溝洫者舉小大以包其餘也先
決九川之水使各通于海次濬畎澮之水使各
通于川也播布也謂布種五穀也艱難也水平

播種之初民尚艱食也懋勉也懋勉其民徙有於無交易變化其所居積之貨也烝衆也米食曰粒蓋水患悉平民得播種之利而山林川澤之貨又有無相通以濟匱乏然後庶民粒食萬邦興起治功也禹因孜孜之義述其治水本末先後之詳而警戒之意實存於其間蓋欲君臣上下相與勉力不怠以保其治於無窮而已師法也皋陶以其言爲可師法也

禹曰都帝慎乃在位帝曰俞禹曰安汝止惟幾惟康其弼直惟動丕應徯志以昭受上帝天其申命用休

禹既歎美又特稱帝以告之所以起其聽也慎乃在位者謹其在天子之位也天位惟艱一念不謹或以貽四海之憂一日不謹或以致千百年之患帝深然之而禹又推其所以謹在位之意如下文所云也止者心之所止也人心之靈事事物物莫不各有至善之所而不可遷者人惟私欲之念動搖其中始有昧於理而不得其所止者安之云者順適乎道心之正而不

陷於人欲之危動靜云爲各得其當而無有止而不得其止者惟幾所以審其事之發惟康所以省其事之安即下文庶事康哉之義至於左右輔弼之臣又皆盡其繩愆糾繆之職內外交修無有不至若是則是惟無作作則天下無不丕應固有先意而傒我者以是昭受于天天豈不重命而用休美乎

帝曰吁臣哉鄰哉鄰哉臣哉禹曰俞

鄰左右輔弼也臣以人言鄰以職言帝深感上文弼直之語故曰吁臣哉鄰哉鄰哉臣哉反復嘆詠以見弼直之義如此其重而不可忽禹即俞而然之也

帝曰臣作朕股肱耳目予欲左右有民汝翼予欲宣力四方汝爲予欲觀古人之象日月星辰山龍華蟲作會宗彝藻火粉米黼黻絺繡以五采彰施于五色作服汝明予欲聞六律五聲八音在治忽以出

蜼遺

黼祢　紩秩

納五言汝聽此言臣所以爲鄰之義也君元首也君資臣以爲助猶元首須股肱耳目以爲用也下文翼爲明聽即作股肱耳目之義左右者輔翼也猶孟子所謂輔之翼之使自得之也宣力者宣布其力也言我欲左右有民則資汝以爲助欲宣力四方則資汝以有爲也象像也日月以下物象是也易曰黃帝堯舜垂衣裳而天下治蓋取諸乾坤則上衣下裳之制創自黃帝而成於堯舜也日月星辰取其照臨也山取其鎮也龍取其變也華蟲雉取其文也會繪也宗彝虎蜼取其孝也藻水草取其絜也火取其明也粉米白米取其養也黼若斧形取其斷也黻爲兩已相背取其辨也絺鄭氏讀爲黹紩也紩以爲繡也日也月也星辰也山也龍也華蟲也六者繪之於衣宗彝也藻也火也粉米也黼也黻也六者繡之於裳所謂十二章也衣之六章其序自上而下裳之六章其序自下而上采者青黃赤白黑也色者言施之於繒帛也繪於衣繡於裳皆雜施五采以爲五色也汝明者汝當明其小大尊卑之差等也又按周

制以日月星辰畫於旂冕服九章登龍於山登火於宗彝以龍山華蟲火宗彝五者繪於衣以藻粉黼黻四者繡於裳袞冕九章以龍爲首鷩冕七章以華蟲爲首毳冕五章以虎蜼爲首蓋亦增損有虞之制而爲之耳六律陽律也不言六呂者陽統陰也有律而後有聲有聲而後八音得以依據故六律五聲八音言之叙如此也在察也忽治之反也聲音之道與政通故審音以知樂審樂以知政而治之得失可知也五言者詩歌之協於五聲者也自上達下謂之出自下達上謂之納汝聽者言汝當審樂而察政治之得失者也予違汝弼汝無面從退有後言欽四鄰違戾也言我有違戾於道爾當弼正其失爾毋面諛以爲是而背毀以爲非不可不敬爾鄰之職也申結上文弼直鄰哉之義而深責之禹者如此庶頑讒說若不在時侯以明之撻以記之書用識哉欲並生哉工以納言時而颺之格則承

之庸之否則威之此因上文而慮庶頑讒說之不忠不直也讒說即舜所堲者時是也在是指忠直爲言侯射侯也明者欲明其果頑愚讒說與否也蓋射所以觀德頑愚讒說之人其心不正則形乎四體布乎動靜其容體必不能比於禮其節奏必不能比於樂其中必不能多審如是則其爲頑愚讒說也必矣周禮王大射則供虎侯熊侯豹侯諸侯供熊侯豹侯卿大夫供麋侯皆設其鵠又梓人爲侯廣與崇方三分其廣而鵠居一焉應古制亦不相遠也撻扑也即扑作教刑者蓋懲之使記而不忘也識誌也錄其過惡以識于冊如周制鄉黨之官以時書民之孝悌睦婣有學者也聖人不忍以頑愚讒說而遽棄之用此三者之教啓其憤發其排使之遷善改過欲其並生於天地之間也工掌樂之官也格有恥且格之格謂改過也承薦也聖人於庶頑讒說之人既有以啓發其憤排遷善之心而又命掌樂之官以其所納之言時而颺之以觀其改過與否如其改也則進之用之如其不改然後刑以威之以見聖人

之教無所不極其至必不得已焉而後威之其不忍輕於棄人也如此此即龍之所典而此命伯禹總之也

禹曰俞哉帝光天之下至于海隅蒼生萬邦黎獻共惟帝臣惟帝時舉敷納以言明庶以功車服以庸誰敢不讓敢不敬應帝不時敷同日奏罔功

俞哉者蘇氏曰與春秋傳公曰諾哉意同口然而心不然之辭也隅角也蒼生者蒼蒼然而生視遠之義也獻賢也黎獻者黎民之賢者也共同時是也敷納者下陳而上納也明庶者明其衆庶也禹雖俞帝之言而有未盡然之意謂庶頑讒說加之以威不若明之以德使帝德光輝達於天下海隅蒼生之地莫不昭灼德之遠著如此則萬邦黎民之賢孰不感慕興起而皆有帝臣之願惟帝時舉而用之爾敷納以言而觀其蘊明庶以功而考其成旌能命德以厚其報如此則誰敢不讓於善敢不精白一心敬應其上而庶頑讒說豈足

慮誕

慮乎帝不如是則今任用之臣遠近敷同率爲誕慢日進於無功矣豈特庶頑讒說爲可慮哉

無若丹朱傲惟慢遊是好傲虐是作罔晝夜頟頟罔水行舟朋淫于家用殄厥世予創若時娶于塗山辛壬癸甲啓呱呱而泣予弗子惟荒度土功弼成五服至于五千州十有二師外薄四海咸建五長各迪有功苗頑弗即工帝其念哉帝曰迪朕德時乃功惟叙皐陶方祗厥叙方施象刑惟明漢志堯處子朱於丹淵爲諸侯丹朱之國名也頟頟不休息之狀罔水行舟如奡盪舟之類朋淫者朋比小人而淫亂于家也殄絕也世者世堯之天下也丹朱不肖堯以天下與舜而不與朱故曰殄世程子曰夫聖莫聖於舜而禹之戒舜至曰無若丹朱好慢遊

作傲虐且舜之不爲慢游傲虐雖愚者亦當知之豈以禹而不知乎蓋處崇高之位所以儆戒者當如是也創懲也禹自言懲丹朱之惡而不敢以慢游也塗山國名在今壽春縣東北禹娶塗山氏之女也辛壬癸甲四日也禹娶塗山甫及四日即往治水也啓禹之子呱呱泣聲荒大也言娶妻生子皆有所不暇顧念惟以大相度平治水土之功爲急也孟子言禹八年於外三過其門而不入是也五服甸侯綏要荒也言非特平治水土又因地域之遠近以輔成五服之制也疆理宇内乃人君之事非人臣之所當專者故曰弼成也五千者每服五百里五服之地東西南北相距五千里也十二師者每州立十二諸侯以爲之師使之相牧以糾羣后也薄迫也九州之外迫於四海每方各建五人以爲之長而統率之也聖人經理之制其詳内略外者如此即就也謂十二師五長内而侯牧外而蕃夷皆蹈行有功惟三苗頑慢不率不肯就工帝當憂念之也帝言四海之内蹈行我之德教者是汝功惟叙之故其頑而弗率者則臯陶方敬

承汝之功敘方施象刑惟明矣曰明者言其刑罰當罪可以畏服乎人也上文禹之意欲舜弛其鞭扑之威益廣其文教之及而帝以禹之功敘既已如此而猶有頑不即功如苗民者是豈刑法之所可廢哉或者乃謂苗之凶頑六師征之猶且逆命豈皐陶象刑之所能致是未知聖人兵刑之叙與帝舜治苗之本末也帝之此言乃在禹未攝位之前非徂征後事蓋威以象刑而苗猶不服然後命禹征之征之不服以益之諫而又增修德教及其來格然後分比之舜之此言雖在三謨之末而實則禹未攝位之前也

夔曰戛擊鳴球搏拊琴瑟以詠祖考來格虞賓在位羣后德讓下管鼗鼓合止柷敔笙鏞以間鳥獸蹌蹌簫韶九成鳳凰來儀戛擊考擊也鳴球玉磬名也搏至拊循也樂之始作升歌於堂上則堂上之樂惟取其聲之輕清者與人聲相比故曰以詠蓋戛擊鳴球搏拊琴瑟以合詠歌之聲也格神之

格思之格虞賓丹朱也堯之後爲賓於虞猶微子作賓於周也丹朱在位與助祭羣后以德相讓則人無不和可知矣下堂下之樂也管猶周禮所謂陰竹之管孤竹之管絲竹之管也鼗鼓如鼓而小有柄持而搖之則旁耳自擊柷敔郭璞云柷如漆桶方二尺四寸深一尺八寸中有椎柄連底撞之令左右擊敔狀如伏虎背上有二十七鉏鋙刻以籈櫟之籈長一尺以木爲之始作也擊柷以合之及其將終也則櫟敔以止之蓋節樂之器也笙以匏爲之列管於匏中又施簧於管端鏞大鍾也葉氏曰鍾與笙相應者曰笙鍾與歌相應者曰頌鍾頌或謂之鏞詩賁鼓維鏞是也大射禮樂人宿縣于阼階東笙磬西面其南笙鍾西階之西頌磬東面其南頌鍾頌鍾即鏞鍾也上言以詠此言以間相對而言蓋與詠歌迭奏也鄉飲酒禮云歌鹿鳴笙南陔間歌魚麗笙由庚或其遺制也蹌蹌行動之貌言樂音不獨感神人至於鳥獸無知亦且相率而舞蹌蹌然也簫古文作箾舞者所執之物說文云樂名箾韶季札觀周樂見舞韶箾者則箾韶蓋舜樂

之總名也今文作簫故先儒誤以簫管釋之九成者樂之九成也功以九敘故樂以九成九成猶周禮所謂九變也孔子曰樂者象成者也故曰成鳳凰羽族之靈者其雄爲鳳其雌爲凰來儀者來舞而有容儀也戛擊鳴球搏拊琴瑟以詠堂上之樂也下管鼗鼓合止柷敔笙鏞以閒堂下之樂也唐孔氏曰樂之作也依上下而遞奏閒合而後曲成祖考尊神故言於堂上之樂鳥獸微物故言於堂下之樂九成致鳳尊異靈瑞故別言之非堂上之樂獨致神格堂下之樂偏能舞獸也或曰笙之形如鳥翼鏞之虡爲獸形故於笙鏞以閒言鳥獸蹌蹌風俗通曰舜作簫笙以象鳳蓋因其形聲之似以狀其聲樂之和豈眞有鳥獸鳳凰而蹌蹌來儀者乎曰是未知聲樂感通之妙也瓠巴鼓瑟而游魚出聽伯牙鼓琴而六馬仰秣聲之致祥召物見於傳者多矣況舜之德致和於上夔之樂召和於下其格神人舞獸鳳豈足疑哉今按季扎觀周樂見舞韶箾者曰德至矣盡矣如天之無不覆如地之無不載雖甚盛德蔑以加矣夫韶樂之奏幽

而感神則祖考來格明而感人則羣后德讓而感物則鳳儀獸舞原其所以能感召如此者皆由舜之德如天地之無不覆燾也其樂之傳歷千餘載孔子聞之於齊尚且三月不知肉味曰不圖爲樂之至於斯則當時感召從可知矣又按此章夔言作樂之效其文自爲一段不與上下文勢相屬蓋舜之在位五十餘年其與禹皋陶夔益相與答問者多矣史官取其尤彰明者以詔後世則是其所言者自有先後史官集而記之非其一日之言也諸儒之說自皋陶謨至此篇末皆謂文勢相屬故其說牽合不通今皆不取

夔曰於予擊石拊石百獸率舞庶尹允諧重擊曰擊輕擊曰拊石磬也有大磬有編磬有歌磬磬有小大故擊有輕重八音獨言石者蓋石音屬角最難諧和記曰磬以立辨夫樂以合爲主而石聲獨立辨者以其難和也石聲既和則金絲竹匏土革木之聲無不和者矣詩曰旣和且平依我磬聲則知言石者總樂之和而言之也或曰玉振之也者終條理之事故舉磬以

終焉上言鳥獸此言百獸者考工記曰天下大
獸五脂者膏者臝者羽者鱗者羽鱗總可謂之
獸也百獸舞則物無不和可知矣尹正也庶尹
者衆百官府之長也允諧者信皆和諧也庶尹
諧則人無不
和可知矣　帝庸作歌曰勑天之命惟時惟幾
乃歌曰股肱喜哉元首起哉百工熙哉皐陶拜
手稽首颺言曰念哉率作興事愼乃憲欽哉屢
省乃成欽哉乃賡載歌曰元首明哉股肱良哉
庶事康哉又歌曰元首叢脞哉股肱惰哉萬事
墮哉帝拜曰俞往欽哉庸用也歌詩歌也勑戒
勑也幾事之微也惟時
者無時而不戒勑也惟幾者無事而不戒勑也
蓋天命無常理亂安危相爲倚伏今雖治定功
成禮備樂和然須刻謹畏之不存則怠荒之所
自起毫髮幾微之不察則禍患之所自生不可

不戒也此舜將欲作歌而先述其所以歌之意也股肱臣也元首君也人臣樂於趨事赴功則人君之治爲之興起而百官之功皆廣也拜手稽首者首至手又至地也大言而疾曰颺率總率也臯陶言人君當總率羣臣以起事功又必謹其所守之法度蓋樂於興事者易至於紛更故深戒之也屢數也興事而數考其成則有課功覈實之效而無誕謾欺蔽之失兩言欽哉者興事考成二者皆所當深敬而不可忽者也此臯陶將欲賡歌而先述其所以歌之意也賡續載成也續帝歌以成其義也臯陶言君明則臣良而衆事皆安所以勸之也叢脞煩碎也惰懈怠也墮傾圮也言君行臣職煩瑣細碎則臣下懈怠不肯任事而萬事廢壞所以戒之也舜作歌而責難於臣臯陶賡歌而責難於君君臣之相責難若如此有虞之治茲所以爲不可及也歟帝拜者重其禮也重其禮然其言而曰汝等往治其職不可以不敬也林氏曰舜禹臯陶之賡歌三百篇之權輿也學詩者當自此始

朱文公訂正門人蔡九峯書集傳卷之一

淳祐庚戌季秋金華後學呂遇龍

校正刋于上饒郡學之極高明

朱文公訂正門人蔡九峯書集傳卷之二

夏書

夏禹有天下之號也書凡四篇禹貢作於虞時而係之夏書者禹之王以是功也

禹貢

貢上之所取謂之賦下之所供謂之貢是篇有貢有賦而獨以貢名篇者孟子曰夏后氏五十而貢貢者較數歲之中以爲常則貢又夏后氏田賦之總名今文古文皆有

禹敷土隨山刊木奠高山大川

敷分也分別土地以爲九州也奠定也定高山大川以別州境也若兗之濟河揚之淮雍之黑水西河荆之荆衡徐之岱淮豫之荆河梁之華陽黑水是也方洪水橫流不辨區域禹分九州之地隨山之勢相其便宜斬木通道以治之又定其山之高者與其川之大者以爲之紀綱此三者禹治水之要故作書者首

述之○曾氏曰禹别九州非用其私智天文地理區域各定故星土之法則有九野而在地者必有高山大川爲之限隔風氣爲之不通民生其間亦各異俗故禹因高山大川之所限者别爲九州又定其山之高峻水之深大者爲其州之鎮秩其祭而使其國主之也

冀州

冀州帝都之地三面距河兖河之西雍河之東豫河之北周禮職方河内曰冀州是也八州皆言疆界而冀不言者以餘州所至可見晁氏曰亦所以尊京師示王者無外之意

既載壺口

經始治之謂之載壺口山名漢地志在河東郡北屈縣東南今隰州吉鄉縣也○今按既載云者冀州帝都之地禹受命治水所始在所當先經始壺口等處以殺河勢故曰既載然禹治水施功之序則皆自下流始故次兖次青次徐次揚次荆次豫次梁次雍兖最下故所先雍最高故獨後禹言予决九川距四海濬畎澮距川即其用工之本末先决九川之水以距海則水之大者有所歸又濬畎澮以距川則水之小者有所泄皆自下流以疏殺其勢讀禹貢之書

求禹功之序當於此詳之治梁及岐梁岐皆冀州山梁山呂梁山也在今石州離石縣東北爾雅云梁山晉望即冀州呂梁也呂不韋曰龍門未闢呂梁未鑿河出孟門之上又春秋梁山崩左氏穀梁皆以爲晉山則亦指呂梁矣酈道元謂呂梁之石崇竦河流激盪震動天地此禹既事壺口乃即治梁也岐山在今汾州界休縣狐岐之山勝水所出東北流注于汾酈道元云後魏於胡岐置六壁防離石諸胡因爲大鎮今六壁城在勝水之側實古河逕之險阨二山河水所經治之所以開河道也先儒以爲雍州梁岐者非是既修太原至于岳陽修因鯀之功而修之也廣平曰原今河東路太原府也岳太岳也周職方冀州其山鎮曰霍山地志謂霍太山即太岳在河東郡彘縣東今晉州霍邑也山南曰陽則今岳陽縣地也堯之所都揚子雲冀州箴曰岳陽是都是也蓋汾水出於大原經於太岳東入于河此則導汾水也覃懷厎績至于衡漳覃懷地名地志河內郡有懷縣今懷

州也曾氏曰覃懷平地也當在孟津之東太行之西淶水出乎其西淇水出乎其東方洪水懷山襄陵之時而平地致功爲難故曰厎績衡漳水名衡古横字地志漳水二一出上黨沾縣大黽谷今平定軍樂平縣少山也名爲清漳一出上黨長子縣鹿谷山今潞州長子縣發鳩山也名爲濁漳酈道元謂之衡水又謂之横水東至鄴合清漳東北至阜城入北河鄴今潞州涉縣也阜城今定遠軍東光縣也○又按桑欽云二漳異源而下流相合同歸于海唐人亦言漳水能獨達于海請以爲瀆而不云入河者蓋禹之導河自洚水大陸至碣石入于海本隨西山下東北去周定王五年河徙砱礫則漸遷而東漢初漳猶入河其後河徙日東而取漳水益遠至欽時河自大伾而下已非故道而漳自入海矣故欽與唐人所言者如此

厥土惟白壤

漢孔氏曰無塊曰壤顔氏曰柔土曰壤夏氏曰周官大司徒辨十有二壤之物而知其種以教稼穡樹藝以土均之法辨五物九等制天下之地征則夫教民樹藝與因地制貢固不可

不先於辨土也然辨土之宜有二白以辨其色壤以辨其性也蓋草人糞壤之法騂剛用牛赤緹用羊墳壤用麋渴澤用鹿糞治田疇各因色性而辨其所當用也曾氏曰冀州之土豈皆白壤云然者土會之法從其多者論也

厥賦惟上上錯厥田惟中中

賦田所出穀米兵車之類錯雜也賦第一等而錯出第二等也田第五等也賦高於田四等者地廣而人稠也林氏曰冀州先賦後田者冀王畿之地天子所自治併與場圃園田漆林之類而征之如周官載師所載賦非盡出於田也故以賦屬于厥土之下餘州皆田之賦也故先田而後賦又按九州九等之賦皆每州歲入總數以九州多寡相較而爲九等非以是等田而責其出是等賦也冀獨不言貢篚者冀天子封内之地無所事於貢篚者

恒衛既從大陸既作

恒衞二水名恒水地志出常山郡上曲陽縣恒山北谷在今定州曲陽縣西北恒山也東入滱水薛氏曰東流合滱水至瀛州高陽縣入易水晁氏曰今之恒水西南流

至真定府行唐縣東流入于滋水又南流入于東
衡水非古逕矣衡水地志出常山郡靈壽縣東
北即今真定府靈壽縣也東入滹沱河薛氏曰
東北合滹沱河過信安軍入易水從從其道也
大陸孫炎曰鉅鹿北廣河澤河所經也程氏曰
鉅鹿去古河絶遠河未嘗逕邢以行鉅鹿之廣
阿非是按爾雅高平曰陸大陸云者四無山阜
曠然平地蓋禹河自澶相以北皆行西山之麓
故班馬王橫皆謂載之高地則古河之在貝冀
以及枯洚之南率皆穿西山踵趾以行及其已
過信洚之北則西山勢斷曠然四平蓋以此地
謂之大陸乃與下文北至大陸者合故隋改趙
之昭慶以爲大陸縣唐又割鹿城置陸澤縣皆
疑鉅鹿之大陸不與河應而亦求之向北之地
杜佑李吉甫以爲邢趙深三州爲大陸者得之
作者言可耕治水患既息而平地之廣衍者亦
可耕治也恒衛水小而地遠大陸地平而近河故其成功於田賦之後

島夷皮服

海曲曰島海島之夷以皮服來貢也

夾右碣石入于河

碣石地志在北平郡

驪城縣西南河口之地今平州之南也冀州北方貢賦之來自北海入河南向西轉而碣石在其右轉屈之間故曰夾右也程氏曰冀爲帝都東西南三面距河他州貢賦皆以達河爲至故北三方亦不必書而其北境則漢遼東西右北平漁陽上谷之地其水如遼濡滹易皆中高不與河通故必自北海然後能達河也又按酈道元言驪城枕海有石如甬道數十里當山頂有大石如柱形韋昭以爲碣石其山昔在河口海濱故以誌其入貢河道歷世既久爲水所漸淪入于海已去岸五百餘里矣戰國策以碣石在常山郡九門縣者恐名偶同而鄭氏以爲九門無此山也

濟河惟兗州

兗州之域東南據濟西北距河濟河見導水蘇氏曰河濟之間相去不遠兗州之境東南跨濟非止於濟也愚謂河昔北流兗州之境北盡碣石河右之地後碣石之地淪入於海河益徙而南兗河之間始相去不遠蘇氏之說未必然也○林氏曰濟古文作泲說文注云此兗州之濟也其從水從齊者說文注云出常山房子縣贊皇山則此

二字音同義異當以古文爲正

九河既道

九河爾雅一曰徒駭二曰太史三曰馬頰四曰覆鬴五曰胡蘇六曰簡潔七曰鈎盤八曰鬲津其一則河之經流也先儒不知河之經流遂分簡潔爲二既道者既順其道也。按徒駭河地志云滹沱河寰宇記云在滄州清池南許商云在平成馬頰河元和志在德州安德平原南東寰宇記云在棣州滴河北輿地記云即篤馬河也覆鬴河通典云在德州安德胡蘇河寰宇記云在滄之饒安無棣臨津三縣許商云在東光簡潔河輿地記云在臨津鈎盤河寰宇記云在樂陵東南從德州平昌來輿地記云在樂陵鬲津河寰宇記云在樂陵東西北流入饒安許商云在鬲縣輿地記云在無棣太史河不知所在自漢以來講求九河者甚詳漢世近古止得其三唐人集累世積傳之語遂得其六歐陽忞輿地記又得其一或新河而載以舊名或一地而互爲兩說要之皆似是而非無所依據至其顯然謬誤者則班固以滹沱爲徒駭而不知滹沱不與古河相涉樂史馬頰乃以漢篤馬河當之鄭氏求之不得又以爲九河齊威塞其八流以自廣夫曲防齊之所禁塞河宜非威公之所爲也河水可塞而河道果能盡平乎皆無稽攷之言也惟程氏以爲九河之地已淪於海引碣石爲九河之證以謂今滄州之地北與平州接境相去五百餘里禹之九河當在其地後爲海水淪没故其迹不存方九河未没於海之時從今海岸東北更五百里平地河播爲九在此五百里中又上文言夾右碣石則九河入海之處有碣石在其西北岸九河水道變遷難於推考而碣石通趾頂皆石不應仆没今兖冀之地既無此石而平州正南有山而名碣石者尚在海中去岸五百餘里卓立可見則是古河自今已爲海處向北斜行始分爲九其河道已淪入於海明矣漢王横言昔天嘗連雨東北風海水溢西南出浸數百里九河之地已爲海水所漸酈道元亦謂九河碣石苞淪於海後丗儒者知求九河於平地而不知求碣石有無以爲之證故前後異說竟無歸宿蓋非九河之地而強鑿求之宜其支離而不能的也

雷夏既澤

澤者水之鍾也雷夏地志在濟陰郡城陽縣西北今濮州雷澤縣西北也山海經云澤中有雷神龍身而人頰鼓其腹則雷然則本夏澤也因其神名之曰雷夏也洪水橫流而入于澤澤不能受則亦泛濫奔潰故水治而後雷夏爲澤

灉沮會同

灉沮二水名灉水曾氏曰爾雅水自河出爲灉許慎云河灉水在宋又曰汳水受陳留浚儀陰溝至蒙爲灉水東入于泗水經汳水出陰溝東至蒙爲沮𤅩則灉水即汳水也灉之下流入于睢水沮水地志睢水出沛國芒縣睢水其沮水歟晁氏曰爾雅云自河出爲灉濟出爲濋求之於韻沮有楚音二水河濟之別也二說未詳孰是會者水之合也同者合而一也

桑土既蠶是降丘宅土

桑土宜桑之土既蠶者可以蠶桑也蠶性惡溼故水退而後可蠶然九州皆賴其利而獨於兗言之者兗地宜桑後世之濮上桑間猶可驗也地高曰丘兗地多在卑下水害尤甚民皆依丘陵以居至是始得下居平地也

厥土黑墳厥草惟繇厥木惟條

墳土脉墳起也如左氏所謂祭之地地墳是也緜茂條長也○林氏曰九州之勢西北多山東南多水多山則草木為宜不待書也兖徐揚三州最居東南下流其地卑濕沮洳洪水為患草木不得其生至是或繇或條或夭或喬而或漸苞故於三州特言之以見水土平草木亦得遂其性也

厥田惟中下厥賦貞作十有三載乃同

田第六等賦第九等貞正也兖賦最薄言君天下者以薄賦為正也作十有三載乃同者兖當河下流之衝水激而湍悍地平而土疏被害尤劇今水患雖平而卑濕沮洳未必盡去土曠人稀生理鮮少必作治十有三載然後賦法同於他州此為田賦而言故其文屬於厥賦之下先儒以為禹治水所歷之年且謂此州治水最在後畢州為第九成功因以上文厥賦貞者謂賦亦第九與州正為相當殊無意義其說非是

厥貢漆絲厥篚織文

貢者下獻其土所有於上也兖地宜漆宜桑故貢漆絲也篚竹器筐屬也古者幣帛之屬則盛之以筐篚

而貢焉經曰篚厥玄黃是也織文者織而有文錦綺之屬也以非一色故以織文總之林氏曰有貢又有篚者所貢之物入於篚也

浮于濟漯達于河

舟行水曰浮漯者河之枝流也兖之貢賦浮濟浮漯以達於河也帝都冀州三面距河達河即達帝都矣又按地志曰漯水出東郡東武陽至千乘入海程氏以為此乃漢河與漯殊異然亦不能明言漯河所在未詳其地也

海岱惟青州

青州之域東北至海西南距岱岱泰山也在今襲慶府奉符縣西北三十里

嵎夷既略

嵎夷薛氏曰今登州之地略經略為之封畛也即堯典之嵎夷

濰淄其道

濰淄二水名濰水地志云出琅琊郡箕縣今密州莒縣東北濰山也北至都昌入海今濰州昌邑也淄水地志云出泰山郡萊蕪縣原山今淄州淄州縣東南七十里原山也東至博昌縣入濟今青州壽光縣也其道者水循其道也上文言既道者禹為之道也此言其道者泛濫既去水得其故道也林氏曰河濟下流兖受之淮下流徐受之

江漢下流揚受之青雖近海然不當衆流之衝但潍淄二水順其故道則其功畢矣比之他州用力最省者也厥土白墳海濵廣斥濵涯也海涯之地廣漠而斥鹵許慎曰東方謂之斥西方謂之鹵斥鹵鹹地可煑爲鹽者也厥田惟上下厥賦中上田第三賦第四也厥貢鹽絺海物惟錯岱畎絲枲鉛松怪石萊夷作牧厥篚檿絲鹽斥地所出絺細葛也錯雜也海物非一種故曰錯林氏曰既總謂之海物則固非一物矣此與揚州齒革羽毛惟木文勢正同錯蓋別爲一物如錫貢磬錯之錯理或然也畎谷也岱山之谷也枲麻也怪石怪異之石也林氏曰怪石之貢誠爲可疑意其必須以爲器用之飾而有不可闕者非特貢其怪異之石以爲玩好也萊夷顏師古曰萊山之夷齊有萊侯萊人即今萊州之地作牧者言可牧放夷人以畜牧爲生也檿山桑也山桑之絲其韌中琴瑟之絃蘇氏曰惟東萊爲有此絲以之爲繒其堅

郭異常萊人謂之山蠻**浮于汶達于濟**汶水出泰山郡萊蕪縣原山今襲慶府萊蕪縣也西南入濟在今鄆州中都縣也蓋淄水出萊蕪原山之陰東北而入海汶水出萊蕪原山之陽西南而入濟不言達河者因於兖也**海岱及淮惟徐州**徐州之域東至海南至淮北至岱而西不言濟者岱之陽濟東爲徐岱之北濟東爲青言濟不足以辨故略之也爾雅濟東曰徐州者商無青并青於徐也周禮正東曰青州者周無徐并徐於青也林氏曰一州之境必有四至七州皆止二至蓋以鄰州互見至此州獨載其三邊者止言海岱則嫌於青止言淮海則嫌於揚故必曰海岱及淮而後徐州之疆境始别也**淮沂其乂**淮沂二水名淮見導水曾氏曰淮之源出于豫之境至揚徐之間始大其泛溢爲患尤在於徐故淮之治於徐言之也沂水地志云出泰山郡蓋縣艾山今沂州沂水縣也南至于下邳西南而入于泗曾氏曰徐州水以沂名者非一酈道元謂水出尼丘山西北徑魯之雩門亦謂

之沂水水出太山武陽之冠石山亦謂之沂水而沂水之大則出於泰山也又按徐之水有泗有汶有汴有瀏而獨以淮沂言者周職方氏青州其川淮泗其浸沂沭周無徐州兼之於青周之青即禹之徐則徐之川莫大於淮淮又則自泗而下凡爲川者可知矣徐之浸莫大於沂沂又則自沭而下凡爲浸者可知矣

蒙羽其藝蒙羽二山名蒙山地志在泰山郡蒙陰縣西南今沂州費縣也羽山地志在東海郡祝其縣南今海州朐山縣也藝者言可種藝也

大野既豬大野澤名地志在山陽郡鉅野縣北今濟州鉅野縣也鉅即大也水蓄而復流者謂之豬按水經濟水至乘氏縣分爲二南爲菏北爲濟酈道元謂一水東南流一水東北流入鉅野澤則大野爲濟之所絕其所聚也大矣何承天曰鉅野廣大南導洙泗北連清濟徐之有濟於是乎見又鄆州中都西南亦有大野陂或皆大野之地也

東原厎平東原漢之東平國今之鄆州也晁氏曰東平自古多水患數徙其城咸平中又徙城於東南則

其下濕可知厎平者水患已去而厎於平也後人以其地之平故謂之東平又按東原在徐之西北而謂之東者以在濟東故也東平國在景帝亦謂濟東國云益知大野東原所以志濟也

厥土赤埴墳草木漸包土黏曰埴埴膩也黏䵑如脂之膩也周有搏埴之工老氏言埏埴以爲器惟土性黏膩細密故可搏可埏也漸進長也如易所謂木漸言其日進於茂而不已也包叢生也如詩之所謂如竹包矣言其叢生而稹也

厥田惟上中厥賦中中田第二等賦第五等也

厥貢惟土五色羽畎夏翟嶧陽孤桐泗濱浮磬淮夷蠙珠暨魚厥篚玄纖縞徐州之土雖赤而五色之土亦間有之故制以爲貢周書作雒曰諸侯受命于周乃建大社于國中其壝東青土南赤土西白土北驪土中央疊以黃土將建諸侯鑿取其方面之土苞以黃土苴以白茅以爲土封故曰受削土于周室此貢土五色意亦爲是用也羽畎

羽山之谷也夏翟雉具五色其羽中旌旄者也
染人之職秋染夏鄭氏曰染夏者染五色也林
氏曰古之車服器用以雉爲飾者多不但旌旄
也曾氏曰山雉具五色出于羽山之畎則其名
山以羽者以此歟嶧山名地志云東海郡下邳
縣西有葛嶧山古文以爲嶧山下邳今淮陽軍
下邳縣也陽者山南也孤桐特生之桐其材中
琴瑟詩曰梧桐生矣于彼朝陽蓋草木之生以
向日者爲貴也泗水名出魯國下縣桃墟西北
陪尾山源有泉四四泉俱導因以爲名西南過
彭城又東南過下邳入淮下縣今襲慶府泗水
縣也濵水旁也浮磬石露水濵若浮於水然或
曰非也泗濵非必水中泗水之旁近浮者石浮
生土中不根着者也今下邳有石磬山或以爲
古取磬之地曾氏曰不謂之石者成磬而後貢
也淮夷淮之夷也蠙蚌之别名也暨及也珠爲
服飾魚用祭祀今濠泗楚皆貢淮白魚亦古之
遺制歟夏翟之出于羽畎孤桐之生於嶧陽浮
磬之出於泗濵珠魚之出於淮夷各有所産之
地非它處所有故詳其地而使貢也玄赤黑色

幣也武成曰厥篚玄黃纖縞皆繒也禮曰及其而大祥素縞麻衣中月而禫禫而纖記曰有虞氏縞衣而養老則知纖縞皆繒之名也曾氏曰玄赤而有黑色以之為衮所以祭也以之為端所以齋也以之為冠以為首服也黑經白緯曰纖纖也縞也皆去凶即吉之所服也**浮于淮泗達于河**許慎曰汳水受陳留浚儀陰溝至蒙為灉水東入于泗則淮泗之可以達于河者以灉至于泗也許慎又曰泗受泲水東入淮蓋泗水至大野而合泲然則泗之上源自泲亦可以通河也**淮海惟揚州**揚州之域北至淮東南至于海**彭蠡既豬**彭蠡地志在豫章郡彭澤縣東合江西江東諸水跨豫章饒州南康軍三州之地所謂鄱陽湖者是也詳見導水**陽鳥攸居**陽鳥隨陽之鳥謂鴈也今惟彭蠡洲渚之間千百為羣記陽鳥所居猶夏小正記鴈北鄉也言澤水既豬州渚既平而禽鳥亦得其居止而遂其性也**三江既入**唐仲初吳都賦注松江下七十里分流東北入海者為婁

江東南流者爲東江併松江爲三江其地今亦名三江口吳越春秋所謂范蠡乘舟出三江之口者是也○又按蘇氏謂岷山之江爲中江嶓冢之江爲北江豫章之江爲南江即導水所謂東爲北江東爲中江者既有中北二江則豫章之江爲南江可知今按此爲三江若可依據然江漢會於漢陽合流數百里至湖口而後與豫章江會又合流千餘里而後入海不復可指爲三矣蘇氏知其說不通遂有味別之說禹之治水本爲民去害豈如陸羽輩辨味烹茶爲口腹計耶亦可見其說之窮矣以其說爲以或人故并及之或曰江漢之水揚州巨浸何以不書曰禹貢書法費疏鑿者雖小必記無施勞者雖大亦略江漢荊州而下安於故道無俟濬治故在不書况朝宗于海荊州固備言之是亦可以互見矣此正禹貢之書法也

震澤底定

震澤太湖也周職方揚州藪曰具區地志在吳縣之西南五十里今蘇州吳縣也曾氏曰震如三川震之震若今湖翻是也具區之水多震而難定故謂之震澤底定者言底於定而不震蕩

也篠簜既敷厥草惟夭厥木惟喬厥土惟塗泥
篠箭竹簜大竹郭璞曰竹闊節曰簜敷布也水去竹已布生也少長曰夭喬高也塗泥水泉溼
也下地多水其土淖厥田惟下下厥賦下上上錯田第九等賦第七等雜出第六等也言下上上錯者以本設賦九等分爲三品下上與中下異品故變文言下
上上錯也厥貢惟金三品瑤琨篠簜齒革羽毛惟木
島夷卉服厥篚織貝厥包橘柚錫貢三品金銀銅也瑤琨
玉石名詩曰何以舟之惟玉及瑤琨說文云石
之美似玉者取之可以爲禮器篠之材中於矢
之笴簜之材中於樂之管簜亦可爲符節周官
掌節有英簜象有齒犀兕有革鳥有羽獸有毛
木楩梓豫章之屬齒革可以成車甲羽毛可以
爲旌旄木可以備棟宇器械之用也島夷東南
海島之夷卉草也葛越木綿之屬織貝錦名織
爲貝文詩曰貝錦是也今南夷木綿之精好者

亦謂之吉貝海島之夷以卉服來貢而織貝之精者則入篚焉包裹也小曰橘大曰柚錫者必待錫命而後貢非歲貢之常也張氏曰必錫命乃貢者供祭祀燕賓客則詔之口腹之欲則難於出令也**沿于江海達于淮泗**順流而下曰沿沿江入海自海而入淮泗不言達于河者因於徐也禹時江淮未通故沿於海至吳始開邗溝隋人廣之而江淮舟船始通也孟子言排淮泗而注之江記者之誤也**荊及衡陽惟荊州**荊州之域北距南條荊山南盡衡山之陽荊衡各見導山唐孔氏曰荊州以衡山之陽爲至者蓋南方惟衡山爲大以衡陽言之見其地不止此山而猶包其南也**江漢朝宗于海**江漢見導水春見曰朝夏見曰宗朝宗諸侯見天子之名也江漢合流于荊去海尚遠然水道已安而無有壅塞橫決之患雖未至海而其勢已奔趨於海猶諸侯之朝宗于王也**九江孔殷**九江即今之洞庭也水經言九江在長沙下雋西北楚地記曰巴陵瀟湘之淵在九江之

間今岳州巴陵縣即楚之巴陵漢之下雋也洞庭正在其西北則洞庭之爲九江審矣今沅水漸水元水辰水叙水酉水澧水資水湘水皆合於洞庭意以是名九江也孔甚殷正也九江水合道甚得其正也○按漢志九江在廬江郡之尋陽縣尋陽記九江之名一曰烏江二曰蚌江三曰烏白江四曰嘉靡江五曰畎江六曰源江七曰廩江八曰提江九曰菌江今詳漢九江郡之尋陽乃禹貢揚州之境而唐孔氏又以爲九江之名起於近代未足爲據且九江派別取之耶亦必首尾短長大略均布然後可目之爲九然其一水之間當有一洲九江之間沙水相間乃爲十有七道而今尋陽之地將無所容況沙洲出沒其勢不常果可以爲地理之定名乎設使派別爲九則當曰九江既道不應曰孔殷於導江當曰播九江不應曰過九江反復參攷則九江非尋陽明甚本朝胡氏以洞庭爲九江者得之曾氏亦謂導江曰過九江至于東陵東陵今之巴陵今巴陵之上即洞庭也因九水所合遂名九江故下文導水曰過九江經之例大水合

小水謂之過則洞庭之爲九江益以明矣**沱潛既道**爾雅曰水自江出爲沱自漢出爲潛凡水之出於江漢者皆有此名此則荆州江漢之出者也○按南郡枝江縣有沱水然其流入江而非出於江也華容縣有夏水首出于江尾入于沔亦謂之沱若潛水則未有見也

雲土夢作乂雲夢澤名周官職方荆州其澤藪曰雲夢方八九百里跨江南北華容枝江江夏安陸皆其地也左傳楚子濟江入于雲中又楚子以鄭伯田于江南之夢合而言之則爲一別而言之則二澤也雲土者雲之地土見而已夢作乂者夢之地已可耕治也蓋雲夢之澤地勢有高卑故水落有先後人工有早晚也

厥土惟塗泥厥田惟下中厥賦上下荆州之土與揚州同故田比揚只加一等而賦爲第三等者地闊人工修也

厥貢羽毛齒革惟金三品杶幹栝柏礪砥砮丹惟箘簵楛三邦厎貢厥名包匭菁茅

厥篚玄纁璣組九江納錫大龜荆之貢與揚州大抵多同然荆先言羽毛者漢孔氏所謂善者爲先也按職方氏揚州其利金錫荆州其利丹銀齒革則荆揚所産不無優劣矣杶栝柏三木名也杶木似樗而可爲弓幹栝木柏葉松身礪砥皆磨石砥以細密爲名礪以麤糲爲稱砮者中矢鏃之用肅慎氏貢石砮者是也丹丹砂也箘簵竹名楛木名皆可以爲矢董安于之治晉陽也公宫之垣皆以荻蒿苫楚廧之其高丈餘趙襄子發而試之其堅則箘簵不能過也則箘簵蓋竹之堅者其材中矢之笴楛肅慎氏貢楛矢者是也三邦未詳其地底致也致貢箘簵楛之有名者也匭匣也菁茅有刺而三脊所以供祭祀縮酒之用既包而又匣之所以示敬也齊桓公責楚貢包茅不入王祭不供無以縮酒又管子云江淮之間一茅而三脊名曰菁茅菁茅一物也孔氏謂菁以爲葅者非是今辰州麻陽縣苞茅山出苞茅有刺而三脊纁周禮染人夏纁玄纁絳色幣也璣珠不圓者組綬類大龜尺有二寸所謂國

之守龜非可常得故不爲常貢若偶得之則使
之納錫於上謂之納錫者下與上之辭重其事
也**浮于江沱潛漢逾于洛至于南河**江沱潛漢其水道之
出入不可詳而大勢則自江沱而入潛漢也逾
越也漢與洛不通故舍舟而陸以達于洛自洛
而至于南河也程氏曰不徑浮江漢兼用沱潛
者隨其貢物所出之便或由經流或循枝派期
於便事而已**荊河惟豫州**豫州之域西南至南條荊山北距大河**伊洛**
瀍澗既入于河伊水山海經曰熊耳之山伊水出焉東北至洛陽縣南北入于
洛郭璞云熊耳在上洛縣南今商州上洛縣也
地志言伊水出弘農盧氏之熊耳者非是洛水
地志云出弘農郡上洛縣冢領山水經謂之讙
舉山今商州洛南縣冢領山也至鞏縣入河今
河南府鞏縣也瀍水地志云出河南郡穀城縣
替亭北今河南府河南縣西北有古穀城縣其
北山實瀍水所出也至偃師縣入洛今河南府
偃師縣也澗水地志云出弘農郡新安縣東南

入于洛新安在今河南府新安澠池之間今澠池縣東二十三里新安城是也城東北有白石山即澗水所出酈道元云世謂之廣陽山然則澗水出今之澠池至新安入洛也伊瀍澗水入于洛而洛水入于河此言伊洛瀍澗入于河若四水不相合而各入河者猶漢入江江入于海而荊州言江漢朝宗于海意同蓋四水並流小大相敵故也詳見下文

滎波既豬

滎波二水名濟水自今孟州溫縣入河潛行絕河南溢爲滎在今鄭州滎澤縣西五里敖倉東南敖倉者古之敖山也按今濟水但入河不復過河之南滎瀆水受河水有石門謂之滎口石門也鄭康成謂滎今塞爲平地滎陽民猶謂其處爲滎澤酈道元曰禹塞淫水於滎陽下引河東南以通淮泗濟水分河東南流漢明帝使王景即滎水故瀆東注浚儀謂之浚儀渠漢志謂滎陽縣有狼蕩渠首受濟者是也南曰狼蕩北曰浚儀其實一也波水周職方豫州其川滎雒其浸波溠爾雅云水自洛出爲波山海經曰婁涿之山波水出其陰北流注于穀二說不同未詳孰

是孔氏以滎波爲一水者非也。導菏澤，被孟豬。菏澤，地志在濟陰郡定陶縣東，今興仁府濟陰縣南三里，其地有菏山，故名其澤爲菏澤也。蓋濟水所經，水經謂南濟東過冤句縣南，又東過定陶縣南，又東北菏水東出焉是也。被，及也。孟豬，爾雅作孟諸，地志在梁國睢陽縣東北，今南京虞城縣西北孟諸澤是也。曽氏曰：被，覆也。菏水衍溢，導其餘波入于孟豬，不常入也，故曰被。厥土惟壤，下土墳壚。土不言色者，其色雜也。壚，疏也。顏氏曰：玄而疏者謂之壚。其土有高下之不同，故別言之。厥田惟中上，厥賦錯上中。田第四等，賦第二等，雜出第一等也。厥貢漆枲絺紵，厥篚纖纊，錫貢磬錯。林氏曰：周官載師漆林之征二十有五，周以爲征，而此乃貢者，蓋豫州在周爲畿內，故載師掌其征而不制貢；禹時豫在畿外，故有貢也。推此義則冀不言貢者可知。顏師古曰：織紵以爲布及練。然經但言貢枲與紵，成布與未成布，不可詳也。纊，細綿也。磬錯治磬之錯也非所常用之物故非常貢必待錯命而後納也與揚州橘柚同然揚州先言橘柚而此先言錫貢者橘柚言包則於厥篚之文無嫌故言錫貢在後磬錯則與厥篚之文嫌於相屬故言錫貢在先蓋立言之法也

浮于洛達于河豫州去帝都最近豫之東境徑自入河豫之西境則浮于洛而後至河也

華陽黑水惟梁州梁州之境東距華山之南西據黑水華山即太華見導山黑水見導水

岷嶓既藝岷嶓二山名岷山地志在蜀郡湔氐道西徼外在今茂州汶山縣江水所出也晁氏曰蜀以山近江源者通爲岷山連峯接岫重疊險阻不詳遠近青城天彭諸山之所環遶皆古之岷山青城其第一峯也嶓冢山地志云在隴西郡氐道縣漾水所出又云在西縣今興元府西縣三泉縣也蓋嶓冢一山跨于兩縣云川原既滌水去不滯而無泛溢之患其山已可種藝也

沱潛既道此江漢別流之在梁州者沱水地志蜀郡郫縣江沱在東西入大江郫縣今成都府郫縣

也入地志云蜀郡汶江縣江沱在西南東入江汶江縣今永康軍導江縣也潛水地志云巴郡宕渠縣潛水西南入江宕渠今渠州流江縣也酈道元謂宕渠縣有大穴潛水入焉通罡[illegible]山下西南潛出南入于江又地志漢中郡安陽縣灊谷水出西南入漢灊音潛安陽縣今洋州真符縣也○又按梁州迺江漢之原此不志者岷之藝導江也嶓之藝導漾也道沱則江悉矣道潛則漢悉矣上志岷嶓下志沱潛江漢原流於是而見

蔡蒙旅平

蔡蒙二山名蔡山輿地記在今雅州嚴道縣蒙山地志蜀郡青衣縣今雅州名山縣也酈道元謂山上合下開沬水逕其間溷崖水脉漂疾歷代爲患蜀郡太守李冰發卒鑿平溷崖則此二山在禹爲用功多也祭山曰旅旅平者治功畢而旅祭也

和夷厎績

和夷地名嚴道以西有和川有夷道或其地也又按晁氏曰和夷二水名和水今雅州滎經縣北和川水自蠻界羅嵒州東西來逕蒙山所謂青衣水而入岷江者也夷水出巴郡魚復縣東南過佷山縣南又東過夷道縣

北東入于江今詳二說皆未可必但經言匽績者三覃懷原隰既皆地名則此恐爲地名或地名因水亦不可知也厥土青黎黎黑也厥田惟下上厥賦下中三錯田第七等賦第八等雜出第七第九等也按賦雜出他等者或以爲歲有豐凶或以爲戶有增減皆非也意者地力有上下年分不同如周官田一易再易之類故賦之等第亦有上下年分冀之正賦第一等而間歲第二等也揚之正賦第七等而間歲第六等也豫之正賦第二等而間歲第一等也梁之正賦第八等而間歲出第七第九等也當時必有條目詳具今不存矣書之所載特凡例也若謂歲之豐凶戶之增減則九州皆然何獨於冀揚豫梁四州言哉厥貢璆鐵銀鏤砮磬熊羆狐貍織皮璆玉磬鐵柔鐵也鏤剛鐵可以刻鏤者也磬石磬也言鐵而先於銀者鐵之利多於銀也後世蜀之卓氏程氏以鐵冶富擬封君則梁之利尤在於鐵也織皮者梁州之地山林爲多獸之所走熊羆狐

貍四獸之皮製之可以爲裘其毳毛織之可以爲罽也。○林氏曰：徐州貢浮磬，此州既貢玉磬，又貢石磬，豫州又貢磬錯，以此觀之，則知當時樂器磬最爲重，豈非以其聲角而在清濁小大之間最難得其和者哉。

西傾因桓是來，浮于潛，逾于沔，入于渭，亂于河。西傾，山名，地志在隴西郡臨洮縣西，今洮州臨潭縣西南。桓水，名水經曰：西傾之南，桓水出焉。蘇氏曰：漢始出爲漾，東南流爲沔，至漢中東行爲漢。沔，酈道元曰：自西傾而至葭萌，浮于西漢。西漢即潛水也。自西漢遡流而屆于晉壽界，阻漾枝津，南歷岡北迤邐接漢沔，歷漢川至于褒水，逾褒而暨于衙嶺之南溪，灌于斜川，屆于武功，而北以入于渭。漢武帝時人有上書欲通褒斜道及漕事，下張湯問之，云：褒水通沔，斜水通渭，皆可以漕，從南陽上沔入褒，褒絕水至斜間百餘里，以車轉從斜下渭。如此則漢中穀可致。經言沔渭而不言褒斜者，因大以見小也。褒斜之間絕水百餘里，故曰逾。然於經文則當曰逾于渭，今曰逾于沔，此又未可曉也絶河而渡曰亂**黑水西河惟雍州**雍州之域西據黑水東距西河謂之西河者主冀都而言也**弱水既西**柳宗元曰西海之山有水焉散渙無力不能負芥投之則委靡墊没及氐而後上故名曰弱旣西者導之西流也地志云在張掖郡删丹縣薛氏曰弱水出吐谷渾界窮石山自删丹西至合黎山與張掖縣河合又按通鑑魏太武擊柔然至栗水西行至菟園水分軍收討又西循弱水西行至涿邪山則弱水在菟園水之西涿邪山之東矣北史載太武至菟園水分軍搜討東至瀚海西接張掖水北度燕然山與通鑑小異豈瀚海張掖水於弱水爲近乎程氏據西域傳以弱水爲在條支援引甚悉然長安西行一萬二千二百里又百餘日方至條支其去雍州如此之遠禹豈應窮荒而導其流也哉其說非是**涇屬渭汭**涇渭汭三水名涇水地志出安定郡涇陽縣西今原州百泉縣岍頭山也東南至馮翊陽陵縣入渭今永興軍高陵縣也渭水地志出隴西郡首陽縣西南今渭州

渭源縣鳥鼠山西北南谷山也東至京兆船司空縣入河今華州華陰縣也汭水地志作芮扶風汧縣弦蒲藪芮水出其西北東入涇今隴州汧源縣弦蒲藪有汭水焉周職方雍州其川涇汭詩曰汭鞫之即皆謂是也屬連屬也涇水連屬渭汭二水也

漆沮既從

漆沮二水名漆水寰宇記自耀州同官縣東北界來經華原縣合沮水沮水地志出北地郡直路縣東今坊州宜君縣西北境也寰宇記沮水自坊州昇平縣北子午嶺出俗號子午水下合榆谷慈馬等川遂爲沮水至耀州華原縣合漆水至同州朝邑縣東南入渭二水相敵故並言之既從者從於渭也又按地志謂漆水出扶風縣晁氏曰此踰之漆也水經漆水出扶風杜陽縣程氏曰杜陽今岐山普潤縣之地亦漢漆縣之境其水入渭在灃水之上與經序渭水節次不合非禹貢之漆水也

灃水攸同

灃水地志作酆出扶風鄠縣終南山今永興軍鄠縣山也東至咸陽縣入渭同者同於渭也渭水自鳥鼠而東灃水南注之涇水北注之漆沮東北注之

曰屬曰從曰同皆主渭而言也

荆岐既旅終南惇物至于鳥鼠

荆岐二山名荆山即北條之荆地志在馮翊懷德縣南今耀州富平縣掘陵原也岐山地志在扶風美陽縣西北今鳳翔府岐山縣東北十里也終南惇物鳥鼠亦皆山名終南地志古文以太一山爲終南山在扶風武功縣今永興軍萬年縣南五十里也惇物地志古文以垂山爲惇物在扶風武功縣今永興軍武功縣也鳥鼠地志在隴西郡首陽縣西南今渭州渭源縣西也俗呼爲青雀山舉三山而不言所治者蒙上既旅之文也

原隰厎績至于豬野

廣平曰原下濕曰隰詩曰度其隰原即指此也鄭氏曰其地在豳今邠州也猪野地志云武威縣東北有休屠澤古今以爲猪野今涼州姑臧縣也治水成功自高而下故先言山次原隰次陂澤也

三危既宅三苗丕敘

三危即舜竄三苗之地或以爲燉煌未詳其地三苗之竄在洪水未平之前及是三危已既可居三苗於是大有功敘今按舜竄三

苗以其惡之尤甚者遷之而立其次者於舊都今既竄者已丕敘而居於舊都者尚桀驁不服蓋三苗舊都山川險阻氣習使然今湖南猺洞時猶竊發俘而詢之多爲猫姓豈其遺種歟

厥土惟黃壤黃者土之正色林氏曰物得其常性者最貴雍州之土黃壤故其田非他州所及**厥田惟上上厥賦中下**田第一等而賦第六等者地狹而人功少也**厥貢惟球琳琅玕**球琳美玉也琅玕石之似珠者爾雅曰西北之美者有昆侖虛之球琳琅玕今南海有青琅玕珊瑚屬也**浮于積石至于龍門西河會于渭汭**積石地志在金城郡河關縣西南羌中今鄯州龍支縣界也龍門山地志在馮翊夏陽縣今河中府龍門縣也西河冀之西河也雍之貢道有二其東北境則自積石至于西河其西南境則會于渭汭言渭汭不言河者蒙梁州之文也他州貢賦亦當不止一道發此例以互見耳○按邢恕奏乞下熙河路打造船五百隻於黃河順流放

下至會州西小河內藏放熈河路漕使李復奏竊知邢恕欲用此船載兵順流而下去取興州契勘會州之西小河鹹水其闊不及一丈深止於一二尺豈能藏船黄河過會州入韋精山石峽險窄自上垂流直下高數十丈船豈可過至西安州之東大河分爲六七道散流渭之南山逆流數十里方再合逆溜水淺灘磧不勝舟載此聲若出必爲夏國侮笑事遂寢邢恕之策如李復之言可謂謬矣然此言貢賦之路亦曰浮于積石至于龍門西河則古來此處河道固通舟楫矣而復之言乃如此何也姑録之以備參攷云

織皮崐崘析支渠搜西戎即叙

崐崘即河源所出在臨羌析支在河關西千餘里渠搜水經曰河自朔方東轉經渠搜縣故城北蓋近朔方之地也二國皆貢皮衣故以織皮冠之皆西方戎落故以西戎總之即就也雍州水土既平而餘功及於西戎故附于末○蘇氏曰青徐揚三州皆萊夷淮夷島夷所篚此三國亦篚織皮但古語有顛倒詳略爾其文當在厥貢惟球琳琅玕之下浮于

積石之上簡編脱誤不可不正愚謂導岍及岐梁州亦篚織皮恐蘇氏之説爲然

至于荆山逾于河壺口雷首至于太岳厎柱析城至于王屋太行恒山至于碣石入于海此下隨山也岍岐荆三山皆雍州山岍山地志扶風岍縣西吳山古文以爲岍山今隴州吳山縣吳嶽山也周禮雍州山鎮曰嶽山又按寰宇記隴州汧源有岍山岍水所出禹貢所謂岍山也晁氏以爲今之隴山天井金門秦嶺山者皆古之岍也岐荆見雍州壺口雷首太岳厎柱析城王屋太行恒山皆冀州山壺口太岳碣石見冀州雷首地志在河東郡蒲坂縣南今河中府河東縣也厎柱石在大河中流其形如柱今陜州陜縣三門山是也析城地志在河東郡濩澤縣西今澤州陽城縣也晁氏曰山峯四面如城王屋地志在河東郡垣縣東北今絳州垣曲縣也晁氏曰山狀如屋太行山地志在河內郡山陽縣西北今懷州河內也恒山地志在常山郡上曲陽縣西北今定

州曲陽也逾者禹自荊山而過于河也孔氏以爲荊山之脉逾河而爲壺口雷首者非是蓋禹之治水隨山刊木其所表識諸山之名必其高大可以辨疆域廣博可以奠民居故謹而書之以見其施功之次第初非有意推其脉絡之所自來若今之葬法所言也若必實以山脉言之則尤見其說之謬妄蓋河北諸山根本脊脉皆自代北寰武嵐憲諸州乘高而來其脊以西之水則西流以入龍門西河之上流其脊以東之水則東流而爲桑乾幽冀以入于海其西一支爲壺口太岳次一支包汾晉之源而南出以爲析城王屋而又西折以爲雷首又次一支乃爲太行又次一支乃爲恒山其間各隔沁潞諸川不相連屬豈自岍岐跨河而爲是諸山哉山之經理者已附于逐州之下於此又條列而詳記之而山之經緯皆可見矣王鄭有三條四列之名皆爲未當今據導字分之以爲南北二條而江河以爲之紀於二之中又分爲二焉此北條大河北境之山也

西傾朱圉鳥鼠至于太華熊耳外方桐

柏至于陪尾西傾朱圉鳥鼠太華雍州山也熊耳外方桐柏陪尾豫州山也西傾見梁州朱圉地志在天水郡冀縣南今秦州大潭縣也俗呼爲白巖山鳥鼠見雍州太華地志在京兆華陰縣南今華州華陰縣二十里也熊耳在商州上洛縣詳見豫州外方地志潁川郡崈高縣有崈高山古文以爲外方在今西京登封縣也桐柏地志在南陽郡平氏縣東南今唐州桐柏縣也陪尾地志江夏郡安陸縣東北有横尾山古文以爲陪尾今安州安陸也西傾不言導者蒙導岍之文也此此脩大河南境之山也

導嶓冢至于荊山内方至于大別嶓冢即梁州之嶓也山形如冢故謂之嶓冢詳見梁州荊山南條荊山地志在南郡臨沮縣北今襄陽府南章縣也内方大別亦山名内方地志章山古文以爲内方山在江夏郡竟陵縣東北今荊門軍長林縣也左傳吳與楚戰楚濟漢而陳自小別至于大別蓋近漢之山今漢陽軍漢陽縣北大別山是也地志水經云在安豐者非是此南條江漢北

境之山也岷山之陽至于衡山過九江至于敷淺原

岷山見梁州衡山南嶽也地志在長沙國湘南縣今潭州衡山縣也九江見荊州敷淺原地志云豫章郡歷陵縣南有傅易山古文以爲敷淺原今江州德安縣愽陽山也晁氏以爲在鄱陽者非是今按晁氏以鄱陽有愽陽山又有歷陵山爲應地志歷陵縣之名然鄱陽漢舊縣地不應又爲歷陵縣山名偶同不足據也江州德安雖爲近之然所謂敷淺原者其山甚小而卑亦未見其爲在所表見者惟廬阜在大江彭蠡之交最高且大宜所當紀志者而皆無攷據恐山川之名古今或異而傳者未必得其眞也姑俟知者過經過也與導岍逾于河之義同孔氏以爲衡山之脉連延而爲敷淺原者亦非是蓋岷山之脉其北一支爲衡山而盡於洞庭之西其南一支度桂嶺北經袁筠之地至德安所謂敷淺原者二支之間湘水間斷衡山在湘水西南敷淺原在湘水東北其非衡山之脉連延過九江而爲敷淺原者明甚且其山川岡脊源流具

在眼前而古今異說如此況殘山斷港歷數千百年者尚何自取信哉岷山不言導者蒙導嶓冢之文也此南條江漢南境之山也**導弱水至于合黎餘波入于流沙**此下濬川也弱水見雍州合黎山名隋地志在張掖縣西北亦名羌谷流沙杜佑云在沙州西八十里其沙隨風流行故曰流沙水之䟽導者已附于逐州之下於此又派別而詳記之而水之經緯皆可見矣濬川之功自隨山始故導水次於導山也又按山水皆原於西北故禹敘山敘水皆自西北而東南導山則先岍岐導水則先弱水也**導黑水至于三危入于南海**黑水地志出犍爲郡南廣縣汾關山水經出張掖雞山南至燉煌過三危山南流入于南海唐樊綽云西夷之水南流入于南海者凡四曰區江曰西珥河曰麗水曰彌渃江皆入于南海其曰麗水者即古之黑水也三危山臨峙其上按梁雍二州西邊皆以黑水爲界是黑水自雍之西北而直出梁之西南也中國山勢岡脊大抵皆自西北而來

積石西傾岷山岡脊以東之水旣入于河漢岷江其岡脊以西之水卽爲黑水而入于南海地志水經樊氏之說雖未詳的實要是其地也程氏曰樊綽以麗水爲黑水者恐其狹小不足爲界其所稱西珥河者却與漢志葉榆澤相貫廣袤可二十里旣足以界別二州其流又正趨南海又漢滇池卽葉榆之地武帝初開滇巂時其地古有黑水舊祠夷人不知載籍必不能附會而綽及道元皆謂此澤以榆葉所積得名則其水之黑似以榆葉積漬所成且其地乃在蜀之正西又東北距宕昌不遠宕昌卽三苗種裔與三苗之叙于三危者又爲相應其證驗莫此之明也

導河積石至于龍門南至于華陰東至于厎柱又東至于孟津東過洛汭至于大伾北過洚水至于大陸又北播爲九河同爲逆河入于海

積石龍門見雍州華陰華山之北也厎柱見導山孟地名津渡處也杜預云在河內郡河陽縣

南今孟州河陽縣也武王師度孟津者即此今亦名富平津洛汭洛水交流之内在今河南府鞏縣之東洛之入河實在東南河則自西而東過之故曰東過洛汭大伾孔氏曰山再成曰伾張揖以爲在成皐鄭玄以爲在修武武德臣瓚以爲修武武德無此山成皐山又不一成今通利軍黎陽縣臨河有山蓋大伾也按黎陽山在大河垂欲趨北之地故禹記之若成皐之山既非從東折北之地又無險巇如龍門底柱之須疏鑿西去洛汭既已太近東距降水大陸又爲絶遠當以黎陽者爲是降水地志在信都縣今冀州信都縣枯降渠也程氏曰周時河徙砱礫至漢又改向頓丘東南流與禹河迹大相背矣地志魏郡鄴縣有故大河在東北直達于海疑即禹之故河孟康以爲王莽河非也古降瀆自唐貝州經城北入南宮貫穿信都大抵北向而入故河於信都之北爲合北過降水之文當以信都者爲是大陸見冀州九河見兖州逆河意以海水逆潮而得名九河既淪于海則逆河在其下流固不復有矣河上播而爲九下同而爲

一其分播合同皆水勢之自然禹特順而導之耳今按漢西域傳張騫所窮河源云河有兩源一出葱嶺一出于闐于闐在南山下其河北流與葱嶺河合東注蒲昌海蒲昌海一名鹽澤去玉門陽關三百餘里其水停居冬夏不增减潛行地中南出積石又唐長慶中薛元鼎使吐蕃自隴西成紀縣西南出塞二千餘里得河源於莫賀延積尾曰悶磨黎山其山中高四下所謂崐崘也東北流與積石河相連河源澄瑩冬春可涉下稍合流色赤益遠他水并注遂濁吐蕃亦自言崐崘在其國西南二說恐薛氏爲是河自積石三千里而後至于龍門經但一書積石不言方向荒遠在所略也龍門而下因其所逕記其自北而南則曰南至華陰記其自南而東則曰東至底柱又詳記其東向所經之地則曰孟津曰洛汭曰大伾又記其自東而北則曰北過洚水又詳記其北向所經之地則曰大陸曰九河又記其入海之處則曰逆河自洛汭而上河行於山其地皆可考自大伾而下垠岸高於平地故決齧流移水陸變遷而洚水大陸九河

逆河皆難指實然上求大伾下得碣石因其方向辨其故迹則猶可考也其詳悉見上文○又按李復云同州韓城北有安國嶺東西四十餘里東臨大河瀕河有禹廟在山斷河出處禹鑿龍門起於唐張仁愿所築東受降城之東自北而南至此山盡兩岸石壁峭立大河盤東於山峽間千數百里至此山開岸闊豁然奔放怒氣噴風聲如萬雷今按舊說禹鑿龍門而不詳其所以鑿誦說相傳但謂因舊修闢去其齟齬以決水勢而已今詳此說則謂受降以東至於龍門皆是禹新開鑿若果如此則禹未鑿時河之故道不知却在何處而李氏之學極博不知此說又何所考也

嶓冢導漾東流爲漢又東爲滄浪之水過三澨至于大別南入于江東匯澤爲彭蠡東爲北江入于海

漾水名水經曰漾水出隴西郡氐道縣嶓冢山東至武都常璩曰漢水有兩源此東源也即禹貢所謂嶓冢導漾者其西源出隴西嶓冢山會泉始源曰沔逕

葭萌入漢東源在今西縣之西西源在今三泉縣之東也酈道元謂東西兩川俱出嶓冢而同爲漢水者是也水源發于嶓冢爲漾至武都爲漢又東流爲滄浪之水酈道元云武當縣北四十里漢水中有洲曰滄浪洲水曰滄浪水是也蓋水之經歷隨地得名謂之爲者明非他水也三澨水名今郢州長壽縣磨石山發源東南流者名澨水至復州景陵縣界來又名汊水疑即三澨之一然據左傳漳澨蓬澨則爲水際未可曉也大別見導山入江在今漢陽軍漢陽縣匯廻也彭蠡見揚州北江未詳入海在今通州靜海縣○今按彭蠡古今記載皆謂今之番陽然其澤在江之南去漢水入江之處已七百餘里所蓄之水則合饒信徽撫吉贛南安建昌臨江袁筠隆興南康數州之流非自漢入而爲匯者又其入江之處西則廬阜東則湖口皆石山峙立水道狹甚不應漢水入江之後七百餘里乃横截而南入于番陽又横截而北流爲北江且番陽合數州之流豬而爲澤泛溢壅遏初無仰於江漢之匯而後成也不惟無所仰於江漢而

衆流之積曰過月髙勢亦不復容江漢之來入
矣今湖口横渡之處其北則江漢之濁流其南
則番陽之清漲不見所謂漢水匯澤而爲彭蠡
者番陽之水旣出湖口則依南岸與大江相持
以東又不見所謂横截而爲北江者又以經文
考之則今之彭蠡旣在大江之南於經則宜曰
南匯彭蠡不應曰東匯於導江則宜曰南會于
匯不應曰北會于匯匯旣在南於經則宜曰北
爲北江不應曰東爲北江以今地望參校絶爲
反矣今廬江之北有所謂巢湖者湖大而源淺
每歲四五月間蜀嶺雪消大江泛溢之時水淤
入湖至七八月大江水落湖水方洩隨江以東
爲合東匯北會之文然番陽之湖方五六百里
不應舍此而録彼記其小而遺其大也蓋嘗以
事理情勢考之洪水之患惟河爲甚意當時龍
門九河等處事急民困勢重役煩禹親涖而身
督之若江淮則地偏水急不待疏鑿固已通行
或分遣官屬徃視亦可況洞庭彭蠡之間乃三
苗所居水澤山林深昧不測彼方負其險阻頑
不即工則官屬之往者亦未必遽敢深入是以

但知彭蠡之爲澤而不知其非漢水所匯但意如巢湖江水之淤而不知彭蠡之源爲甚衆也以此致誤謂之爲匯謂之北江無足恠者然則番陽之爲彭蠡信矣

岷山導江東別爲沱又東至于澧過九江至于東陵東迆北會于匯東爲中江入于海

沱江之別流於梁者也澧水名水經出武陵充縣西至長沙下雋縣西北入江鄭氏云經言道言會者水也言至者或山或澤也澧宜山澤之名按下文九江澧水既與其一則非水明矣九江見荆州東陵巴陵也今岳州巴陵縣也地志在廬江西北者非是會匯中江見上章

導沇水東流爲濟入于河溢爲滎東出于陶丘北又東至于菏又東北會于汶又北東入于海

沇水濟水也發源爲沇既東爲濟地志云濟水出河東郡垣縣王屋山東南今絳州垣曲縣山也始發源王屋山頂崖下曰沇水既見而伏東

出於今孟州濟源縣二源東源周廻七百步其深不測西源周廻六百八十五步其深一丈合流至溫縣是爲濟水歷虢公臺西南入于河溢滿也復出河之南溢而爲滎滎即滎波之滎見豫州又東出於陶丘北陶丘地名再成曰陶在今廣濟軍西又東至于菏菏即菏澤亦見豫州謂之至者濟陰縣自有菏派濟流至其地爾汶北汶也見青州又東北至于東平府壽張縣安民亭合汶水至今青州博興縣入海唐李賢謂濟自鄭以東貫滑曹鄆濟齊青以入于海本朝樂史謂今東平濟南淄川北海界中有水流入海謂之清河酈道元謂濟水當王莽之世川瀆枯竭其後水流逕通津渠勢改尋梁脉水不與昔同然則滎澤濟河雖枯而濟水未嘗絕流也程氏曰滎水之爲濟本無他義濟之入河適會河滿溢出南岸溢出者非濟水因濟而溢故禹還以元名命之按程氏言溢之一字固爲有理然出於河南者既非濟水則禹不應以河枝流而冒稱爲濟蓋溢者指滎而言非指河也且河濁而滎清則滎之水非河之溢明矣況經所書

單立導流條例若斷若續而實有源流或見或伏而脈絡可考先儒皆以濟水性下勁疾故能入河穴地流注顯伏南豐曾氏齊二堂記云泰山之北與齊之東南諸谷之水西北匯于黑水之灣又西北匯于柏崖之灣而至于渴馬之崖蓋水之來也衆其北折而西也悍疾尤甚及至于崖下則泊然而止而自崖以北至于歷城之西蓋五十里而有泉湧出高或致數尺其旁之人名之曰趵突之泉齊人皆謂嘗有棄糠於黑水之灣者而見之於此蓋泉自渴馬之崖潛流地中而至此復出也其注而北則謂之濼水達于清河以入于海舟之通於濟者皆於是乎達也齊多甘泉其顯名者十數而色味皆同以余驗之蓋皆濼水之旁出者也然則水之伏流地中固多有之奚獨於滎澤疑哉吳興沈氏亦言古說濟水伏流地中今歷下凡發地皆是流水世謂濟水經過其下東阿亦濟所經取其井水煑膠謂之阿膠用攪濁水則清人服之下膈踈痰蓋其水性趨下清而重故也濟水伏流絕河乃其物性之常事理之著者程氏非之顧弗深

考耳

導淮自桐柏東會于泗沂東入于海水經云淮水出南陽平氏縣胎簪山禹只自桐柏導之耳桐柏見導山泗沂見徐州沂入于泗泗入于淮此言會者以二水相敵故也入海在今淮浦

導渭自鳥鼠同穴東會于灃又東會于涇又東過漆沮入于河同穴山名地志云鳥鼠山者同穴之枝山也餘並見雍州孔氏曰鳥鼠共爲雌雄同穴而處其說怪誕不經不足信也酈道元云渭水出南谷山在鳥鼠山西北禹只自鳥鼠同穴導之耳

導洛自熊耳東北會于澗瀍又東會于伊又東北入于河熊耳盧氏之熊耳也餘並見豫州洛水出冢嶺山禹只自熊耳導之耳○按經言嶓冢導漾岷山導江者漾之源出於嶓江之源出於岷故先言山而後言水也言導河積石導淮自桐柏導渭自鳥鼠同穴導洛自熊耳皆非出於其山特自其山以導之耳故先言水而後言山也河不

言自者河源多伏流積石其見處故言積石而不言自也沇水不言山者沇水伏流其出非一故不誌其原也弱水黑水不言山者九州之外蓋略之也小水合大水謂之入大水合小水謂之過二水勢均相入謂之會天下之水莫大於河故於河不言會此禹貢立言之法也

九州攸同四隩既宅九山刊旅九川滌源九澤既陂四海會同

隩隈也李氏曰涯内近水爲隩陂障也會同與灉沮會同同義四海之隩水涯之地已可奠居九州之山槎木通道已可祭告九州之川濬滌泉源而無壅遏九州之澤已有陂障而無決潰四海之水無不會同而各有所歸此蓋總結上文言九州四海水土無不平治也

六府孔修庶土交正厎愼財賦咸則三壤成賦中邦

孔大也水火金木土穀皆大修治也土者財之自生謂之庶土則非特穀土也庶土有等當以肥瘠高下名物交相正焉以任土事厎致也因庶土所出之財而致

謹其財賦之入如周大司徒以土宜之法辨十有二土之名物以任土事之類咸皆也則品節之也九州穀土又皆品節之以上中下三等如周大司徒辨十有二壤之名物以致稼穡之類中邦中國也蓋土賦或及於四夷而田賦則止於中國而已故曰成賦中邦

錫土姓

錫土姓者言錫之土以立國錫之姓以立宗左傳所謂天子建德因生以賜姓胙之土而命之氏者也

祇台德先不距朕行

台我距違也禹平水土定土賦建諸侯治已定功已成矣當此之時惟敬德以先天下則天下自不能違越我之所行也

五百里甸服百里賦納總二百里納銍三百里納秸服四百里粟五百里米

甸服畿內之地也甸田服事也以皆田賦之事故謂之甸服五百里者王城之外四面皆五百里也禾本全曰總刈禾曰銍半藁也半藁去皮曰秸謂之服者三百里內去王城爲近非惟納總銍秸而又使之服輸將之事也獨於秸言之者總

前二者而言也粟穀也内百里爲最近故并禾本總賦之外百里次之只刈禾半藁納也外百里又次之去藁麤皮納也外百里爲遠去其穗而納穀外百里爲尤遠去其穀而納米盖量其地之遠近而爲納賦之輕重精麤也　五百里侯服百里采二百里男邦三百里諸侯　侯服者侯國之服甸服外四面又各五百里也采者卿大夫邑地男邦男爵小國也諸侯諸侯之爵大國次國也先小國而後大國者大可以禦外侮小得以安内附也此分侯服五百里而爲三等也　五百里綏服三百里揆文教二百里奮武衛　綏安也謂之綏者漸遠王畿而取撫安之義侯服外四面又各五百里也揆度也綏服内取王城千里外取荒服千里介於内外之間故以内三百里揆文教外二百里奮武衛文以治内武以治外聖人所以嚴華夏之辨者如此此分綏服五百里而爲二等也　五百里要服三百

此分甸服五百里而爲五等者也

里夷二百里蔡要服去王畿已遠皆夷狄之地其文法略於中國謂之要要者取要約之義特羈縻之而已綏服外四面又各五百里也蔡放也左傳云蔡蔡叔是也流放罪人於此也此分要服五百里而爲二等也五百里荒服三百里蠻二百里流荒服去王畿益遠而經略之者視要服爲尤略也以其荒野故謂之荒服要服外四面又各五百里也流流放罪人之地蔡與流皆所以處罪人而罪有輕重故地有遠近之別也此分荒服五百里而爲二等也。今按每服五五百里五服則二千五百里南北東西相距五千里故益稷篇言弼成五服至于五千然堯都冀州冀之北境并雲中涿易亦恐無二千五百里藉使有之亦皆沙漠不毛之地而東南財賦所出則反棄於要荒以地勢考之殊未可曉但意古今土地盛衰不同當舜之時冀北之地未必荒落如後世耳亦猶閩浙之間舊爲蠻夷淵藪而今富庶繁衍遂爲上國土地興廢不可以一時槩也周制九畿曰侯甸男采衛蠻夷鎮藩每畿亦五百里而王畿又不在其中併之則一方五千里四方相距爲萬里蓋倍禹服之數也漢地志亦言東西九千里南北一萬三千里先儒皆疑禹服之狹而周漢地廣或以周服里數皆以方言或以古今尺有長短或以爲禹直方計而後世以人迹屈曲取之要之皆非的論蓋禹聲教所及則地盡四海而其疆理則止以五服爲制至荒服之外又別爲區畫如所謂咸建五長是已若周漢則盡其地之所至而疆畫之也

東漸于海西被于流沙朔南暨聲教訖于四海禹錫玄圭告厥成功

漸漬被覆暨及也地有遠近故言有淺深也聲謂風聲教謂教化林氏曰振舉於此而遠者聞焉故謂之聲軌範於此而遠者效焉故謂之教上言五服之制此言聲教所及蓋法制有限而教化無窮也錫與師錫之錫同水土既平禹以玄圭爲贄而告成功于舜也水色黑故圭以玄云

甘誓

甘地名有扈氏國之南郊也在扶風鄠縣誓與禹征苗之誓同義言其討叛伐罪之意嚴其坐作進退之節所以一衆志而起其怠也誓師于甘故以甘誓名篇書有六體誓其一也今文古文皆有。按有扈夏同姓之國史記曰啓立有扈不服遂滅之唐孔氏因謂堯舜受禪啓獨繼父以是不服亦臆度之耳左傳昭公元年趙孟曰虞有三苗夏有觀扈商有姺邳周有徐奄則有扈亦三苗徐奄之類也

大戰于甘乃召六卿

六卿六卿之卿也按周禮鄉大夫每鄉卿一人六鄉六卿平居無事則各掌其鄉之政教禁令而屬於大司徒有事出征則各率其鄉之一萬二千五百人而屬於大司馬所謂軍將皆卿者是也意夏制亦如此古者四方有變專責之方伯方伯不能討然後天子親征之天子之兵有征無戰今啓旣親率六軍以出而又書大戰于甘則

有扈之怙強稔惡敢與天子抗衡豈特孟子所謂六師移之者書曰大戰蓋所以深著有扈不臣之罪而爲天下後世諸侯之戒也王曰嗟六事之人予誓告汝重其事故嗟歎而告之六事者非但六卿有事於六軍者皆是也有扈氏威侮五行怠棄三正天用勦絕其命今予惟恭行天之罰威暴殄之也侮輕忽之也鯀汩五行而殛死況於威侮之者乎三正子丑寅之正也夏正建寅怠棄者不用正朔也有扈氏暴殄天物輕忽不敬廢棄正朔虐下背上獲罪于天天用勦絕其命今我伐之惟敬行天之罰而已今按此章則三正迭建其來久矣舜協時月正日亦所以一正朔也子丑之建唐虞之前當已有之左不攻于左汝不恭命右不攻于右汝不恭命御非其馬之正汝不恭命左車左右車右也攻治也古者車戰之法甲士三人一居左以主射一居右以主擊

剌御者居中以主馬之馳驅也左傳宣公十二年楚許伯御樂伯攝叔爲右以致晉師樂伯曰吾聞致師者左射以菆是車左主射也攝叔曰吾聞致師者右入壘折馘執俘而還是車右主擊剌也御非其馬之正猶王良所謂詭御也蓋左右不治其事與御非其馬之正皆足以致敗故各指其人以責其事而欲各盡其職而不敢忽也

用命賞于祖不用命戮于社予則孥戮汝

戮殺也禮曰天子巡狩以遷廟主行左傳軍行祓社釁鼓然則天子親征必載其遷廟之主與其社主以行以示賞戮之不敢專也祖左陽也故賞于祖社右陰也故戮于社孥子也孥戮與上戮字同義言若不用命不但戮及汝身將併汝妻子而戮之戰危事也不重其法則無以整肅其衆而使赴功也或曰戮辱也孥戮猶秋官司厲孥男子以爲罪隸之孥古人以辱爲戮謂戮辱之以爲孥耳古者罰弗及嗣孥戮之刑非三代之所宜有也按此說固爲有理然以上句考之不應一戮而二義蓋罰弗及嗣者常刑也予則

孥戮者非常刑也常刑則愛克厥威非常刑則威克厥愛盤庚遷都尚有劓殄滅之無遺育之語則啓之誓師豈爲過哉

五子之歌五子太康之弟也歌與帝舜作歌之歌同義今文無古文有

太康尸位以逸豫滅厥德黎民咸貳乃盤遊無度畋于有洛之表十旬弗反太康啓之子尸如祭祀之尸謂居其位而不爲其事如古人所謂尸祿尸官者也豫樂也夏諺曰吾王不遊吾何以休吾王不豫吾何以助一遊一豫爲諸侯度夏之先王非不遊豫蓋有其節皆所以爲民非若太康以逸豫而滅其德也民咸貳心而太康猶不知悔乃安於遊畋之無度言其遠則至于洛水之南言其久則十旬而弗反是則太康自棄其國矣有窮后羿因民弗忍距于河窮國名羿窮國君之名也或曰羿善射者之名賈逵說文羿帝嚳射官故其後善射者皆謂之羿有窮之君亦善射故以羿目之也羿因民不堪命距太康于河北使不得返遂廢之厥弟五人御其母以從徯于洛之汭五子咸怨

述大禹之戒以作歌御侍也。怨，如孟子所謂小弁之怨，親親也。小弁之詩，父子之怨；五子之歌，兄弟之怨。親之過大而不怨，是愈疏也。五子如宗廟社稷危亡之不可救，母子兄弟離散之不可保，憂愁鬱悒，悽慨感厲，情不自已，發爲詩歌。推其亡國敗家之由，皆原於荒棄皇祖之訓。雖其五章之間非盡述皇祖之誡，然其先後終始互相發明，史臣以其作歌之意序於五章之首。後世序詩者每篇皆有小序以言其作詩之義，其原蓋出諸此。

其一曰：皇祖有訓，民可近，不可下，民惟邦本，本固邦寧。此禹之訓也。皇，大也。君之與民，以勢而言，則尊卑之分如霄壤之不侔；以情而言，則相須以安，猶身體之相資以生也。故勢疎則離，情親則合。以其親，故謂之近；以其疎，故謂之下。言其可親而不可疎之也。且民者國之本，本固而後國安。本既不固，則雖強如秦，富如隋，終亦滅亡而已矣。其一、其二，或長幼之序，或作歌之序，不可知也。

予視天下愚夫愚

婦一能勝予一人三失怨豈在明不見是圖予臨兆民凜乎若朽索之馭六馬爲人上者奈何不敬（予五子自稱也君失人心則爲獨夫獨夫則愚夫愚婦一能勝我矣三失者言所失衆也民心怨背豈待其彰著而後知之當於事幾未形之時而圖之也朽腐也朽索易絶六馬易驚朽索固非可以馭馬也以喻其危懼可畏之甚爲人上者奈何而不敬乎前旣引禹之訓言此則以己之不足恃民之可畏者申結其義也）

其二曰訓有之內作色荒外作禽荒甘酒嗜音峻宇雕墻有一於此未或不亡（此亦禹之訓也色荒惑嬖寵也禽荒耽遊畋也荒者迷亂之謂甘嗜皆無厭也峻高大也宇棟宇也雕繪飾也言六者有其一皆足以致滅亡也禹之訓昭明如此而太康獨不念之乎此章首尾意義已明故不復申結之也）

其三曰惟彼陶唐

有此冀方今失厥道亂其紀綱乃厎滅亡堯初爲唐侯後爲天子都陶故曰陶唐堯授舜舜授禹皆都冀州言冀方者舉中以包外也大者爲綱小者爲紀厎致也堯舜禹相授一道以有天下今太康失其道而紊亂其紀綱以致滅亡也。又按左氏所引惟彼陶唐之下有帥彼天常一語厥道作其行乃厎滅亡作乃滅而亡

其四曰明明我祖萬邦之君有典有則貽厥子孫關石和鈞王府則有荒墜厥緒覆宗絕祀明明明而又明也我祖禹也典猶周之六典則猶周之八則所以治天下之典章法度也貽遺關通和平也百二十斤爲石三十斤爲鈞鈞與石五權之最重者也關通以見彼此通同無折閱之意和平以見人情兩平無乖爭之意言禹以明明之德君臨天下典則法度所以貽後世者如此至於鈞石之設所以一天下之輕重而立民信者王府亦有之其爲子孫後世慮可謂詳且遠矣奈何

太康荒墜其緒覆其宗而絕其祀乎。又按法度之制始於權權與物鈞而生衡衡運生規規圓生矩矩方生繩繩直生準是權衡者又法度之所自出也故以鈞石言之

其五曰嗚呼曷歸予懷之悲萬姓仇予予將疇依鬱陶乎予心顏厚有忸怩弗慎厥德雖悔可追

曷何也嗚呼曷歸歎息無地之可歸也予將疇依彷徨無人之可依也爲君至此亦可哀矣仇予之予指太康也指太康而謂之予者不忍斥言忠厚之至也鬱陶哀思也顏厚愧之見於色也忸怩愧之發於心也可追言不可追也

胤征 胤國名孟子曰征者上伐下也此以征名實即誓也仲康丁有夏中衰之運羿執國政社稷安危在其掌握而仲康能命胤侯以掌六師胤侯能承仲康以討有罪是雖未能行羿不道之誅明羲和黨惡之罪猶爲禮樂征伐之自天子出也夫子所以録其書者以是歟今文無古文有○或曰蘇氏以爲羲和貳於羿忠於夏者故羿假仲康之命命胤侯征之今按篇首言仲康肇位四海胤侯命掌六師又曰胤侯承王命徂征詳其文意蓋史臣善仲康能命將遣師胤侯能承命致討未見貶仲康不能制命而罪胤侯之爲專征也若果爲篡羿之書而亂臣賊子所爲孔子亦取之爲後世法乎

惟仲康肇位四海胤侯命掌六師羲和廢厥職酒荒于厥邑胤后承王命徂征 仲康太康之弟胤侯胤國之侯

命掌六師命爲大司馬也仲康始即位即命胤侯以掌六師次年方有征羲和之命必本始而言者蓋史臣善仲康肇位之時已能收其兵權故羲和之征猶能自天子出也林氏曰羿廢太康而立仲康然其簒也乃在相之世仲康不爲羿所簒至其子相然後見簒是則仲康猶有以制之也羿之立仲康也方將執其禮樂征伐之權以號令天下而仲康即位之始即能命胤侯掌六師以收其兵權如漢文帝入自代邸即皇帝位夜拜宋昌爲衛將軍鎮撫南北軍之類羲和之罪雖曰沈亂于酒然黨惡於羿同惡相濟故胤侯承王命往征之以翦羿羽翼故終仲康之世羿不得以逞使仲康盡失其權則羿之簒夏豈待相而後敢耶羲氏和氏夏合爲一官曰胤后者諸侯入爲王朝公卿如禹稷伯夷謂之后也

告于衆曰嗟予有衆聖有謨訓明徵定保先王克謹天戒臣人克有常憲百官修輔厥后惟明明徵驗保安也聖人謨訓明有徵驗可

以定安邦國也下文即謨訓之語天戒日蝕之類謹者恐懼修省以消變異也常憲者奉法修職以供乃事也君能謹天戒於上臣能有常憲於下百官之衆各修其職以輔其君故君内無失德外無失政此其所以爲明明后也又按日蝕者君弱臣強之象后羿專政之戒也羲和掌日月之官黨羿而不言是可赦乎

每歲孟春遒人以木鐸徇于路官師相規工執藝事以諫其或不恭邦有常刑

遒人宣令之官木鐸金口木舌施政教時振以警衆也周禮小宰之職正歲帥治官之屬徇以木鐸曰不用法者國有常刑亦此意也官以職言師以道言規正也相規云者胥教誨也工百工也百工技藝之事至理存焉理無往而不在故言無微而可畧也孟子曰責難於君謂之恭官師百工不能規諫是謂不恭不恭之罪猶有常刑而況於畔官離次俶擾天紀者乎

惟時羲和顛覆厥德沈亂于酒畔官離次俶擾

天紀遐棄厥司乃季秋月朔辰弗集于房瞽奏鼓嗇夫馳庶人走羲和尸厥官罔聞知昏迷于天象以干先王之誅政典曰先時者殺無赦不及時者殺無赦

次位也官以職言次以位言畔官則亂其所治之職離次則舍其所居之位俶始擾亂也天紀則洪範所謂歲月日星辰曆數是也蓋自堯舜命羲和曆象日月星辰之後爲羲和者世守其職未嘗紊亂至是始亂其天紀焉遐遠也遠棄其所司之事也辰日月會次之名房所次之宿也集漢書作輯集輯通用言日月會次不相和輯而掩蝕於房宿也按唐志日蝕在仲康即位之五年瞽樂官以其無目而審於音也奏進也古者日蝕則伐鼓用幣以救之春秋傳曰惟正陽之月則然餘則否今季秋而行此禮夏禮與周異也嗇夫小臣也漢有上林嗇夫庶人庶人之在官者周禮庭氏救日之弓矢嗇夫庶人蓋供救日之百役

者曰馳曰走者以見日蝕之變天子恐懼于上嗇夫庶人奔走于下以助救日如此其急羲和爲曆象之官尸居其位若無聞知則其昏迷天象以干先王之誅豈特不恭之刑而已哉政典先王政治之典籍也先時後時皆違制失時當誅而不赦者也今日蝕之變如此而羲和罔聞知是固于先王後時之誅矣

今予以爾有衆奉將天罰爾衆士同力王室尚弼予欽承天子威命將行也我以爾衆士奉行天罰爾其同力王室庶幾輔我以敬承天子之威命也蓋天子討而不伐諸侯伐而不討仲康之命胤侯得天子討伐之權胤侯之征羲和得諸侯敵愾之義其辭直其義明非若五霸摟諸侯以伐諸侯其辭曲其義迂也

火炎崐岡玉石俱焚天吏逸德烈于猛火殲厥渠魁脅從罔治舊染汙俗咸與惟新崐出玉山名岡山脊也逸過渠大也言火炎崐岡不辨玉石之美惡而焚之苟

爲天吏而有過逸之德不擇人之善惡而戮之其害有甚於猛火不辨玉石也今我但誅首惡之魁而已脅從之黨則罔治之舊染汚習之人亦皆赦而新之其誅惡宥善是猶王者之師也今按胤征始稱羲和之罪止以其畔官離次俶擾天紀至是有脅從舊染之語則知羲和之罪當不止於廢時亂日是必聚不逞之人崇飲私邑以爲亂黨助羿爲惡者也胤后徂征隱其畔逆而不言者蓋正名其罪則必鋤根除源而仲康之勢有未足以制后羿者故止責其曠職之罪而實誅其不臣之心也

嗚呼威克厥愛允濟愛克厥威允罔功其爾衆士懋戒哉

威者嚴明之謂愛者姑息之謂記曰軍旅主威蓋軍法不可以不嚴嚴明勝則信其事之必濟姑息勝則信其功之無成誓師之末而復嗟歎以是深警之欲其勉力戒懼而用命也

朱文公訂正門人蔡九峯書集傳卷之二

淳祐庚戌季秋金華後學呂遇龍

校正刋于上饒郡學之極高明

朱文公訂正門人蔡九峯書集傳卷之三

商書

契始封商湯因以爲有天下之號書凡十七篇

湯誓

湯號也或曰謚湯名履姓子氏夏桀暴虐湯往征之亳衆憚於征役故湯諭以弔伐之意蓋師興之時而誓于亳都者也今文古文皆有

王曰格爾衆庶悉聽朕言非台小子敢行稱亂有夏多罪天命殛之王曰者史臣追述之稱也格至台我稱舉也以人事言之則臣伐君可謂亂矣以天命言之則所謂天吏非稱亂也今爾有衆汝曰我后不恤我衆舍我穡事而割正夏予惟聞汝衆言夏氏有罪予畏上帝不敢不正穡刈穫也割斷也亳邑之民安於湯之德政桀之虐焰所不及故不知夏氏之罪而憚伐桀之勞反謂湯不恤亳邑

之衆舍我刈穫之事而斷正有夏湯言我亦聞汝衆論如此然夏桀暴虐天命殛之我畏上帝不敢不往正其罪也今汝其曰夏罪其如台夏王率遏衆力率割夏邑有衆率怠弗協曰時日曷喪予及汝皆亡夏德若茲今朕必往遏絕也割剝割夏邑之割時是也湯又舉商衆言桀雖暴虐其如我何湯又應之曰夏王率為重役以窮民力嚴刑以殘民生民厭夏德亦率皆怠於奉上不和於國疾視其君指日而曰是日何時而亡乎若亡則吾寧與之俱亡蓋苦桀之虐而欲其亡之甚也桀之惡德如此今我之所以必往也桀嘗自言吾有天下如天之有日日亡吾乃亡耳故民因以日目之爾尚輔予一人致天之罰予其大賚汝爾無不信朕不食言爾不從誓言予則孥戮汝罔有攸赦賚與也食言言已出而反吞之也禹之征苗止

曰爾尚一乃心力其克有勳至啓則曰用命賞于祖不用命戮于社予則孥戮汝此又益以朕不食言罔有攸赦亦可以觀世變矣

仲虺之誥仲虺臣名，奚仲之後，爲湯左相。誥，告也，周禮出師以立先後刑罰，一曰誓，用之於軍旅，二曰誥，用之於會同，以喻衆也。此但告湯而亦謂之誥者，唐孔氏謂仲虺亦必對衆而言，蓋非特釋湯之慙而且以曉其臣民衆庶也。古文有，今文無。

成湯放桀于南巢，惟有慙德，曰：予恐來世以台爲口實。武功成，故曰成湯。南巢，地名，廬江六縣有居巢城，桀奔于此，因以放之也。湯之伐桀，雖順天應人，然承堯舜禹授受之後，於心終有所不安，故愧其德之不古若，而又恐天下後世藉以爲口實也。○陳氏曰：堯舜以天下讓，後世好名之士猶有不知而慕之者；湯武征伐而得天下，後世嗜利之人安得不以爲口實哉？此湯之所以恐也歟。仲虺乃作誥，

曰：嗚呼！惟天生民有欲，無主乃亂，惟天生聰明時

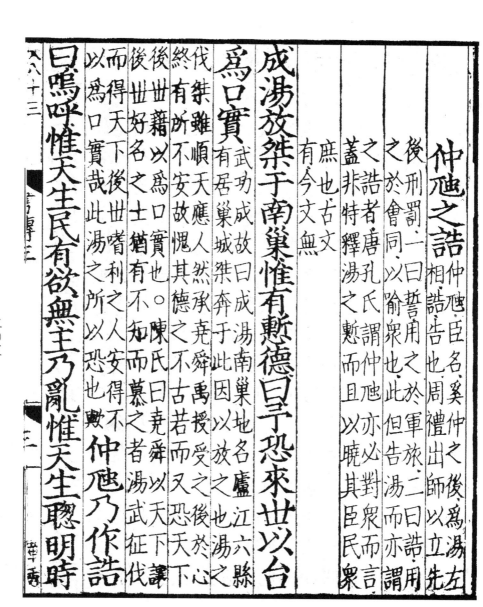

又有夏昏德民墜塗炭天乃錫王勇智表正萬邦纘禹舊服茲率厥典奉若天命仲虺恐湯憂愧不已乃作誥以解釋其意歎息言民生有耳目口鼻愛惡之欲無主則爭且亂矣天生聰明所以爲之主而治其爭亂者也墜陷也塗泥炭火也桀爲民主而反行昏亂陷民於塗炭既失其所以爲主矣然民不可以無主也故天錫湯以勇智之德勇足以有爲智足以有謀非勇智則不能成天下之大業也表正者表正於此而影直於彼也天錫湯以勇智者所以使其表正萬邦而繼禹舊所服行也此但率循其典常以奉順乎天而已天者典常之理所自出而典常者禹之所服行者也湯革夏而纘舊服武革商而政由舊孔子所謂百世可知者正以是也林氏曰梁惠王問孟子曰湯放桀武王伐紂有諸孟子曰賊仁者謂之賊賊義者謂之殘殘賊之人謂之一夫聞誅一夫紂矣未聞弑君也夫立之君者懼民之殘賊而無以主之爲之主而自殘賊焉則君

之實喪矣非一夫而何孟子之言則仲虺之意也

夏王有罪矯誣上天以布命于下帝用不臧式商受命用爽厥師矯與矯制之矯同誣罔臧善式用爽明師衆也天以形體言帝以主宰言桀知民心不從矯詐誣罔託天以惑其衆天用不善其所爲用使有商受命用使昭明其衆庶也。王氏曰夏有昏德則衆從而昏商有明德則衆從而明。吳氏曰用爽厥師續下文簡賢附勢意不相貫疑有脫誤

簡賢附勢寔繁有徒肇我邦于有夏若苗之有莠若粟之有秕小大戰戰罔不懼于非辜矧予之德言足聽聞簡略繁多肇始也戰戰恐懼貌言簡賢附勢之人同惡相濟寔多徒衆肇我邦於有夏爲桀所惡欲見翦除如苗之有莠如粟之有秕鋤治簸揚有必不相容之勢商衆小大震恐無不懼陷于非罪況湯之德言則足人之聽聞尤桀所忌疾者乎以苗粟

喻桀以務䟽喻湯特言其不容於桀而迹之危如此史記言桀因湯於夏臺湯之危屢矣無道而惡有道勢之必至也

惟王不邇聲色不殖貨利德懋懋官功懋懋賞用人惟己改過不吝克寬克仁彰信兆民

邇近殖聚也不近聲色不聚貨利若未足以盡湯之德然此本原之地非純乎天德而無一毫人欲之私者不能也本原澄澈然後用人處己而莫不各得其當懋茂也繁多之意與時乃功懋哉之義同言人之懋於德者則懋之以官人之懋於功者則懋之以賞用人惟己而人之有善者無不容改過不吝而己之不善者無不改不忌能於人不吝過於己合併爲公私意不立非聖人其孰能之湯之用人處己者如此而於臨民之際是以能寬能仁謂之能者寬而不失於縱仁而不失於柔易曰寬以居之仁以行之君德也君德昭著而孚信於天下矣湯之德足人聽聞者如此

乃葛伯仇餉初征自葛東征西

夷怨南征北狄怨曰奚獨後予攸徂之民室家相慶曰徯予后后來其蘇民之戴商厥惟舊哉葛國名伯爵也餉饋也仇餉與餉者爲仇也葛伯不祀湯使問之曰無以供粢盛湯使亳衆往耕老弱饋餉葛伯殺其童子湯遂征之湯征自葛始也奚何徯待也蘇復生也西夷北狄言遠者如此則近者可知也湯師之未加者則怨望其來曰何獨後予其所往伐者則妻孥相慶曰待我后久矣后來我其復生乎他國之民皆以湯爲我君而望其來者如此天下之愛戴歸往於商者非一日矣商業之興蓋不在於鳴條之役也○吕氏曰夏商之際君臣易位天下之大變然觀其征伐之時唐虞都俞揖遜氣象依然若存蓋堯舜禹湯以道相傳世雖降而道不降也

佑賢輔德顯忠遂良兼弱攻昧取亂侮亡推亡固存邦乃其昌前既釋湯之懋此下因以勸勉之也諸侯之賢德者佑之

輔之忠良者顯之遂之所以善善也侮說文曰傷也諸侯之弱者兼之昧者攻之亂者取之亡者傷之所以惡惡也言善則由大以及小言惡則由小以及大推亡者兼攻取侮也固存者佑輔顯遂也推彼之所以亡固我之所以存邦國乃其昌矣德日新萬邦惟懷志自滿九族乃離王懋昭大德建中于民以義制事以禮制心垂裕後昆予聞曰能自得師者王謂人莫己若者亡好問則裕自用則小德日新者日新其德而不自已也志自滿者反是湯之盤銘曰德日新日日新又日新其廣日新之義歟德日新則萬邦雖廣而無不懷志自滿則九族雖親而亦離萬邦舉遠以見近也九族舉親以見疏也王其勉明大德立中道於天下中者天下之所同有也然非君建之則民不能以自中而禮義者所以建中者也義者心之裁制禮者理之節文以義制事則事得其宜以禮制心則

心得其正，内外合德而中道立矣。如此則非特有以建中於民，而垂諸後世者亦綽乎有餘裕矣。然是道也，必學焉而後至，故又舉古人之言以爲隆師好問則德尊而業廣，自賢自用者反是。謂之自得師者，眞知己之不足、人之有餘，委心聽順而無拂逆之謂也。孟子曰：湯之於伊尹，學焉而後臣之，故不勞而王。其湯之所以自得者歟。仲虺言懷諸侯之道，推而至於修德檢身，又推而至於能自得師。夫自天子至于庶人，未有舍師而能成者，雖生知之聖，亦必有師焉。後世之不如古，非特世道之降，抑亦師道之不明也。仲虺之論，遡流而源，要其極而歸諸能自得師之一語，其可爲帝王之大法也歟。

嗚呼！愼厥終，惟其始。殖有禮，覆昏暴。欽崇天道，永保天命。

上文既勸勉之，於是歎息言謹其終之道，惟於其始圖之。始之不謹而能謹終者，未之有也。伊尹亦言謹終于始，事雖不同而理則一也。欽崇者，敬畏尊奉之意。有禮者封殖之，昏暴者覆亡之，天之道也。欽崇乎天道，則永保其天命矣按仲虺之誥其大意有三先言天立君之意桀逆天命而天之命湯者不可辭次言湯德足以得民而民之歸湯者非一日末言爲君艱難之道人心離合之機天道福善禍淫之可畏以明今之受夏非以利己乃有無窮之恤以深慰湯而釋其慙仲虺之忠愛可謂至矣然湯之所慙恐來世以爲口實者仲虺終不敢謂無也君臣之分其可畏如此哉

湯誥

湯伐夏歸亳諸侯率職來朝湯作誥以與天下更始今文無古文有

王歸自克夏至于亳誕告萬方誕大也亳湯所都在宋州穀熟縣王曰嗟爾萬方有衆明聽予一人誥惟皇上帝降衷于下民若有恒性克綏厥猷惟后皇大衷中若順也天之降命而具仁義禮智信之理無所偏倚所謂衷也人之稟命而得仁義禮智信之理與心俱生所謂性也猷道也由其理之自然而有仁義禮智信之行所謂道也以降衷而言則無有偏倚順其自然固有常性矣以稟受而言則不無清濁純雜之異故以待君師之職而後能使之安於其道也故曰克綏厥猷惟后夫天生民有欲以情言也上帝降衷于下民以性言也仲虺即情以言人之欲成湯原性以明人之善聖賢之論互相發明然其意則皆言君道之係於天下者如此之重也夏王滅德作威以敷虐于爾萬

方百姓爾萬方百姓罹其凶害弗忍荼毒並告無辜于上下神祇天道福善禍淫降災于夏以彰厥罪言桀無有仁愛但爲殺戮天下被其凶害如荼之苦如毒之螫不可堪忍稱冤於天地鬼神以冀其拯己屈原曰人窮則反本故勞苦倦極未嘗不呼天也天之道善者福之淫者禍之桀既淫虐故天降災以明其罪意當時必有災異之事如周語所謂伊洛竭而夏亡之類肆台小子將天命明威不敢赦敢用玄牡敢昭告于上天神后請罪有夏聿求元聖與之戮力以與爾有衆請命肆故也故我小子奉將天命明威不敢赦桀之罪也玄牡夏尚黑未變其禮也神后后土也聿遂也元聖伊尹也上天孚佑下民罪人黜伏天命弗僣賁若草木兆民允殖孚允皆信

也僭差也賁文之著也殖生也上天信佑下民故夏桀竄亡而屈服天命無所僭差燦然若草木之敷榮兆民信乎其生殖矣俾予一人輯寧爾邦家茲朕未知獲戾于上下慄慄危懼若將隕于深淵輯和戾罪隕墜也天使我輯寧爾邦家其付予之重恐不足以當之未知已得罪於天地與否驚恐憂畏若將墜于深淵蓋責愈重則憂愈大也凡我造邦無從匪彝無即慆淫各守爾典以承天休夏命已黜湯命惟新侯邦雖舊悉與更始故曰造邦彝法即就慆慢也非彝指法度言慆淫指逸樂言典常也各守其典常之道以承天之休命也爾有善朕弗敢蔽罪當朕躬弗敢自赦惟簡在上帝之心其爾萬方有罪在予一人予一人有罪無以爾萬方簡閱也人有善不敢以不達已有罪不敢以自恕簡

閎一聽於天然天以天下付之我則民之有罪實君所爲君之有罪非民所致非特聖人厚於責己而薄於責人是乃理之所在君道當然也

嗚呼尚克時忱乃亦有終

忱信也歎息言庶幾能於是而忱信焉乃亦有終也吳氏曰此兼人己而言

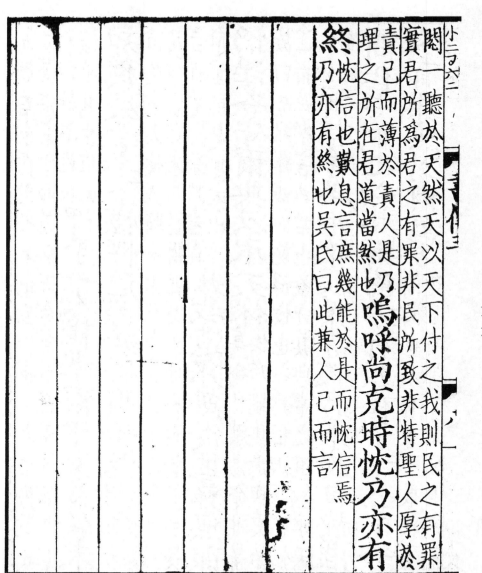

伊訓 訓導也太甲嗣位伊尹作書訓導之史録爲篇今文無古文有

惟元祀十有二月乙丑伊尹祠于先王奉嗣王祗見厥祖侯甸羣后咸在百官總己以聽冢宰伊尹乃明言烈祖之成德以訓于王 夏曰歲商曰祀周曰年一也元祀者太甲即位之元年十二月者商以建丑爲正故以十二月爲正也乙丑日也不繫以朔者非朔日也三代雖正朔不同然皆以寅月起數蓋朝覲會同班曆授時則以正朔行事至於紀月之數則皆以寅爲首也伊姓尹字也伊尹名摯祠者告祭於廟也先王湯也冢長也禮有冢子冢婦之名周人亦謂之冢宰古者王宅憂祠祭則冢宰攝而告廟又攝而臨羣臣太甲服仲壬之喪伊尹祠于先王奉太甲以即位改元之事祗見厥祖則攝而告廟也侯服甸服之羣后咸在百官總己之職以聽冢宰則攝而臨羣臣也烈功也商頌曰衎我烈祖太甲即

位攺元伊尹於祠告先王之際明言湯之成德以訓太甲此史官敘事之始辭也○或曰孔氏言湯崩踰月太甲即位則十二月者湯崩之年建子之月也豈攺正朔而不攺月數乎曰此孔氏惑於序書之文也太甲繼仲壬之後服仲壬之喪而孔氏曰湯崩奠殯而告固已誤矣至於攺正朔而不攺月數則於經史尤可攷周建子矣而詩言四月維夏六月徂暑則寅月起數周未嘗攺也秦建亥矣而史記始皇三十一年十二月更名臘曰嘉平夫臘必建丑月也秦以亥正則臘爲三月云十二月者則寅月起數秦未嘗攺也至三十七年書十月癸丑始皇出游十一月行至雲夢繼書七月丙寅始皇崩九月葬酈山先書十月十一月而繼書七月九月者知其以十月爲正朔而寅月起數未嘗攺也且秦史制書謂攺年始朝賀皆自十月朔夫秦繼周者也若攺月數則周之十月爲建酉月矣安在其爲建亥乎漢初史氏所書舊例也漢仍秦正亦書曰元年冬十月則正朔攺而月數不攺亦已明矣且經曰元祀十有二月乙丑則以十二

月爲正朔而改元何疑乎惟其以正朔行事也故後乎此者復改厥辟亦以十二月朔奉嗣王歸于亳蓋祠告復政皆重事也故皆以正朔行之孔氏不得其説而意湯崩踰月太甲即位奠殯而告是以崩年改元矣蘇氏曰崩年改元亂世事也不容在伊尹而有之不可以不辨又按孔氏以爲湯崩吳氏曰殯有朝夕之奠何爲而致祠主喪者不離於殯側何待於祗見蓋太甲之爲嗣王嗣仲壬而王也太甲太丁之子仲壬其叔父也嗣叔父而王而爲之服三年之喪爲之後者爲之子也太甲既卽位於仲壬之柩前方居憂於仲壬之殯則伊尹乃至商之祖廟徧祠商之先王而以立太甲告之不言太甲祠而言伊尹喪三年不祭也奉太甲徧見商之先王而獨言祗見厥祖者雖徧見先王而尤致意於湯也亦猶周公金縢之冊雖徧告三王而獨眷眷於文王也湯既已祔于廟則是此書初不廢外丙仲壬之事但此書本爲伊尹稱湯以訓太甲故不及外丙仲壬之事爾餘見書序

曰嗚呼古有夏先后方懋

厥德罔有天災山川鬼神亦莫不寧暨鳥獸魚鼈咸若于其子孫弗率皇天降災假手于我有命造攻自鳴條朕哉自亳詩曰殷監不遠在夏后之世商之所宜監者莫近於夏故首以夏事告之也率循假借也有命有天命者謂湯也桀不率循先王之道故天降災借手于我成湯以誅之夏之先后方其懋德則天之眷命如此及其子孫弗率而覆亡之禍又如此太甲不知率循成湯之德則夏桀覆亡之禍亦可監矣哉始也鳴條夏所宅也亳湯所宅也言造可攻之釁者由桀積惡於鳴條而湯德之修則始於亳都也惟我商王布昭聖武代虐以寬兆民允懷布昭敷著也聖武猶易所謂神武而不殺者湯之德威敷著于天下代桀之虐以吾之寛故天下之民信而懷之也今王嗣厥德罔不在初立愛惟親立敬惟長始于

家邦終于四海初即位之初言始不可以不謹也謹始之道孝悌而已孝悌者人心之所同非必人人教詔之立植也立愛敬於此而形愛敬於彼親吾親以及人之親長吾長以及人之長始于家達于國終而措之天下矣孔子曰立愛自親始教民睦也立敬自長始教民順也嗚呼先王肇修人紀從諫弗咈先民時若居上克明爲下克忠與人不求備檢身若不及以至于有萬邦茲惟艱哉人紀三綱五常孝敬之實也上文欲太甲立其愛敬故此言成湯之所修人紀者如下文所云也綱常之理未嘗泯沒桀廢棄之而湯始修復之也咈逆也先民猶前輩舊德也從諫不逆先民是順非誠於樂善者不能也居上克明言能盡臨下之道爲下克忠言能盡事上之忠呂氏曰湯之克忠最爲難看湯放桀以臣易君豈可爲忠不知湯之心最忠者也天命未去人心未離事桀之心曷嘗斯須替哉與人之善不

求其備檢身之誠有若不及其處上下人己之間又如此是以德日以盛業日以廣天命歸之人心戴之由七十里而至于有萬邦也積累之勤茲亦難矣伊尹前既言夏失天下之易此又言湯得天下之難太甲可不思所以繼之哉敷求哲人俾輔于爾後嗣敷廣也廣求賢哲使輔爾後嗣也制官刑儆于有位曰敢有恒舞于宮酣歌于室時謂巫風敢有殉于貨色恒于遊畋時謂淫風敢有侮聖言逆忠直遠耆德比頑童時謂亂風惟茲三風十愆卿士有一于身家必喪邦君有一於身國必亡臣下不匡其刑墨具訓于蒙士官刑官府之刑也巫風者常歌常舞若巫覡然也淫過也過而無度也比昵也倒置悖理曰亂好人之所惡惡人之所好也風風化也三風愆之綱

也十愆風之目也卿士諸侯十有其一已喪其家亡其國矣墨墨刑也臣下而不能匡正其君則以墨刑加之具詳悉也童蒙始學之士則詳悉以是訓之欲其入官而知所以正諫也異時太甲欲敗度縱敗禮伊尹先見其微故拳拳及此劉侍講曰墨即叔向所謂夏書昏墨賊殺皐陶之刑貪以敗官爲墨

嗚呼嗣王祗厥身念哉聖謨洋洋嘉言孔彰惟上帝不常作善降之百祥作不善降之百殃爾惟德罔小萬邦惟慶爾惟不德罔大墜厥宗

歎息言太甲當以三風十愆之訓敬之於身念而勿忘也謨謂其謀言謂其訓洋大孔甚也言其謀訓大明不可忽也不常者去就無定也爲善則降之百祥爲惡則降之百殃各以類應也勿以小善而不爲萬邦之慶積於小勿以小惡而爲之厥宗之墜不在大蓋善必積而後成惡雖小而可懼此總結上文而又以天命人事禍福申戒之也

太甲上商史録伊尹告戒節次及太甲往復之辭故三篇相屬成文其間或附史臣之語以貫篇意若史家紀傳之所載也唐孔氏曰伊訓肆命徂后太甲咸有一德皆是告戒太甲不可皆名伊訓故隨事立稱也林氏曰此篇亦訓體今文無古文有

惟嗣王不惠于阿衡惠順也阿倚衡平也阿衡商之官名言天下之所倚平也亦曰保衡或曰伊尹之號史氏録伊尹之書先此以發之伊尹作書曰先王顧諟天之明命以承上下神祇社稷宗廟罔不祗肅天監厥德用集大命撫綏萬方惟尹躬克左右厥辟宅師肆嗣王丕承基緒顧常目在之也諟古是字明命者上天顯然之理而命之我者在天爲明命在人爲明德伊尹言成湯常目在是天

之明命以奉天地神祇社稷宗廟無不敬肅故天視其德用集大命以有天下撫安萬邦我又身能左右成湯以居民衆故嗣王得以大承其基業也惟尹躬先見于西邑夏自周有終相亦惟終其後嗣王罔克有終相亦罔終嗣王戒哉祗爾厥辟辟不辟忝厥祖夏都安邑在亳之西故曰西邑夏周忠信也國語曰忠信爲周施氏曰作僞心勞日拙則缺露而不周忠信則無僞故能周而無缺夏之先王以忠信有終故其輔相者亦能有終其後夏桀不能有終故其輔相者亦不能有終嗣王其以夏桀爲戒哉當敬爾所以爲君之道君而不君則忝辱成湯矣太甲之意以謂伊尹足以任天下之重我雖縱欲未必遽至危亡故伊尹以相亦罔終之言深折其私而破其所恃也王惟庸罔念聞庸常也太甲惟若尋常於伊尹之言無所念聽此史氏之言伊尹乃言曰先王昧爽丕

顯坐以待旦旁求俊彥啓迪後人無越厥命以自覆昧晦爽明也昧爽云者欲明未明之時也丕大也顯亦明也先王於昧爽之時洗濯澡雪大明其德坐以待旦而行之也旁求者求之非一方也彥美士也言湯孜孜爲善不遑寧處如此而又旁求俊彥之士以開導子孫太甲毋顛越其命以自取覆亡也愼乃儉德惟懷永圖太甲欲敗度縱敗禮蓋奢侈失之而無長遠之慮者伊尹言當謹其儉約之德惟懷永久之謀以約失之者鮮矣此太甲受病之處故伊尹特言之若虞機張往省括于度則釋欽厥止率乃祖攸行惟朕以懌萬世有辭虞虞人也機弩牙也括矢括也度法度射者之所準望者也釋發也言若虞人之射弩機既張必往察其括之合於法度然後發之則發無不中矣欽者肅恭收斂止見虞書率循也欽厥止者所以立本率乃祖者所以致用所謂省括于度則釋也王能

如是則動無過舉近可以慰悅尹心遠可以有譽於後世矣安汝止者聖君之事生而知者也欽厥止者賢君之事學而知者也

王未克變不能變其舊習也此亦史氏之言

伊尹曰茲乃不義習與性成予弗狎于弗順營于桐宮密邇先王其訓無俾世迷狎習也弗順者不順義理之人也桐成湯墓陵之地伊尹指太甲所爲迺不義之事習惡而性成者也我不可使其狎習不順義理之人於是營宮于桐使親近成湯之墓朝夕哀思興起其善以是訓之無使終身迷惑而不悟也

王徂桐宮居憂克終允德徂往允信也有諸己之謂信實有其德於身也凡人之不善必有從臾以導其爲非者太甲桐宮之居伊尹既使其密邇先王陵墓以興發其善心又絕其比昵之黨而革其污染此其所以克終允德也次篇伊尹言嗣王克終厥德又曰允德協于下故史氏言克終允德結此篇以發次篇之義

太甲中

惟三祀十有二月朔伊尹以冕服奉嗣王歸于亳太甲終喪明年之正朔也冕冠也唐孔氏曰周禮天子六冕備物盡文惟衮冕耳此蓋衮冕之服義或然也奉迎也喪既除以衮冕吉服奉迎以歸也作書曰民非后罔克胥匡以生后非民罔以辟四方皇天眷佑有商俾嗣王克終厥德實萬世無疆之休民非君則不能相正以生君非民則誰與爲君者言民固不可無君而君尤不可失民也太甲改過之初伊尹首發此義其喜懼之意深矣夫太甲不義有若性成一旦翻然改悟是豈人力所至蓋天命眷商陰誘其衷故嗣王能終其德也向也湯緒幾墜今其自是有永豈不爲萬世無疆之休乎

王拜手稽首曰予小子不明于德自厎不類

欲敗度縱敗禮以速戾于厥躬天作孽猶可違自作孽不可逭既往背師保之訓弗克于厥初尚賴匡救之德圖惟厥終拜手首至手也稽首首至地也太甲致敬於師保其禮如此不類猶不肖也多欲則興作而亂法度縱肆則放蕩而隳禮儀度就事言之也禮就身言之也速召之急也戾罪孽災逭逃也既往已往也已往既不信伊尹之言不能謹之于始庶幾正救之力以圖惟其終也當太甲不惠阿衡之時伊尹之言惟恐太甲不聽及太甲改過之後太甲之心惟恐伊尹不言夫太甲固困而知之者然昔之迷今之復昔之晦今之明如日月昏蝕一復其舊而光采焜耀萬景俱新湯武不可及已豈居成王之下乎

伊尹拜手稽首曰修厥身允德協于下惟明后伊尹致敬以復太甲也修身則無敗度敗禮之事允德則有誠身誠意之實德誠於上協和于下惟明后

然也先王子惠困窮民服厥命罔有不悅並其有邦厥鄰乃曰徯我后后來無罰此言湯德所以協下者困窮之民若己子而惠愛之惠之若子則心之愛者誠矣未有誠而不動者也故民服其命無有不得其懽心當時諸侯並湯而有國者其鄰國之民乃以湯爲我君曰待我君我君來其無罰乎言除其邪虐湯之得民心也如此即仲虺后來其蘇之事王懋乃德視乃厥祖無時豫怠湯之盤銘曰苟日新日日新又日新湯之所以懋其德者如此太甲亦當勉於其德視烈祖之所爲不可須臾而逸豫怠惰也奉先思孝接下思恭視遠惟明聽德惟聰朕承王之休無斁思孝則不敢違其祖思恭則不敢忽其臣惟亦思也思明則所視者遠而不蔽於淺近思聰則所聽者德而不惑於憸邪此懋德之所從事者太甲能是則我承王之美而無所厭斁也

太甲下

伊尹申誥于王曰嗚呼惟天無親克敬惟親民罔常懷懷于有仁鬼神無常享享于克誠天位艱哉申誥重告也天之所親民之所懷鬼神之所享皆不常也惟克敬有仁克誠而後天親之民懷之鬼神享之也曰敬曰仁曰誠者各因所主而言天謂之敬者天者理之所在動靜語默不可有一毫之慢民謂之仁者民非元后何戴鰥寡孤獨皆人君所當恤鬼神謂之誠者不誠無物誠立於此而後神格於彼三者所當盡如此人君居天之位其可易而爲之哉分而言之則三合而言之一德而已太甲遷善未幾而伊尹以是告之其才固有大過人者歟德惟治否德亂與治同道罔不興與亂同事罔不亡終始愼厥與惟明明后德者合敬仁誠之稱也有是德則治無是

德則亂治固古人有行之者矣亂亦古人有行之者也與古之治者同道則無不興與古之亂者同事則無不亡治而謂之道者蓋治因時制宜或損或益事未必同而道則同也亂而謂之事事者亡國喪家不過貨色遊畋作威殺戮等事事同道無不同也治亂之分顧所與如何耳始而與治固可以興終而與亂則亡亦至矣謹其所與終始如一惟明明之君爲然也上篇言惟明后此篇言惟明明后蓋明其所已明而進乎前者矣

先王惟時懋敬厥

敬即克敬惟親

德克配上帝今王嗣有令緒尚監茲哉

之敬舉其一以包其二也成湯勉敬其德德與天合故克配上帝今王嗣有令緒庶幾其監視此也

若升高必自下若陟遐必自邇

此告以進德之序也中庸論君子之道亦謂譬如行遠必自邇譬如登高必自卑進德脩業之喻未有如此之切者呂氏曰自此乃伊尹畫一以告太甲也

無輕民事惟難無安厥位惟

危無毋通毋輕民事而思其難毋安君位而思其危愼終于始人情孰不欲善終者特安於縱欲以爲今日姑若是而他日固改之也然始而不善而能善其終者寡矣桐宮之事往已今其即政臨民亦事之一初也有言逆于汝心必求諸道有言遜于汝志必求諸非道鯁直之言人所難受巽順之言人所易從於其所難受者必求諸道不可遽以逆于心而拒之於其所易從者必求諸非道不可遽以遜于志而聽之以上五事蓋欲太甲矯乎情之偏也嗚呼弗慮胡獲弗爲胡成一人元良萬邦以貞胡何也弗慮何得欲其謹思之也弗爲何成欲其篤行之也元大良善貞正也一人者萬邦之儀表一人元良則萬邦以正矣君罔以辯言亂舊政臣罔以寵利居成功邦其永孚于休弗思弗爲安於縱弛先王之法廢矣能思能爲作其聰明先王之法亂矣亂之

爲害甚於廢也成功非寵利之所可居者至是
太甲德已進伊尹有退休之志矣此咸有一德
之所以繼作也君臣各盡其道邦國永信其休
美也○吳氏曰上篇稱嗣王下惠于阿衡必其
言有與伊尹背違者辯言亂政或太甲所失在
此罔以寵利居成功已之所自勵者已素定矣
下語既非泛論則上
語必有爲而發也

咸有一德伊尹致仕而去恐太甲德不純一及任用非人故作此篇亦訓體也史氏取其篇中咸有一德四字以爲篇目今文無古文有

伊尹既復政厥辟將告歸乃陳戒于德伊尹已還政太甲將告老而歸私邑以一德陳戒其君此史氏本序曰嗚呼天難諶命靡常常厥德保厥位厥德靡常九有以亡諶信也天之難信以其命之不常也然天命雖不常而常於有德者君德有常則天命亦常而保厥位矣君德不常則天命亦不常而九有以亡矣九有九州也夏王弗克庸德慢神虐民皇天弗保監于萬方啓迪有命眷求一德俾作神主惟尹躬暨湯咸有一德克享天心受天明命以有九有之師爰革夏正上文言天命無常惟有德

則可常於是引桀之所以失天命湯之所以得天命者證之一德純一之德不雜不息之義卽上文所謂常德也神主百神之主享當也湯之君臣皆有一德故能上當天心受天明命而有天下於是改夏建寅之正而爲建丑正也非天私我有商惟天佑于一德非商求于下民惟民歸于一德上言一德故得天得民此言天佑民歸皆以一德之故蓋反復言之德惟一動罔不吉德二三動罔不凶惟吉凶不僭在人惟天降災祥在德二三則雜矣德之純則無往而不吉德而雜則無往而不凶僭差也惟吉凶不差在人者惟天之降災祥在德故也今嗣王新服厥命惟新厥德終始惟一時乃日新太甲新服天子之命德亦當新然新德之要在於有常而已終始有常而無間斷是乃所以日新也任官惟賢才左右惟其人臣

爲上爲德爲下爲民其難其愼惟和惟一賢者有德之彝才者能也左右者輔弼大臣非賢才之彝可盡故曰惟其人夫人臣之職爲上爲德左右厥辟也爲下爲民所以宅師也不曰君而曰德者兼君道而言也臣職所係其重如此是必其難其愼難者難於任用愼者愼於聽察所以防小人也惟和惟一和者可否相濟一者終始如一所以任君子也德無常師主善爲師善無常主協于克一上文言用人因推取人爲善之要無常者不可執一之謂師法協合也德者善之總稱善者德之實行一者其本原統會者也德兼衆善不主於善則無以得一本萬殊之理善原於一不協于一則無以達萬殊一本之妙謂之克一者能一之謂也博而求之於不一之善約而會之於至一之理此聖學始終條理之序與夫子所謂一貫者幾矣太甲至是而得與聞焉亦異乎常人之改過者歟張氏曰虞書精一數語之外惟此爲精密俾萬姓咸曰

大哉王言又曰一哉王心克綏先王之祿永底烝民之生人君惟其心之一故其發諸言也大萬姓見其言之大故能知其心之一感應之理自然而然以見人心之不可欺而誠之不可掩也祿者先王所守之天祿也烝衆也天祿安民生厚一德之效驗也嗚呼七世之廟可以觀德萬夫之長可以觀政天子七廟三昭三穆與太祖之廟七七廟親盡則遷必有德之主則不祧毀故曰七世之廟可以觀德天子居萬民之上必政教有以深服乎人而後萬民悅服故曰萬夫之長可以觀政伊尹歎息言德政修否見於後世服乎當時有不可掩者如此后非民罔使民非后罔事無自廣以狹人匹夫匹婦不獲自盡民主罔與成厥功罔使罔事即上篇民非后罔克胥匡以生后非民罔以辟四方之意申言君民之相須者如此欲太甲不敢忽也無毋同

伊尹又言君民之使事雖有貴賤不同至於取人爲善則初無貴賤之間蓋天以一理賦之於人散爲萬善人君合天下之萬善而後理之一者可全也苟自大而狹人匹夫匹婦有一不得自盡於上則一善不備而民主亦無與成厥功矣伊尹於篇終致其警戒之意而言外之旨則又推廣其所謂一者如此蓋道體之純全聖功之極致也嘗因是言之以爲精粹無雜者一也終始無間者一也該括萬善者一也一者通古今達上下萬化之原萬事之幹語其理則無二語其運則無息語其體則并包而無所遺也咸有一德之書而三者之義悉備前乎伏羲堯舜禹湯後乎文武周公孔子同一揆也

盤庚上 盤庚陽甲之弟自祖乙都耿圮于河水盤庚欲遷于殷而大家世族安土重遷胥動浮言小民雖蕩析離居亦惑於利害不適有居盤庚喻以遷都之利不遷之害上中一篇未遷時言下篇既遷後言王氏曰上篇告羣臣中篇告庶民下篇告百官族姓左傳爲盤庚之誥實誥體也三篇今文古文皆有但今文三篇合爲一

盤庚遷于殷民不適有居率籲衆慼出矢言殷在河南偃師適往籲呼矢誓也史臣言盤庚欲遷于殷民不肯往適有居盤庚率呼衆憂之人出誓言以喻之如下文所云也周氏曰商人稱殷自盤庚始自此以前惟稱商自盤庚遷都之後於是殷商兼稱或只稱殷也

曰我王來既爰宅于茲重我民無盡劉不能胥匡以生卜稽曰其如台曰盤庚之言也

劉殺也盤庚言我先王祖乙來都于耿固重我民之生非欲盡致之死也民適不幸蕩析離居不能相救以生稽之於卜亦曰此地無若我何言耿不可居決當遷也先王有服恪謹天命茲猶不常寧不常厥邑于今五邦今不承于古罔知天之斷命矧曰其克從先王之烈服事也先王有事恪謹天命不敢違越先王猶不敢常安不常其邑于今五遷厥邦矣今不承先王而遷且不知上天之斷絕我命況謂其能從先王之大烈乎詳此言則先王遷徙亦必有稽卜之事仲丁河亶甲篇逸不可攷矣五邦漢孔氏謂湯遷亳仲丁遷囂河亶甲居相祖乙居耿并盤庚遷殷爲五邦然以下文今不承于古文勢攷之則盤庚之前當自有五遷史記言祖乙遷邢或祖乙两遷也若顛木之有由蘖天其永我命于茲新邑紹復先王之大業厎綏四方顛仆也由古文

作甹木生條也顛木譬耿由蘖譬殷也言今自耿遷殷若已仆之木而復生也天其將永我國家之命於殷以繼復先王之大業而致安四方乎

盤庚斆于民由乃在位以常舊服正法度曰無或敢伏小人之攸箴王命衆悉至于庭

斆教服事箴規也耿地潟鹵墊隘而有沃饒之利故小民苦於蕩析離居而巨室則總于貨寶惟不利於小民而利於巨室故巨室不悅而胥動浮言小民眩於利害亦相與咨怨間有能審利害之實而欲遷者則又往往爲在位者之所排擊阻難不能自達於上盤庚知其然故其教民必自在位始而其所以教在位者亦非作爲一切之法以整齊之惟舉先正舊常遷都之事以正其法度而已然所以正法度者亦非有他焉惟曰使在位之臣無或敢伏小人之所箴規焉耳蓋小民患潟鹵墊隘有欲遷而以言箴規其上者故毋得遏絕而使不得自達也衆者臣民咸在也史氏將述下文盤庚之訓語故先發此

王

若曰格汝衆予告汝訓汝猷黜乃心無傲從康

若曰者非盡當時之言大意若此也汝猷黜乃心者謀去汝之私心也無與毋同毋得傲上之命從己之安蓋傲上則不肯遷從康則不能遷二者所當黜之私心也此雖盤庚對衆之辭實爲羣臣而發以數民由在位故也

古我先王亦惟圖任舊人共政王播告之修不匿厥指王用丕欽罔有逸言民用丕變今汝聒聒起信險膚予弗知乃所訟

逸過也盤庚言先王亦惟謀任舊人共政王播告之修則奉承于内而能不隱匿其指意故王用大敬之宣化于外又無過言以惑衆聽故民用大變今爾在内則伏小人之攸箴在外則不和吉言于百姓譊譊多言凡起信於民者皆險陂膚淺之說我不曉汝所言果何謂也詳此所謂舊人者世臣舊家之人非謂老成人也蓋沮遷都者皆世臣舊家之人下文人惟求舊一章

可見非予自荒茲德惟汝含德不惕予一人予若觀火予亦拙謀作乃逸荒廢也逸過失也盤庚言非我輕易遷徙自荒廢此德惟汝不宣布德意不畏懼於我我視汝情明若觀火我亦拙謀不能制命而成汝過失也若網在綱有條而不紊若農服田力穡乃亦有秋紊亂也綱舉則目張喻下從上小從大申前無傲之戒勤於田畝則有秋成之望喻今雖遷徙勞苦而有永建乃家之利申前從康之戒汝克黜乃心施實德于民至于婚友丕乃敢大言汝有積德蘇氏曰商之世家大族造言以害遷者欲以苟悅小民爲德也故告之曰是何德之有汝曷不去汝私心施實德于民與汝婚姻僚友乎勞而有功此實德也汝能勞而有功則汝乃敢大言曰我有積德曰積德云者亦指世家大族而言申前汝猷黜乃心之戒乃不畏戎毒于遠

邇惰農自安不昬作勞不服田畝越其罔有黍稷
戎大昬強也汝不畏沈溺大害於遠近而憚勞不遷如怠惰之農不強力爲勞苦之事不事田
畝安有黍稷之可望乎此章再以農喻申言從康之害汝不和吉言于百
姓惟汝自生毒乃敗禍姦宄以自災于厥身乃
既先惡于民乃奉其恫汝悔身何及相時憸民
猶胥顧于箴言其發有逸口矧予制乃短長之
命汝曷弗告朕而胥動以浮言恐沈于衆若火
之燎于原不可嚮邇其猶可撲滅則惟汝衆自
作弗靖非予有咎吉好也先惡爲惡之先也奉承恫痛相視也憸民小民也
逸口過言也逸口尚可畏況我制爾生殺之命可不畏乎恐謂恐動之以禍患沈謂沈陷之於

罪惡不可嚮邇其猶可撲滅者言其勢焰雖盛而殄滅之不難也靖安咎過也則惟爾衆自爲不安非我有過也此章反復辯論申言儆上之害

遲任有言曰人惟求舊器非求舊惟新遲任古之賢人蘇氏曰人舊則習器舊則敝當常使舊人用新器也今按盤庚所引其意在人惟求舊一句而所謂求舊者非謂老人但謂求人於世臣舊家云爾詳下文意可見若以舊人爲老人又何侮老成人之有

古我先王暨乃祖乃父胥及逸勤予敢動用非罰世選爾勞予不掩爾善茲予大享于先王爾祖其從與享之作福作災予亦不敢動用非德胥相也敢不敢也非罰非所當罰也世世非一世也勞勞于王家也掩蔽也言先王及乃祖乃父相與同其勞逸我豈敢動用非罰以加汝乎世簡爾勞不蔽爾善茲我大享于先王爾祖亦以功而配食於廟先王與爾

祖父臨之在上質之在旁作福作災皆簡在先王與爾祖父之心我亦豈敢動用非德以加汝乎

予告汝于難若射之有志汝無侮老成人無弱孤有幼各長于厥居勉出乃力聽予一人之作猷

難言謀遷徙之難也蓋遷都固非易事而又當時臣民傲上從康不肯遷徙然我志決遷若射者之必於中有不容但已者弱少之也意當時老成孤幼皆有言當遷者故戒其老成者不可侮孤幼者不可少之也爾臣各謀長遠其居勉出汝力以聽我一人遷徙之謀也

無有遠邇用罪伐厥死用德彰厥善邦之臧惟汝衆邦之不臧惟予一人有佚罰

用罪猶言爲惡用德猶言爲善也伐猶誅也言無有遠近親踈凡伐死彰善惟視汝爲惡爲善如何爾邦之善惟汝衆用德之故邦之不善惟我一人失罰其所當罰也

凡爾衆其惟致告自今

至于後日各恭爾事齊乃位度乃口罰及爾身弗可悔致告者使各相告戒也自今以往各敬汝事整齊汝位法度汝言不然罰及汝身不可悔也

盤庚中

盤庚作惟涉河以民遷乃話民之弗率誕告用亶其有衆咸造勿褻在王庭盤庚乃登進厥民作起而將遷之辭般在河南故涉河誕大亶誠也咸造皆至也勿褻戒其毋得褻慢也此史氏之言蘇氏曰民之弗率不以政令齊之而以話言曉之盤庚之仁也曰明聽朕言無荒失朕命荒廢也嗚呼古我前后罔不惟民之承保后胥慼鮮以不浮于天時承敬也蘇氏曰古者謂過浮浮

之言勝也后既無不惟民之敬故民亦保后相與憂其憂雖有天時之災鮮不以人力勝之也林氏曰憂民之憂者民亦憂其憂罔不惟民之承憂民之憂也保后胥慼民亦憂其憂也

殷降大虐先王不懷厥攸作視民利用遷汝曷弗念我古后之聞承汝俾汝惟喜康共非汝有咎比于罰

先王以天降大虐不敢安居其所興作視民利當遷而已爾民何不念我以所聞先王之事凡我所以敬汝使汝者惟喜與汝同安爾非爲汝有罪比于罰而謫遷汝也

予若顲懷茲新邑亦惟汝故以丕從厥志

我所以招呼懷來于此新邑者亦惟以爾民蕩析離居之故欲承汝俾汝康共以大從爾志也或曰盤庚遷都民咨胥怨而此以爲丕從厥志何也蘇氏曰古之所謂從衆者非從其口之所不樂而從其心之所不言而同然者夫趨利而避害捨危而就安民心同然也殷亳之遷實斯民所利特其一

時爲浮言搖動怨咨不樂使其即安危利害之實而反求其心則固其所大欲者矣今予將試以汝遷安定厥邦汝不憂朕心之攸困乃咸大不宣乃心欽念以忱動予一人爾惟自鞠自苦若乘舟汝弗濟臭厥載爾忱不屬惟胥以沈不其或稽自怒曷瘳上文言先王惟民之承而民亦保后胥慼今我亦惟汝故安定厥邦而汝乃不憂我心之所困乃皆不宣布腹心欽念以誠感動於我爾徒爲此紛紛自取窮苦譬乘舟不以時濟必敗壞其所資今汝從上之誠間斷不屬安能有濟惟相與以及沈溺而已詩曰其何能淑載胥及溺正此意也利害若此爾民而罔或稽察焉是雖怨疾忿怒何損於困苦乎汝不謀長以思乃災汝誕勸憂今予其有今罔後汝何生在上汝不爲長久之謀以思其不遷之災是汝

大以憂而自勸也孟子曰安其危而利其菑樂
其所以亡勸憂之謂也有今猶言有今日也罔
後猶言無後日也上天也今其有今罔後是天
斷棄汝命汝有何生理於天乎下文言迓續乃
命于天蓋相首尾之辭今予命汝一無起穢以自臭恐人
倚乃身迂乃心爾民當一心以聽上無起穢惡以自臭敗恐浮言之人倚汝之
身迂汝之心使汝邪僻而無中正之見也予迓續乃命于天予豈汝
威用奉畜汝衆我之所以遷都者正以迎續汝命于天予豈以威脅汝哉用以
奉養汝衆而已予念我先神后之勞爾先予丕克羞爾
用懷爾然神后先王也羞養也即上文畜養之意言我思念我先神后之勞爾先人
我大克羞養爾者用懷念爾故也失于政陳于茲高后丕乃崇
降罪疾曰曷虐朕民陳久崇大也耿圮而不遷以病我民是失政而久于

此也高后湯也湯必大降罪疾于我曰何爲而
虐害我民蓋人君不能爲民圖安是亦虐之也
汝萬民乃不生生暨予一人猷同心先后丕降
與汝罪疾曰曷不暨朕幼孫有比故有爽德自
上其罰汝汝罔能迪樂生興事則其生也厚是
謂生生先后泛言商之先
王也幼孫盤庚自稱之辭比同事也爽失也言
汝民不能樂生興事與我同心以遷我先后大
降罪疾於汝曰汝何不與朕幼小之孫同遷乎
故汝有失德自上其罰汝汝無道以自免也
古我先后既勞乃祖乃父汝共作我畜民汝有
戕則在乃心我先后綏乃祖乃父乃祖乃父乃
斷棄汝不救乃死既勞乃祖乃父者申言勞爾
先也汝共作我畜民者汝皆
爲我所畜之民也戕害也綏懷來之意謂汝有
戕害在汝之心我先后固已知之懷來汝祖汝

父汝祖汝父亦斷棄汝不救汝死也茲予有亂政同位具乃貝玉乃祖先父丕乃告我高后曰作丕刑于朕孫迪高后丕乃崇降弗祥亂治也具多取而兼有之謂言若我治政之臣所與共天位者不以民生爲念而務富貝玉者其祖父亦告我成湯作丕刑于其子孫啓成湯丕乃崇降弗祥而不赦也此章先儒皆以爲責臣之辭然詳其文勢曰茲予有亂政同位則亦對民庶責臣之辭非直爲羣臣言也按上四章言君有罪民有罪臣有罪我高后與爾民臣祖父一以義斷之無所赦也王氏曰先王設教因俗之善而導之反俗之惡而禁之方盤庚時商俗衰士大夫棄義即利故盤庚以具貝玉爲戒此反其俗之惡而禁之者也自成周以上莫不事死如事生事亡如事存故其俗皆嚴鬼神以經考知商俗爲甚故盤庚特稱先后與臣民之祖父崇降罪疾爲告此因其俗之善而導之者也嗚呼今予告汝不易永

敬大恤無胥絕遠汝分猷念以相從各設中于乃心

告汝不易卽上篇告汝于難之意大恤大憂也今我告汝以遷都之難汝當永敬我之所大憂念者君民一心然後可以有濟苟相絕遠而誠不屬則殆矣分猷者分君之所圖而共圖之分念者分君之所念而共念之相從相與也中者極至之理各以極至之理存于心則知遷徙之議爲不可易而不爲浮言橫議之所動搖也

乃有不吉不迪顛越不恭暫遇姦宄我乃劓殄滅之無遺育無俾易種于茲新邑

乃有不善不道之人顛隕踰越不恭上命者及暫時所遇爲姦爲宄劫掠行道者我小則加以劓大則殄滅之無有遺育毋使移其種于此新邑也遷徙道路艱關恐姦人乘隙生變故嚴明號令以告勑之

往哉生生今予將試以汝遷永建乃家

往哉往新邑也方遷徙之時人懷舊土之念而未見新居之樂

故再以生生勉之振起其怠惰而作其趣事也試用也今我將用汝遷永立乃家爲子孫無窮之業也

盤庚下

盤庚既遷奠厥攸居乃正厥位綏爰有衆盤庚既遷新邑定其所居正君臣上下之位慰勞臣民遷徙之勞以安有衆之情也此史氏之言曰無戲怠懋建大命曰盤庚之言也大命非常之命也遷國之初臣民上下正當勤勞盡瘁趨事赴功以爲國家無窮之計故盤庚以無戲怠戒之以建大命勉之今予其敷心腹腎腸歷告爾百姓于朕志罔罪爾衆爾無共怒協比讒言予一人歷盡也百姓畿內民庶百官族姓亦在其中古我先王將多于前功適于山用降我凶

德嘉績于朕邦古我先王湯也適于山往于亳也契始居亳其後屢遷成湯欲多於前人之功故復往居亳按立政三亳鄭氏曰東成皐南轘轅西降谷以亳依山故曰適于山也降下也依山地高水下而無河圯之患故曰用下我凶德嘉績美功也今我民用蕩析離居罔有定極爾謂朕曷震動萬民以遷今耿爲河水圯壞沈溺墊隘民用蕩析離居無有定止將陷於凶德而莫之救爾謂我何故震動萬民以遷也肆上帝將復我高祖之德亂越我家朕及篤敬恭承民命用永地于新邑乃上天將復我成湯之德而治及我國家我與一二篤敬之臣敬承民命用長居于此新邑也肆予沖人非廢厥謀弔由靈各非敢違卜用宏茲賁沖童弔至由用靈善也宏賁皆大也言我非廢爾衆謀乃至用爾衆謀之善者指當時臣民有審利害之

實以爲當遷者言也爾衆亦非敢固違我卜亦惟欲宏大此大業爾言爾衆亦非有他意也盖盤庚於旣遷之後申彼此之情釋疑懼之意明吾前日之用謀略彼旣往之傲惰委曲忠厚之意藹然於言辭之表大事以定大業以興嗚呼成湯之澤於是而益永盤庚其賢矣哉

邦伯師長百執事之人尚皆隱哉隱痛也盤庚復歎息言爾諸侯公卿百執事之人庶幾皆有所隱痛於心哉予其懋簡相爾念敬我衆相爾雅導也我懋勉簡擇爾導汝以念敬我之民衆也朕不肩好貨敢恭生生鞠人謀人之保居叙欽肩任敢勇也鞠人謀人未詳或曰鞠養也我不任好賄之人惟勇於敬民以其生生爲念使鞠人謀人之保居者吾則叙而用之欽而禮之也今我旣羞告爾于朕志若否罔有弗欽羞進也若者如我之意卽敢恭生生之謂否者非我之意卽不肩好貨之謂二者爾當深念無

有不敬我所言也

無總于貨寶生生自庸無毋同總聚也庸民功也此則直戒其所不可爲勉其所當爲也

式敷民德永肩一心式敬也敬布爲民之德永任一心欲其久而不替也盤庚篇終戒勉之意一節嚴於一節而終以無窮期之盤庚其賢矣哉蘇氏曰民不悅而猶爲之先王未之有也祖乙圮于耿盤庚不得不遷然使先王處之則動民而民不懼勞民而民不怨盤庚德之衰也其所以信於民者未至故紛紛如此然民怨誹逆命而盤庚終不怒引咎自責蓋聞衆言反復告諭以口舌代斧鉞忠厚之至此殷之所以不亡而復興也後之君子厲民以自用者皆以盤庚藉口予不可以不論

說命上說命記高宗命傅說之言命之曰以下是也猶蔡仲之命微子之命後世命官制詞其原蓋出於此上篇記得說命相之辭中篇記說爲相進戒之辭下篇記說論學之辭總謂之命者高宗命說實三篇之綱領故總稱之今文無古文有

王宅憂亮陰三祀既免喪其惟弗言羣臣咸諫于王曰嗚呼知之曰明哲明哲實作則天子惟君萬邦百官承式王言惟作命不言臣下罔攸稟令亮一作諒陰古作闇按喪服四制高宗諒闇三年鄭氏注云諒古作梁楣謂之梁闇讀如鶉鵪之鵪闇謂廬也即倚廬之廬儀禮翦屛柱楣鄭氏謂柱楣所謂梁闇是也宅憂亮陰言居喪於梁闇也先儒以亮陰爲信默不言則於諒陰三年不言爲語複而不可解矣君薨百

官緫已聽於冢宰居憂亮陰不言禮之常也高宗喪父小乙惟既免喪而猶弗言羣臣以其過於禮也故咸諫之歎息言有先知之德者謂之明哲明哲實爲法於天下今天子君臨萬邦百官皆奉承法令王言則爲命不言則臣下無所稟令矣

王庸作書以誥曰以台正于四方台恐德弗類茲故弗言恭默思道夢帝賚予良弼其代予言

庸用也高宗用作書告喻羣臣以不言之意言以我表正四方任大責重恐德不類于前人故不敢輕易發言而恭敬淵默以思治道夢帝與我賢輔其將代我言矣蓋高宗恭默思道之心純一不二與天無間故夢寐之間帝賚良弼其念慮所孚精神所格非偶然而得者也

乃審厥象俾以形旁求于天下說築傅巖之野惟肖

審詳也詳所夢之人繪其形象旁求于天下旁求者求之非一方也築居也今言所居猶謂之卜築傅巖在虞虢之間肖似也

與所夢之形相似爰立作相王置諸其左右於是立以爲相按史記高宗得說與之語果聖人乃舉以爲相書不言省文也未接語而遽命相亦無此理置諸左右蓋以冢宰兼師保也荀卿曰學莫便乎近其人置諸左右者近其人以學也史臣將記高宗命說之辭先敘事始如此命之曰朝夕納誨以輔台德此下命說之辭朝夕納誨者無時不進善言也孟子曰仁不足與適也政不足與間也惟大人爲能格君心之非高宗既相說勑之以師傅之職而又命之朝夕納誨以輔台德可謂知所本矣呂氏曰高宗見道明故知須刻不可無賢人之言若金用汝作礪若濟巨川用汝作舟楫若歲大旱用汝作霖雨三日雨爲霖高宗託物以喻望說納誨之切三語雖若一意然一節深一節也啓乃心沃朕心啓開也沃灌漑也啓乃心者開其心而無隱沃朕心者漑我心而厭飫也若藥弗瞑眩

厥疾弗瘳若跣弗視地厥足用傷方言曰飲藥而毒海岱之間謂之瞑眩瘳愈也弗瞑眩喻臣之言不苦口也弗視地喻我之行無所見也惟暨乃僚罔不同心以匡乃辟俾率先王迪我高后以康兆民匡正率循也先王商先哲王也說既作相總百官則卿士而下皆其僚屬高宗欲傳說暨其僚屬同心正救使循先王之道蹈成湯之迹以安天下之民也嗚呼欽予時命其惟有終敬我是命其思有終也是命上文所命者說復于王曰惟木從繩則正后從諫則聖后克聖臣不命其承疇敢不祗若王之休命荅欽予時命之語木從繩喻后從諫明諫之決不可不受也然高宗當求受言於己不必責進言於臣君果從諫臣雖不命猶且承之況命之如此誰敢不敬順其美命乎

說命中

惟說命總百官說受命總百官冢宰之職也乃進于王曰嗚呼明王奉若天道建邦設都樹后王君公承以大夫師長不惟逸豫惟以亂民后王天子也君公諸侯也治亂曰亂明王奉順天道建邦設都立天子諸侯承以大夫師長制爲君臣上下之禮以尊臨卑以下奉上非爲一人逸豫之計而已也惟欲以治民焉耳惟天聰明惟聖時憲惟臣欽若惟民從乂天之聰明無所不聞無所不見無他公而已矣人君法天之聰明一出於公則臣敬順而民亦從治矣惟口起羞惟甲冑起戎惟衣裳在笥惟干戈省厥躬王惟戒茲允茲克明乃罔不休言語所以文身也輕出則有起羞之患甲冑所以衛身也

輕動則有起戎之憂二者所以爲己當慮其患於人也衣裳所以命有德必謹於在笥者戒其有所輕予干戈所以討有罪必嚴於省躬者戒其有所輕動二者所以加人當審其用於己也王惟戒此四者信此而能明焉則政治無不休美矣

惟治亂在庶官官不及私昵惟其能爵罔及惡德惟其賢

庶官治亂之原也庶官得其人則治不得其人則亂王制曰論定而後官之任官而後爵之六卿百執事所謂官也公卿大夫士所謂爵也官以任事故曰能爵以命德故曰賢惟賢惟能所以治也私昵惡德所以亂也。按古者公侯伯子男爵之於侯國公卿大夫士爵之於朝廷此言庶官則爵爲公卿大夫士也。吴氏曰惡德猶凶德也人君當用吉士凶德之人雖有過人之才爵亦不可及

慮善以動動惟厥時

善當乎理也時措之宜也慮固欲其當乎理然動非其時猶無益也聖人酬酢斯世亦其時而已

有其善喪厥善矜其能

喪厥功自有其善則已不加勉而德虧矣自矜其能則人不效力而功隳矣惟事事乃其有備有備無患惟事事乃其有備有備故無患也張氏曰修車馬備器械事乎兵事則兵有其備故外侮不能爲之憂簡稼器修稼政事乎農事則農有其備故水旱不能爲之害所謂事事有備無患者如此無啓寵納侮無恥過作非毋開寵幸而納人之侮毋恥過誤而遂已之非過誤出於偶然作非出於有意惟厥攸居政事惟醇居止而安之義安於義理之所止也義理出於勉強則猶二也義理安於自然則一矣一故政事醇而不雜也黷于祭祀時謂弗欽禮煩則亂事神則難祭不欲黷黷則不敬禮不欲煩煩則擾亂皆非所以交鬼神之道也商俗尚鬼高宗或未能脫於流俗事神之禮必有過焉祖己戒其祀無豐昵傳說蓋因其失而正之也王曰旨哉說乃言惟服乃不良于

言予罔聞于行旨美也古人於飲食之美者必以旨言之蓋有味其言也服行也高宗贊美說之所言謂可服行使汝不善於言則我無所聞而行之也蘇氏曰說之言譬如藥石雖散而不一然一言一藥皆足以治天下之公患所謂古之立言者說拜稽首曰非知之艱行之惟艱王忱不艱允協于先王成德惟說不言有厥咎高宗方味說之所言而說以爲得於耳者非難行於身者爲難王忱信之亦不爲難信可合成湯之成德說於是而猶有所不言則有其罪矣上篇言后克聖臣不命其承所以廣其從諫之量而將告以爲治之要也此篇言允協先王成德惟說不言有厥咎所以責其躬行之實將進其爲學之說也皆引而不發之義

說命下

王曰來汝說台小子舊學于甘盤既乃遯于荒

野入宅于河自河徂亳曁厥終罔顯甘盤臣名君奭言在武丁時則有若甘盤遯退也高宗言我小子舊學於甘盤已而退于荒野後又入居于河自河往亳遷徙不常歷敘其廢學之因而嘆其學終無所顯明也無逸言高宗舊勞于外爰曁小人與此相應國語亦謂武丁入于河自河徂亳唐孔氏曰高宗爲王子時其父小乙欲其知民之艱苦故使居民間也蘇氏謂甘盤遯于荒野以台小子語脉推之非是

爾惟訓于朕志若作酒醴爾惟麴糵若作和羹爾惟鹽梅爾交修予罔予棄予惟克邁乃訓心之所謂之志邁行也范氏曰酒非麴糵不成羹非鹽梅不和人君雖有美質必得賢人輔導乃能成德作酒者麴多則太苦糵多則太甘麴糵得中然後成酒作羹者鹽過則鹹梅過則酸鹽梅得中然後成羹臣之於君當以柔濟剛可濟否左右規正以成其德故曰爾交修予爾無我棄我能行爾之言也

孔氏曰交者非一之義說曰王人求多聞時惟建事學于古訓乃有獲事不師古以克永世匪說攸聞求多聞者資之人學古訓者反之己古訓者古先聖王之訓載修身治天下之道二典三謨之類是也說稱王而告之曰人求多聞者是惟立事然必學古訓深識義理然後有得不師古訓而能長治久安者非說所聞甚言無此理也○林氏曰傳說稱王而告之與禹稱舜曰帝光天之下文勢正同惟學遜志務時敏厥修乃來允懷于茲道積于厥躬遜謙抑也務專力也時敏者無時而不敏也遜其志如有所不能敏於學如有所不及虛以受人勤以勵己則其所修如泉始達源源乎其來矣玆此也篤信而深念乎此則道積於身不可以一二計矣夫修之來來之積其學之得於己者如此惟斅學半念終始典于學厥德修罔覺斅教也言教人居學之半蓋道

積厥躬者體之立斆學于人者用之行兼體用合內外而後聖學可全也始之自學學也終之教人亦學也一念終始常在於學無少間斷則德之所修有不知其然而然者矣或曰受教亦曰斆斆於爲學之道半之半須自得此說極爲新巧但古人論學語皆平正的實此章句數非一不應中間一語獨爾險巧此蓋後世釋教機權而誤以論聖賢之學也

監于先王成憲其永無愆憲法愆過也言德雖造於罔覺而法必監于先王先王成法者子孫之所當守者也孟子言遵先王之法而有過者未之有也亦此意

惟說式克欽承旁招俊乂列于庶位式用也言高宗之德苟至於無愆則說用能敬承其意廣求俊乂列於衆職蓋進賢雖大臣之責然高宗之德未至則雖欲進賢有不可得者

王曰嗚呼說四海之內咸仰朕德時乃風風教也天下皆仰我德是汝之教也股肱惟人良臣惟聖手足備而成人良臣

輔而君聖高宗初以舟楫霖雨爲喻繼以麴糵
鹽梅爲喻至此又以股肱惟人爲喻其所造益
深所望益切矣昔先正保衡作我先王乃曰予弗克俾
厥后惟堯舜其心愧恥若撻于市一夫不獲則
曰時予之辜佑我烈祖格于皇天爾尚明保予
罔俾阿衡專美有商先正先世長官之臣保安也保衡猶阿衡作興起也
撻于市恥之甚也不獲不得其所也高宗舉伊
尹之言謂其自任如此故能輔我成湯功格于
皇天爾庶幾明以輔我無使伊尹專美於我商
家也傅說以成湯望高宗故曰協于先王成德
監于先王成憲高宗以伊尹望
傅說故曰罔俾阿衡專美有商惟后非賢不乂
惟賢非后不食其爾克紹乃辟于先王永綏民
說拜稽首曰敢對揚天子之休命君非賢臣不與共治賢非

其君不與共食言君臣相遇之難如此克者責望必能之辭敢者自信無慊之辭對者對以己揚者揚于衆休命上文高宗所命也至是高宗以成湯自期傅說以伊尹自任君臣相勉勵如此異時高宗爲商令王傅說爲商賢佐果無愧於成湯伊尹也宜哉

高宗肜日　高宗肜祭有雊雉之異祖己訓王史氏以爲篇亦訓體也不言訓者以旣有高宗之訓故只以篇首四字爲題今文古文皆有

高宗肜日越有雊雉　肜祭明日又祭之名殷曰肜周曰繹雊鳴也於肜日有雊雉之異蓋祭禰廟也序言湯廟者非是

祖己曰惟先格王正厥事　格正也猶格其非心之格詳下文高宗祀豐于昵昵者禰廟也豐於昵失禮之正故有雊雉之異祖己自言當先格王之非心然後正其所失之事惟天監民以下格王之言王司敬民以下正事之言也

乃訓于王曰惟天監下民典厥義降年有永有不永非天夭民民中絕命　典主也義者理之當然行而宜之之謂言天監視下民其禍福予奪惟主義如何爾降年有永有不永者義則永不義則不永非天夭折其民民自以非義而中絕其命也意高宗之祀必有祈年請命之事如漢

武帝五時祀之類祖己言永年之道不在禱祠在於所行義與不義而已禱祠非永年之道也言民而不言君者不敢斥也**民有不若德不聽罪天既孚命正厥德乃曰其如台**不若德不順於德不聽罪不服其罪謂不改過也孚命者以妖孼為符信而譴告之也言民不順德不服罪天既以妖孼為符信而譴告之欲其恐懼修省以正德民乃曰孼祥其如我何則天必誅絕之矣祖己意謂高宗當因雊雉以自省不可謂適然而自恕夫數祭豐暱徼福於神不若德也瀆於祭祀傳說嘗以進戒意或吝改不聽罪也雊雉之異是天既孚命正厥德矣其可謂妖孼其如我何耶**嗚呼王司敬民罔非天胤典祀無豐于暱**司主胤嗣也王之職主於敬民而已徼福於神非王之事也况祖宗莫非天之嗣主祀其可獨豐於昵廟乎

西伯戡黎西伯文王也名昌姓姬氏戡勝也黎國名在上黨壺關之地按史記文王脫羑里之囚獻洛西之地紂賜弓矢鈇鉞使得專征伐爲西伯文王既受命黎爲不道於是舉兵伐而勝之祖伊知周德日盛既已戡黎紂惡不悛勢必及殷故恐懼奔告于王庶幾王之改之也史録其言以爲此篇誥體也今文古文皆有○或曰西伯武王也史記嘗載紂使膠鬲觀兵膠鬲問之曰西伯曷爲而來則武王亦繼文王爲西伯矣

西伯既戡黎祖伊恐奔告于王下文無及戡黎之事史氏特標此篇首以見祖伊告王之因也祖姓伊名祖己後也奔告自其邑奔走來告紂也曰天子天既訖我殷命格人元龜罔敢知吉非先王不相我後人惟王淫戲用自絕祖伊將言天訖殷命故特呼天

子以感動之訖絶也格人猶言至人也格人元龜皆能先知吉凶者言天既已絶我殷命格人元龜皆無敢知其吉者甚言凶禍之必至也非先王在天之靈不佑我後人我後人淫戲用自絶於天耳故天棄我不有康食不虞天性不迪率典康安虞度也典常法也紂自絶於天故天棄殷不有康食饑饉荐臻也不虞天性民失常心也不迪率典廢壞常法也今我民罔弗欲喪曰天曷不降威大命不摯今王其如台大命非常之命摯至也史記云大命胡不至民苦紂虐無不欲殷之亡曰天何不降威於殷而受大命者何不至乎今王其無如我何言紂不復能君長我也上章言天棄殷此章言民棄殷祖伊之言可謂痛切明著矣王曰嗚呼我生不有命在天紂歎息謂民雖欲亡我我之生獨不有命在天乎祖伊反曰嗚呼乃罪多參在上乃能責命于天紂既無敗

過之意祖伊退而言曰爾罪衆多參列在上乃能責其命於天耶呂氏曰責命於天惟與天同德者方可

殷之即喪指乃功不無戮于爾邦

功事也言殷即喪亡矣指汝所爲之事其能免戮於商邦乎蘇氏曰祖伊之諫盡言不諱漢唐中主所不能容者紂雖不改而終不怒祖伊得全則後世人主有不如紂者多矣愚讀是篇而知周德之至也祖伊以西伯戡黎不利於殷故奔告於紂意必及西伯戡黎不利於殷之語而入以告后出以語人未嘗有一毫及周者是知周家初無利天下之心其戡黎也義之所當伐也使紂遷善改過則周將終守臣節矣祖伊殷之賢臣也知周之興必不利於殷又知殷之亡初無與於周故因戡黎告紂反覆乎天命民情之可畏而略無及周者文武公天下之心於是可見

微子微國名子爵也微子名啓帝乙長子紂之庶母兄也微子痛殷之將亡謀於箕子比干史錄其問荅之語亦誥體也以篇首有微子二字因以名篇

今文古文皆有

微子若曰父師少師殷其弗或亂正四方我祖厎遂陳于上我用沈酗于酒用亂敗厥德于下父師太師三公箕子也少師孤卿比干也弗或者不能或如此也亂治也言紂無道無望其能治正天下也厎致陳列也我祖成湯致功陳列於上而子孫沈酗于酒敗亂其德於下沈酗言我而不言紂者過則歸己猶不忍斥言之也殷罔不小大好草竊姦究卿士師師非度凡有辜罪乃罔恒獲小民方興相爲敵讎今殷其淪喪若涉大水其無津涯

殷遂喪越至于今殷之人民無小無大皆好草竊姦宄上而卿士亦皆相師
非法上下容隱凡有冒法之人無有得其罪者
小民無所畏懼強陵弱衆暴寡方起讎怨爭鬭
侵奪綱紀蕩然淪喪之形茫無畔岸若涉大水
無有津涯殷之喪亡乃至於今日乎微子上陳
祖烈下述喪亂哀怨痛切言有盡而意無窮數
千載之下猶使人傷感悲憤後世人主觀此亦
可深監矣曰父師少師我其發出狂吾家耄遜于荒
今爾無指告予顛隮若之何其曰者微子更端之辭也何其語
辭言紂發出顛狂暴虐無道我家老成之人皆
逃遁于荒野危亡之勢如此今爾無所指示告
我以顛隕隮墜之事將若之何哉蓋微子憂危
之甚特更端以問救亂之策言我而不言紂者
亦上章我用沈酗之義父師若曰王子天毒降災荒殷邦
方興沈酗于酒此下箕子之答也王子微子也自紂言之則紂無道故天降災

自天下言之則紂之無道亦天之數箕子歸之天者以見其忠厚敬君之意與小旻詩言旻天疾威敷于下土意同方興者言其方興而未艾也此答微子沈酗于酒之語而有甚之之意下同

乃罔畏畏咈其耇長舊有位人乃罔畏畏者不畏其所當畏也孔子曰君子有三畏畏天命畏大人畏聖人之言咈逆也耇長老成之人也紂惟不畏其所當畏故老成舊有位者紂皆咈逆而棄逐之即武王所謂播棄黎老者此答微子發狂耄遜之語以上文特發問端故此先答之

今殷民乃攘竊神祇之犧牷牲用以容將食無災色純曰犧體完曰牷牛羊豕曰牲犧牷牲祭祀天地之物禮之最重者猶爲商民攘竊而去有司用相容隱將而食之且無災禍豈特草竊姦宄而已哉此答微子草竊姦宄之語

降監殷民用乂讎斂召敵讎不怠罪合于一多瘠罔詔讎斂若仇敵掊斂之也不怠力行而不息也詔

告也下視殺民凡上所用以治之者無非讎斂之事夫上以讎而斂下則下必爲敵以讎上下之敵讎實上之讎斂以召之而紂方且召敵讎不怠君臣上下同惡相濟合而爲一故民多飢殍而無所告也此答微子小民相爲敵讎之語

商今其有災我興受其敗商其淪喪我罔爲臣僕詔王子出迪我舊云刻子王子弗出我乃顛隮

商今其有災我出當其禍敗商若淪喪我斷無臣僕他人之理詔告也告微子以去爲道蓋商祀不可無人微子去則可以存商祀也刻害也箕子舊以微子長且賢勸帝乙立之帝乙不從卒立紂紂必忌之是我前日所言適以害子子若不去則禍必不免我商家宗祀始隕墜而無所託矣箕子自言其義決不可去而微子之義決不可不去也此答微子淪喪顛隮之語

自靖人自獻于先王我不顧行遯

上文既答微子所言至此則告以彼此去就之義靖安也各安其義之所

當盡以自達其志於先王使無愧於神明而已如我則不復顧行遯也按此篇微子謀於箕子比干箕子答如上文而比干獨無所言者得非比干安於義之當死而無復言歟孔子曰殷有三仁焉三人之行雖不同而皆出乎天理之正各得其心之所安故孔子皆許之以仁而所謂自靖者即此也。又按左傳楚克許許公面縛銜璧衰絰輿櫬以見楚子楚子問諸逢伯逢伯曰昔武王克商微子啓如是武王親釋其縛受其璧而祓之焚其櫬禮而命之然則微子適周乃在克商之後而此所謂去者特去其位而逃遯於外耳論微子之去者當詳於是

朱文公訂正門人蔡九峯書集傳卷之三

淳祐庚戌季秋金華後學呂遇龍

校正刊于上饒郡學之極高明

宋淳祐本朱文公訂正門人蔡九峰書集傳

第二册

宋 蔡沈撰

中國國家圖書館藏宋淳祐十年吕遇龍上饒郡學刻本

山東人民出版社·濟南

朱文公訂正門人蔡九峯書集傳卷之四

周書

周文王國號後武王因以爲有天下之號書凡三十二篇

泰誓上

泰大同國語作大武王伐殷史録其誓師之言以其大會孟津編書者因以泰誓名之上篇未渡河作後二篇既渡河作今文無古文有○按伏生二十八篇本無泰誓武帝時僞泰誓出與伏生今文書合爲二十九篇孔壁書雖出而未傳於世故漢儒所引皆用僞泰誓如曰白魚入于王舟有火覆于王屋流爲烏太史公記周本紀亦載其語然僞泰誓雖知剽竊經傳所引而古書亦不能盡見故後漢馬融得疑其僞謂泰誓按其文若淺露吾又見書傳多矣所引泰誓而不在泰誓者甚多至晉孔壁古文書行而僞泰誓始廢○吳氏曰湯武皆以兵受命然湯之辭裕武王之辭迫湯之數桀也恭武之數紂也

傲學者不能無憾疑其書之晚出或非盡當時之本文也

惟十有三年春大會于孟津十三年者武王即位之十三年也春者孟春建寅之月也孟津見禹貢○按漢孔氏言虞芮質成爲文王受命改元之年凡九年而文王崩武王立二年而觀兵三年而伐紂合爲十有三年此皆惑於僞書泰誓之文而誤解九年大統未集與夫觀政于商之語也古者人君即位則稱元年以計其在位之久近常事也自秦惠文始改十四年爲後元年漢文帝亦改十七年爲後元年自後說春秋因以改元爲重歐陽氏曰果重事歟西伯即位已改元年中間不宜改元而又改元至武王即位宜改元而反不改元乃上冒先君之元年并其居喪稱十一年及其滅商而得天下其事大於聽訟遠矣而又不改元由是言之謂文王受命改元武王冒文王之元年者皆妄也歐陽氏之辨極爲明著但其曰十一年者亦惑於書序十一年之誤也詳見序篇又按漢孔氏以春爲建子之月蓋謂三

代改正朔必改月數改月數必以其正爲四時之首序言一月戊午既以一月爲建子之月而經又係之以春故遂以建子之月爲春夫改正朔不改月數於太甲辯之詳矣而四時改易尤爲無藝冬不可以爲春寒不可以爲暖固不待辯而明也或曰鄭氏箋詩維暮之春亦言周之季春於夏爲孟春曰此漢儒承襲之誤耳且臣工詩言維暮之春亦又何求如何新畬於皇來牟將受厥明蓋言暮春則當治其新畬矣今如何哉然牟麥將熟可以受上帝之明賜夫牟麥將熟則建辰之月夏正季春審矣鄭氏於詩且不得其義則其攷之固不審也不然則商以季冬爲春周以仲冬爲春四時反逆皆不得其正豈三代聖人奉天之政乎

王曰嗟我友邦冢君越我御事庶士明聽誓

王曰者史臣追稱之也友邦親之也冢君尊之也越及也御事治事者庶士衆士也告以伐商之意且欲其聽之審也

惟天地萬物父母惟人萬物之靈亶聰明作元

后元后作民父母亶誠實無妄之謂言聰明出於天性然也大哉乾元萬物資始至哉坤元萬物資生天地者萬物之父母也萬物之生惟人得其秀而靈具四端備萬善知覺獨異於物而聖人又得其最秀而最靈者天性聰明無待勉強其知先知其覺先覺首出庶物故能爲大君於天下而天下之疲癃殘疾得其生鰥寡孤獨得其養舉萬民之衆無一而不得其所焉則元后者又所以爲民之父母也夫天地生物而厚於人天地生人而厚於聖人其所以厚於聖人者亦惟欲其君長乎民而推天地父母斯民之心而已天之爲民如此則任元后之責者可不知所以作民父母之義乎商紂失君民之道故武王發此是雖一時誓師之言而實萬世人君之所當體念也

今商王受弗敬上天降災下民受紂名也言紂慢天虐民不知所以作民父母也慢天虐民之實即下文所云也沈湎冒色敢行暴虐罪人以族官人以世惟宫室

臺榭陂池侈服以殘害于爾萬姓焚炙忠良刳剔孕婦皇天震怒命我文考肅將天威大勳未集沈湎溺於酒也冒色冒亂女色也族親族也一人有罪刑及親族也世子弟也官使不擇賢才惟因父兄而寵任子弟也土高曰臺有木曰榭澤障曰陂停水曰池侈奢也焚炙炮烙刑之類刳剔割剥也皇甫謐云紂剖比干妻以視其胎未知何據紂虐害無道如此故皇天震怒命我文王敬將天威以除邪虐大功未集而文王崩愚謂大勳在文王時未嘗有意至紂惡貫盈武王伐之叙文王之辭不得不爾學者當言外得之肆予小子發以爾友邦冢君觀政于商惟受罔有悛心乃夷居弗事上帝神祇遺厥先宗廟弗祀犧牲粢盛既于凶盜乃曰吾有民有命罔懲其侮肆故也觀政猶伊尹所謂

萬夫之長可以觀政八百諸侯背商歸周則商
政可知先儒以觀政爲觀兵誤矣悛政也夷蹲
踞也武王言故我小子以爾諸侯之向背觀政
之失得於商今諸侯背叛既已如此而紂無有
悔悟改過之心夷踞而居廢上帝百神宗廟之
祀犧牲粢盛以爲祭祀之備者皆盡于凶惡盜
賊之人即箕子所謂攘竊神祇之犧牷牲者也
受之慢神如此乃謂我有民社我有天命而無
有懲戒其
侮慢之意天佑下民作之君作之師惟其克相
上帝寵綏四方有罪無罪予曷敢有越厥志佑
助
寵愛也天助下民爲之君以長之爲之師以教
之君師者惟其能左右上帝以寵安天下則夫
有罪之當討無罪之當赦我何敢
有過用其心乎言一聽於天而已同力度德同
德度義受有臣億萬惟億萬心予有臣三千惟
一心度量度也德得也行道有得於身也義宜
也制事達時之宜也同力度德同德度義

意古者兵志之詞武王舉以明伐商之必克也林氏曰左氏襄三十一年魯穆叔曰年鈞擇賢義鈞以卜昭二十六年王子朝曰年鈞以德德鈞以卜蓋亦舉古人之語文勢正與此同百萬曰億紂雖有億萬臣而有億萬心衆叛親離寡助之至力且不同況德與義乎

商罪貫盈天命誅之予弗順天厥罪惟鈞貫通盈蒲也言紂積惡如此天命誅之今不誅紂是長惡也其罪豈不與紂鈞乎如律故縱者與同罪也

予小子夙夜祗懼受命文考類于上帝宜于冢土以爾有衆厎天之罰厎致也冢土大社也祭社曰宜上文言縱紂不誅則罪與紂鈞故此言予小子畏天之威早夜敬懼不敢自寧受命于文王之廟告于天神地祇以爾有衆致天之罰於商也王制曰天子將出類于上帝宜于社造于禰受命文考即造于禰也王制以神尊卑爲序此先言受命文考者以伐紂之舉天本命之文王武王特禀文王之命以卒其伐功

而已天矜于民民之所欲天必從之爾尚弼予一人永清四海時哉弗可失天矜憐於民民有所欲天必從之今民欲亡紂如此則天意可知爾庶幾輔我一人除其邪穢永清四海是乃天人合應之時不可失也

泰誓中

惟戊午王次于河朔羣后以師畢會王乃徇師而誓次止徇循也河朔河北也戊午以武成考之是一月二十八日曰嗚呼西土有衆咸聽朕言周都豐鎬其地在西從武王渡河者皆西方諸侯故曰西土有衆我聞吉人爲善惟日不足凶人爲不善亦惟日不足今商王受力行無度播棄犂老昵比罪人淫酗肆虐臣下化之朋家作仇脅權相滅

無辜籲天穢德彰聞惟日不足者言終日爲之而猶爲不足也將言紂力行無度故以古人語發之無度者無法度之事播放也犂𪏭通黑而黃也微子所謂耄遜于荒是也老成之臣所當親近者紂乃放棄之罪惡之人所當斥逐者紂乃親比之酗醉怒也肆縱也臣下亦化紂惡各立朋黨相爲仇讎脅上權命以相誅滅流毒天下無辜之人呼天告寃腥穢之德顯聞于上呂氏曰爲善至極則至治馨香爲惡至極則穢德彰聞惟天惠民惟辟奉天有夏桀弗克若天流毒下國天乃佑命成湯降黜夏命言天惠愛斯民君當奉承天意昔桀不能順天流毒下國故天命成湯降黜夏命惟受罪浮于桀剝喪元良賊虐諫輔謂己有天命謂敬不足行謂祭無益謂暴無傷厥鑒惟不遠在彼夏王天其以予乂民朕夢

協朕卜襲于休祥戎商必克浮過剝落喪去也古者去國爲喪元良微子也諫輔比干也謂己有天命如荅祖伊我生不有命在天之類下三句亦紂所嘗言者鑒視也其所鑒視初不在遠有夏多罪天既命湯黜其命矣今紂多罪天其以我乂民乎襲重也言我之夢協我之卜重有休祥之應知伐商而必勝之也此言天意有必克之理受有億兆夷人離心離德予有亂臣十人同心同德雖有周親不如仁人夷平也夷人言其智識不相上下也治亂曰亂十人周公旦召公奭太公望畢公榮公太顛閎夭散宜生南宮适其一文母孔子曰有婦人焉九人而已劉侍讀以爲子無臣母之義蓋邑姜也九臣治外邑姜治內言紂雖有夷人之多不如周治臣之少而盡忠也周至也紂雖有至親之臣不如周仁人之賢而可恃也此言人事有必克之理天視自我民視天聽自我民聽百姓有過在

予一人今朕必往過廣韻責也武王言天之視聽皆自乎民今民皆有責于我謂我不正商罪以民心而察天意則我之伐商斷必往矣蓋百姓畏紂之虐望周之深而責武王不即拯己於水火也如湯東面而征西夷怨南面而征北狄怨之意我武惟揚侵于之疆取彼凶殘我伐用張于湯有光揚舉侵入也凶殘紂也猶孟子謂之殘賊武王弔民伐罪於湯之心爲益明白於天下也自世俗觀之武王伐湯之子孫覆湯之宗社謂之湯讎可也然湯放桀武王伐紂皆公天下爲心非有私於己者武之事質之湯而無愧湯之心驗之武而益顯是則伐商之舉豈不於湯爲有光也哉勗哉夫子罔或無畏寧執非敵百姓懍懍若崩厥角嗚呼乃一德一心立定厥功惟克永世勗勉也夫子將士也勉哉將士無或以紂爲不足畏寧執心以爲非我所敵也商民畏紂之虐懍懍若崩

摧其頭角然言人心危懼如此汝當一德一心立定厥功以克永世也

泰誓下

時厥明王乃大巡六師明誓衆士厥明戊午之明日也古者天子六軍大國三軍是時武王未備六軍牧誓叙三卿可見此曰六師者史臣之詞也王曰嗚呼我西土君子天有顯道厥類惟彰今商王受狎侮五常荒怠弗敬自絕于天結怨于民天有至顯之理其義類甚明至顯之理即典常之理也紂於君臣父子兄弟夫婦典常之道褻狎侮慢荒棄怠惰無所敬畏上自絕于天下結怨于民結怨者非一之謂下文自絕結怨之實也斮朝涉之脛剖賢人之心作威殺戮毒痛四海崇信姦回放黜師保屏棄典刑囚奴正士郊

社不修宗廟不享作奇技淫巧以悅婦人上帝弗順祝降時喪爾其孜孜奉予一人恭行天罰斮斮也孔氏曰冬月見朝涉水者謂其脛耐寒斮而視之史記云比干強諫紂怒曰吾聞聖人心有七竅遂剖比干觀其心痡病也作刑威以殺戮爲事毒病四海之人言其禍之所及者遠也回邪也正士箕子也郊所以祭天社所以祭地奇技謂奇異技能淫巧爲過度之巧列女傳紂膏銅柱下加炭令有罪者行輒墮炭中妲己乃笑夫欲妲己之笑至爲炮烙之刑則其奇技淫巧以悅之者宜無所不至矣祝斷也言紂於姦邪則尊信之師保則放逐之屏棄先王之法囚奴忠正之士輕廢奉祀之禮專意汚褻之行悖亂天常故天弗順而斷然降是喪亡也爾衆士其勉力不怠奉我一人而敬行天罰乎古人有言曰撫我則后虐我則讎獨夫受洪惟作威乃汝世讎樹德務滋

除惡務本肆予小子誕以爾衆士殄殲乃讎爾衆士其尚迪果毅以登乃辟功多有厚賞不迪有顯戮洪大也獨夫言天命已絶人心已去但一獨夫耳孟子曰殘賊之人謂之一夫武王引古人之言謂撫我則我之君也虐我則我之讎也今獨夫受大作威虐以殘害于爾百姓是乃爾之世讎也務專力也植德則務其滋長去惡則務絶根本兩句意亦古語喻紂爲衆惡之本在所當去故我小子大以爾衆士而殄絶殲滅汝之世讎也迪蹈登成也殺敵爲果致果爲毅爾衆士其庶幾蹈行果毅以成汝君若功多則有厚賞非特一爵一級而已不迪果毅則有顯戮謂之顯戮則必肆諸市朝以示衆庶

嗚呼惟我文考若日月之照臨光于四方顯于西土惟我有周誕受多方若日月照臨言其德之輝光也光于四方言其德之遠被也顯于西土言其德尤著於所

發之地也、文王之地止於百里、文王之德達于天下、多方之受非周、其誰受之、文王之德實天命人心之所歸、故武王於誓師之末歎息而言之

予克受非予武、惟朕文考無罪、受克予非朕文考有罪、惟予小子無良

無罪猶言無過也、無良猶言無善也、商周之不敵久矣、武王猶有勝負之慮、恐爲文王羞者、聖人臨事而懼也如此

牧誓

牧地名在朝歌南即今衛州治之南也武王軍於牧野臨戰誓衆前既有泰誓三篇因以地名別之今文古文皆有

時甲子昧爽王朝至于商郊牧野乃誓王左杖黃鉞右秉白旄以麾曰逖矣西土之人甲子二月四日也昧爽明也昧爽將明未明之時也鉞斧也以黃金爲飾王無自用鉞之理左杖以爲儀耳旄軍中指麾白則見遠麾非右手不能故右秉白旄也按武成言癸亥陳于商郊則癸亥之日周師已陳牧野矣甲子昧爽武王始至而誓師焉曰者武王之言也逖遠也以其行役之遠而慰勞之也

王曰嗟我友邦冢君御事司徒司馬司空亞旅師氏千夫長百夫長司徒司馬司空三卿也武王是時尚爲諸侯故未備六卿唐孔氏曰司徒主民治徒庶之政令司馬主兵治軍旅之誓戒司空主土治壘

壁以營軍亞次旅衆也大國三卿下大夫五人士二十七人亞者卿之貳大夫是也旅者卿之屬士是也師氏以兵守門者猶周禮師氏王舉則從者也千夫長統千人之帥百夫長統百人之帥也**及庸蜀羌髳微盧彭濮人**左傳庸與百濮伐楚庸濮在江漢之南羌在西蜀髳微在巴蜀盧彭在西北武王伐紂不期會者八百國今誓師獨稱八國者蓋八國近周西都素所服役乃受約束以戰者若上文所言友邦冢君則泛指諸侯而誓者也**稱爾戈比爾干立爾矛予其誓**稱舉戈戟干楯矛亦戟之屬長二丈唐孔氏曰戈短人執以舉之故言稱楯則並以扞敵故言比矛長立之於地故言立器械嚴整則士氣精明然後能聽誓命**王曰古人有言曰牝雞無晨牝雞之晨惟家之索**索蕭索也牝雞而晨則陰陽反常是爲妖孽而家道索矣將言紂惟婦言是用故先發此**今商王受惟婦言是用昏棄**

厥肆祀弗答，昏棄厥遺王父母弟不迪，乃惟四方之多罪逋逃，是崇是長，是信是使，是以為大夫卿士，俾暴虐于百姓，以姦宄于商邑。肆，陳；答，報也。婦妲己也。列女傳云：紂好酒淫樂，不離妲己，妲己所舉者貴之，所憎者誅之，惟妲己之言是用，故顛倒昏亂。祭所以報本也，紂以昏亂棄其所當陳之祭祀而不報；昆弟，先王之胤也，紂以昏亂棄其王父母弟而不以道遇之，廢宗廟之禮，無宗族之義，乃惟四方多罪逃亡之人，尊崇而信使之，以為大夫卿士，使暴虐于百姓，姦宄于商邑。蓋紂惑於妲己之嬖，背常亂理，遂至流毒如此也。

今予發惟恭行天之罰。今日之事，不愆于六步七步，乃止齊焉，夫子勗哉！愆，過；勗，勉也。步，進趨也；齊，齊整也。今日之戰，不過六步七步，乃止而齊，此告之以坐作進退之法，所以戒其輕進也。不愆于四伐五伐六伐七伐乃止齊焉朂哉夫子伐擊刺也少不下四五多不過六七而齊此告之以攻殺擊刺之法所以戒其貪殺也上言夫子朂哉此言朂哉夫子者反覆成文以致其丁寧勸勉之意下倣此尚桓桓如虎如貔如熊如羆于商郊弗迓克奔以役西土朂哉夫子桓桓威武貌貔執夷也虎屬欲將士如四獸之猛而奮擊于商郊也迓迎也能奔來降者勿迎擊之以勞役我西土之人此勉其武勇而戒其殺降也爾所弗朂其于爾躬有戮弗朂謂不勉於前三者愚謂此篇嚴肅而溫厚與湯誓誥相表裏眞聖人之言也泰誓武成一篇之中似非盡出於一人之口豈獨此為全書乎讀者其味之

武成史氏記武王往伐歸獸祀羣神告羣后與其政事共爲一書篇中有武成二字遂以名篇今文無古文有

惟一月壬辰旁死魄越翼日癸巳王朝步自周于征伐商一月建寅之月不曰正而曰一者商建丑以十二月爲正朔故曰一月也詳見太甲泰誓篇壬辰以泰誓戊午推之當是一月二日死魄朔也二日曰故曰旁死魄翼明也先記壬辰旁死魄然後言癸巳伐商者猶後世言其日必先言其朔也周鎬京也在京兆鄠縣上林即今長安縣昆明池北鎬陂是也厥四月哉生明王來自商至于豐乃偃武修文歸馬于華山之陽放牛于桃林之野示天下弗服哉始也始生明月三日也豐文王舊都也在京兆鄠縣即今長安縣西北靈臺豐水之上周先王廟在焉山南曰陽桃林今華陰縣潼關也樂

記曰武王勝商渡河而西馬散之華山之陽而弗復乘牛放之桃林之野而弗復服車甲衅而藏之府庫倒載干戈包以虎皮天下知武王之不復用兵也○此當在萬姓悅服之下丁未祀于周廟邦甸侯衛駿奔走執豆籩越三日庚戌柴望大告武成駿爾雅曰速也周廟周祖廟也武王以克商之事祭告祖廟近而邦甸遠而侯衛皆駿奔走執事以助祭祀豆木豆籩竹豆祭器也既告祖廟燔柴祭天望祀山川以告武功之成由近而遠由親而尊也○此當在百工受命于周之下既生魄庶邦冢君暨百工受命于周生魄望後也四方諸侯及百官皆於周受命蓋武王新即位諸侯百官皆朝見新君所以正始也○此當在示天下弗服之下王若曰嗚呼羣后惟先王建邦啓土公劉克篤前烈至于太王肇基王迹王季其勤王家我

文考文王克成厥勳誕膺天命以撫方夏大邦畏其力小邦懷其德惟九年大統未集予小子其承厥志羣后諸侯也先王后稷武王追尊之也后稷始封於邰故曰建邦啓土公劉后稷之曾孫史記云能脩后稷之業太王古公亶父也避狄去邠居岐邠人仁之從之者如歸市詩曰居岐之陽實始翦商太王雖未始有翦商之志然太王始得民心王業之成實基於此王季能勤以繼其業至於文王克成厥功大受天命以撫安方夏大邦畏其威而不敢肆小邦懷其德而得自立自爲西伯專征而威德益著於天下凡九年崩大統未集者非文王之德不足以受天下是時紂之惡未至於亡天下也文王以安天下爲心故予小子亦以安天下爲心○此當在大告武成之下厎商之罪告于皇天后土所過名山大川曰惟有道曾孫周王發將有大正于

商今商王受無道暴殄天物害虐烝民爲天下
逋逃主萃淵藪予小子既獲仁人敢祇承上帝
以遏亂略華夏蠻貊罔不率俾氐致也后土社也勾龍爲后土
周禮太祝云王過大山川則用事焉孔氏曰名山謂華大川謂河蓋自豐鎬往朝歌必道華涉
河也曰者舉武王告神之語有道指其父祖而言周王二字史臣追增之也正即湯誓不敢不
正之正萃聚也紂殄物害民爲天下逋逃罪人之主如魚之聚淵如獸之聚藪也仁人孔氏曰
太公周召之徒略謀略也俾廣韻曰從也仁人既得則可以敬承上帝而遏絕亂謀內而華夏
外而蠻貊無不率從矣或曰太公歸周在文王之世周召周之懿親不可謂之獲此蓋仁人自
商而來者愚謂獲者得之云爾即泰誓之所謂仁人非必自外來也不然經傳豈無傳乎○此
當在于征伐商之下恭天成命肆予東征綏厥士女惟其

士女篚厥玄黃昭我周王天休震動用附我大邑周成命黜商之定命也篚竹器也玄黃色幣也敬奉天之定命故我東征安其士女士女喜周之來筐篚盛其玄黃之幣明我周王之德者是蓋天休之所震動故民用歸附我大邑周也或曰玄黃天地之色篚厥玄黃者明我周王有天地之德也○此當在其承厥志之下

惟爾有神尚克相予以濟兆民無作神羞既戊午師渡孟津癸亥陳于商郊俟天休命甲子昧爽受率其旅若林會于牧野罔有敵于我師前徒倒戈攻于後以北血流漂杵一戎衣天下大定乃反商政政由舊釋箕子囚封比干墓式商容閭散鹿臺之財發鉅橋之粟大賚于四海而

萬姓悅服休命勝商之命也武王頓兵商郊雍容不迫以待紂師之至而克之史臣謂之俟天休命可謂善形容者矣若林即詩所謂其會如林者紂衆雖有如林之盛然皆無有肯敵我師之志紂之前徒倒戈反攻其在後之衆以走自相屠戮遂至血流漂杵史臣指其實而言之蓋紂衆離心離德特刼於勢而未敢動耳一旦因武王弔伐之師始乘機投隙奮其怨怒反戈相戮其酷烈遂至如此亦足以見紂積怨于民若是其甚而武王之兵則蓋不待血刃也此所以一被兵甲而天下遂大定乎乃者繼事之辭反紂之虐政由商先王之舊政也式車前橫木有所敬則俯而憑之商容商之賢人閭族居里門也賚予也武王除殘去暴顯忠遂良賑窮賙乏澤及天下天下之人皆心悅而誠服之帝王世紀云殷民言王之於仁人也死者猶封其墓況生者乎王之於賢人也亡者猶表其閭況存者乎王之於財也聚者猶散之況其復藉之乎唐孔氏曰是爲悅服之事。此當在罔不率俾之下

列爵惟五分土

惟三建官惟賢位事惟能重民五教惟食喪祭惇信明義崇德報功垂拱而天下治列爵惟五公侯伯子男也分土惟三公侯百里伯七十里子男五十里之三等也建官惟賢不肖者不得進位事惟能不才者不得任五教君臣父子夫婦兄弟長幼五典之教也食以養生喪以送死祭以追遠五教三事所以立人紀而厚風俗聖人之所甚重焉者惇厚也厚其信明其義信義立而天下無不勸之俗有德者尊之以官有功者報之以賞官賞行而天下無不勸之善夫分封有法官使有要五教修而三事舉信義立而官賞行武王於此此復何為哉垂衣拱手而天下自治矣史臣述武王政治之本末言約而事博也如此哉〇此當在大邑周之下而上猶有闕文按此篇簡編錯亂先後失序今考正其文于後

今考定武成

惟一月壬辰旁死魄越翼日癸巳王朝步自
周于征伐商厎商之罪告于皇天后土所過
名山大川曰惟有道曾孫周王發將有大正
于商今商王受無道暴殄天物害虐烝民爲
天下逋逃主萃淵藪予小子既獲仁人敢祗
承上帝以遏亂略華夏蠻貊罔不率俾惟爾
有神尚克相予以濟兆民無作神羞既戊午
師逾孟津癸亥陳于商郊俟天休命甲子昧
爽受率其旅若林會于牧野罔有敵于我師
前徒倒戈攻于後以北血流漂杵一戎衣天

下大定乃反商政政由舊釋箕子囚封比干墓式商容閭散鹿臺之財發鉅橋之粟大賚于四海而萬姓悅服厥四月哉生明王來自商至于豐乃偃武修文歸馬于華山之陽放牛於桃林之野示天下弗服既生魄庶邦冢君暨百工受命于周丁未祀于周廟邦甸侯衛駿奔走執豆籩越三日庚戌柴望大告武成王若曰嗚呼羣后惟先王建邦啓土公劉克篤前烈至于太王肇基王迹王季其勤王家我文考文王克成厥勳誕膺天命以撫方

夏大邦畏其力小邦懷其德惟九年大統未集予小子其承厥志恭天成命肆予東征綏厥士女惟其士女篚厥玄黃昭我周王天休震動用附我大邑周列爵惟五分土惟三建官惟賢位事惟能重民五教惟食喪祭惇信明義崇德報功垂拱而天下治按劉氏王氏程子皆有改正次序今參考定讀如此大略集諸家所長獨四月生魄丁未庚戌一節今以上文及漢志日辰推之其序當如此耳疑先儒以王若曰宜繫受命于周之下故以生魄在丁未庚戌之後蓋不知生魄之日諸侯百工雖來請命而武王以未祭祖宗未告天地未敢發命故且命以助祭乃以丁未庚戌祀于郊廟大告武功之成而後始告諸侯上下之交人神

之序固如此也劉氏謂予小子其承厥志之下當有闕文以今考之固所宜有而程子從恭天成命以下三十四字屬于其下則已得其一節而用附我大邑周之下劉氏所謂闕文猶當有十數語也蓋武王革命之初撫有區夏宜有退託之詞以示不敢遽當天命而求助於諸侯且以致其交相警敕之意略如湯誥之文不應但止自序其功而已也列爵惟五以下又史官之詞非武王之語讀者詳之

洪範漢志曰禹治洪水錫洛書法而陳之洪範是也史記武王克殷訪問箕子以天道箕子以洪範陳之按篇內曰而曰汝者箕子告武王之辭意洪範發之於禹箕子推衍增益以成篇歟今文古文皆有

惟十有三祀王訪于箕子商曰祀周曰年此曰祀者因箕子之辭也箕子嘗言商其淪喪我罔爲臣僕史記亦載箕子陳洪範之後武王封于朝鮮而不臣也蓋箕子不可臣武王亦遂其志而不臣之也訪就而問之也箕國名子爵也○蘇氏曰箕子之不臣周也而曷爲爲武王陳洪範也天以是道畀之禹傳至於我不可使自我而絕以武王而不傳則天下無可傳者矣故爲箕子之道者傳道則可仕則不可

王乃言曰嗚呼箕子惟天陰騭下民相協厥居我不知其彝倫攸敘乃言者難辭重其問也箕子稱舊邑爵者方歸自商未新封爵也騭定協合彝常倫

理也所謂秉彝人倫也武王之問蓋曰天於冥冥之中默有以安定其民輔相保合其居止而我不知其彝倫之所以叙者如何也箕子乃言曰我聞在昔鯀陻洪水汩陳其五行帝乃震怒不畀洪範九疇彝倫攸斁鯀則殛死禹乃嗣興天乃錫禹洪範九疇彝倫攸叙乃言重其答也陻塞汩亂陳列畀與洪大範法疇類斁敗錫賜也帝以主宰言天以理言也洪範九疇治天下之大法其類有九即下文初一至次九者箕子之答蓋曰洪範九疇原出於天鯀逆水性汩陳五行故帝震怒不以與之此彝倫之所以斁也禹順水之性地平天成故天出書于洛禹別之以為洪範九疇此彝倫之所以叙也彝倫之叙即九疇之所叙者也○按孔氏曰天與禹神龜負文而出列於背有數至九禹遂因而第之以成九類易言河出圖洛出書聖人則之蓋治水功成洛龜呈瑞如簫韶奏而鳳儀春秋作而麟至亦

其理也世傳戴九履一左三右七二四爲肩六八爲足即雒書之數也初一曰五行次二曰敬用五事次三曰農用八政次四曰協用五紀次五曰建用皇極次六曰乂用三德次七曰明用稽疑次八曰念用庶徵次九曰嚮用五福威用六極此九疇之綱也在天惟五行在人惟五事以五事參五行天人合矣八政者人之所以因乎天五紀者天之所以示乎人皇極者君之所以建極也三德者治之所以應變也稽疑者以人而聽於天也庶徵者推天而徵之人也福極者人感而天應也五事曰敬所以誠身也八政曰農所以厚生也五紀曰協所以合天也皇極曰建所以立極也三德曰乂所以治民也稽疑曰明所以辨惑也庶徵曰念所以省驗也五福曰嚮所以勸也六極曰威所以懲也五行不言用無適而非用也皇極不言數非可以數明也本之以五行敬

之以五事孚之以八政協之以五紀皇極之所
以建也乂之以三德明之以稽疑驗之以庶徵
勸懲之以福極皇極之所以行也人
君治天下之法是孰有加於此哉
一五行一
曰水二曰火三曰木四曰金五曰土水曰潤下
火曰炎上木曰曲直金曰從革土爰稼穡潤下
作鹹炎上作苦曲直作酸從革作辛稼穡作甘
此下九疇之目也水火木金土者五行之生序
也天一生水地二生火天三生木地四生金天
五生土唐孔氏曰萬物成形以微著爲漸五行
先後亦以微著爲次五行之體水最微爲一火
漸著爲二木形實爲三金體固爲四土質大爲
五潤下炎上曲直從革以性言也稼穡以德言
也潤下者潤而又下也炎上者炎而又上也曲
直者曲而又直也從革者從而又革也稼穡者
稼而又穡也稼穡獨以德言者土兼四行無正
位無成性而其生之德莫盛於稼穡故以稼穡

言也稼穡不可以爲性也故不曰曰而曰爰爰於也於是稼穡而已非所以名也作爲也鹹苦酸辛甘者五行之味也五行有聲色氣味而獨言味者以其切於民用也二五事一曰貌二曰言三曰視四曰聽五曰思貌曰恭言曰從視曰明聽曰聰思曰睿恭作肅從作乂明作哲聰作謀睿作聖貌言視聽思者五事之叙也貌澤水也言揚火也視散木也聽收金也思通土也亦人事發見先後之叙人始生則形色具矣既生則聲音發矣既■而後能視而後能聽而後能思也恭從明聰睿者五事之德也恭者敬也從者順也明者無不見也聰者無不聞也睿者通乎微也肅乂哲謀聖者五德之用也肅者嚴整也乂者條理也哲者知也謀者度也聖者無不通也三八政一曰食二曰貨三曰祀四曰司空五曰司徒六曰司寇七曰賓八曰

師食者民之所急貨貝者民之所資故食爲首而貨次之食貨所以養生也祭祀所以報本出司空掌土所以安其居也司徒掌教所以成其性也司寇掌禁所以治其姦也賓者禮諸侯遠人所以往來交際也師者除殘禁暴也兵非聖人之得已故居末也

四五紀一曰歲二曰月三曰日四曰星辰五曰曆數歲者序四時也月者定晦朔也日者正躔度也星經星緯星也辰日月所會十二次也曆數者步占之法所以紀歲月日星辰也

五皇極皇建其有極斂時五福用敷錫厥庶民惟時厥庶民于汝極錫汝保極皇君建立也極猶北極之極至極之義標準之名中立而四方之所取正焉者也言人君當盡人倫之至語父子則極其親而天下之爲父子者於此取則焉語夫婦則極其別而天下之爲夫婦者於此取則焉語兄弟則極其愛而天下之爲兄弟者於此取則焉以至一事一物之接一言一動

之發無不極其義理之當然而無一毫過不及之差則極建矣極者福之本福者極之效極之所建福之所集也人君集福於上非厚其身而已用敷其福以與庶民使人人觀感而化所謂敷錫也當時之民亦皆於君之極與之保守不敢失墜所謂錫保也言皇極君民所以相與者如此也

凡厥庶民無有淫朋人無有比德惟皇作極淫朋邪黨也人有位之人比德私相比附也言庶民與有位之人而無淫朋比德者惟君為之極而使之有所取正耳重言君不可以不建極也

凡厥庶民有猷有為有守汝則念之不協于極不罹于咎皇則受之而康而色曰予攸好德汝則錫之福時人斯其惟皇之極此言庶民也有猷有謀慮者有為有施設者有守有操守者是三者君之所當念也念之者不忘之也帝念哉之念不協于極未合於善也不罹於咎不陷於惡也

未合於善不陷於惡所謂中人也進之則可與爲善棄之則流於惡君之所當受也受之者不拒之也歸斯受之之受念之受之隨其才而輕重以成就之也見於外而有安和之色發於中而有好德之言汝於是則錫之以福而是人斯其惟皇之極矣福者爵禄之謂或曰錫福即上文斂福錫民之福非自外來也曰禄亦福也上文指福之全體而言此則爲福之一端而發苟謂非禄之福則於下文于其無好德汝雖錫之福其作汝用咎爲不通矣無虐煢獨而畏高明煢獨庶民之至微者也高明有位之尊顯者也各指其甚者而言庶民之至微者有善則當勸勉之有位之尊顯者有不善則當懲戒之此結上章而起下章之義人之有能有爲使羞其行而邦其昌凡厥正人既富方穀汝弗能使有好于而家時人斯其辜于其無好德汝雖錫之福其作汝用咎此言有位者也有能

有材智者羞進也使進其行則官使者皆賢才而邦國昌盛矣正人者在官之人如康誥所謂惟厥正人者富祿之也穀善也在官之人有祿可仰然後可責其爲善廩祿不繼衣食不給不能使其和好于而家則是人將陷於罪戾矣於其不好德之人而與之以祿則爲汝用咎惡之人也此言祿以與賢不可及惡德也必富之而後責其善者聖人設教欲中人以上皆可能也

無偏無陂遵王之義無有作好遵王之道無有作惡遵王之路無偏無黨王道蕩蕩無黨無偏王道平平無反無側王道正直會其有極歸其有極偏不中也陂不平也作好作惡好惡加之意也黨不公也反倍常也側不正也偏陂好惡己私之生於心也偏黨反側己私之見於事也王之義王之道王之路皇極之所由行也蕩蕩廣遠也平平平易也正直不偏邪也皇極正大之體也遵義遵道遵路會其極也蕩蕩平

平正直歸其極也會者合而來也歸者來而至也此章蓋詩之體所以使人吟詠而得其性情者也夫歌詠以叶其音反復以致其意戒之以私而懲創其邪思訓之以極而感發其善性諷詠之間恍然而悟悠然而得忘其傾斜狹小之念達乎公平廣大之理人欲消熄天理流行會極歸極有不知其所以然而然者其功用深切與周禮大師教以六詩者同一機而尤要者也後世此意不傳皇極之道其不明於天下也宜哉

曰皇極之敷言是彝是訓于帝其訓

曰起語辭敷言上文敷衍之言也言人君以極之理而反復推衍爲言者是天下之常理是天下之大訓非君之訓也天之訓也蓋理出乎天言純乎天則天之言矣此贊敷言之妙如此

凡厥庶民極之敷言是訓是行以近天子之光曰天子作民父母以爲天下王

光者道德之光華也天子之於庶民性一而已庶民於極之敷言是訓是行則可以近天子道

德之光華也曰者民之辭也謂之父毋者指其恩育而言親之之意謂之王者指其君長而言尊之之意言天子恩育君長乎我者如此其至也言民而不言人者舉小以見大也

六三德一曰正直二曰剛克三曰柔克平康正直強弗友剛克燮友柔克沈潛剛克高明柔克克治友順

燮和也正直剛柔三德也正者無邪直者無曲剛克柔克者威福予奪抑揚進退之用也強弗友者強梗弗順者也燮友者和柔委順者也沈潛者沈深潛退不及中者也高明者高亢明爽過乎中者也蓋習俗之偏氣禀之過者也故平康正直無所事乎矯拂無爲而治是也強弗友剛克以剛克剛也燮友柔克以柔克柔也沈潛剛克以剛克柔也高明柔克以柔克剛也正直之用一而剛柔之用四也聖人撫世酬物因時制宜三德乂用陽以舒之陰以斂之執其兩端用其中于民所以納天下民俗於皇極者蓋如此

惟辟作福惟辟作威

惟辟玉食臣無有作福作威玉食福威者上之所以御下玉食者下之所以奉上也曰惟辟者戒其權不可下移曰無有者戒其臣不可上僭也臣之有作福作威玉食其害于而家凶于而國人用側頗僻民用僭忒頗不平也僻不公也僭踰忒過也臣而僭上之權則大夫必害于而家諸侯必凶于而國有位者固側頗僻而不安其分小民者亦僭忒而踰越其常甚言人臣僭上之患如此七稽疑擇建立卜筮人乃命卜筮稽考也有所疑則卜筮以考之龜曰卜蓍曰筮蓍龜者至公無私故能紹天之明卜筮者亦必至公無私而後能傳蓍龜之意必擇是人而建立之然後使之卜筮也曰雨曰霽曰蒙曰驛曰克此卜兆也雨者如雨其兆爲水霽者開霽其兆爲火蒙者蒙昧其兆爲木驛者絡繹不屬其兆爲金克者交錯有相勝之意其兆爲土曰貞曰悔

此占卦也內卦爲貞外卦爲悔左傳蠱之貞風其悔山是也又有以遇卦爲貞之卦爲悔國語貞屯悔豫皆八是也凡七卜五占用二衍忒凡七雨霽蒙驛克貞悔也卜五雨霽蒙驛克也占二貞悔也衍推忒過也所以推人事之過差也立時人作卜筮三人占則從二人之言凡卜筮必立三人以相參考舊說卜有玉兆瓦兆原兆筮有連山歸藏周易者非是謂之三人非三卜筮也汝則有大疑謀及乃心謀及卿士謀及庶人謀及卜筮汝則從龜從筮從卿士從庶民從是之謂大同身其康彊子孫其逢吉汝則從龜從筮從卿士逆庶民逆吉卿士從龜從筮從汝則逆庶民逆吉庶民從龜從筮從汝則逆卿士逆吉汝則從龜

從筮逆卿士逆庶民逆作内吉作外凶龜筮共違于人用靜吉用作凶稽疑以龜筮爲重人與龜筮皆從是之謂大同固吉也人一從而龜筮不違者亦吉龜從筮逆則可作内不可作外内謂祭祀等事外謂征伐等事龜筮共違則可靜不可作靜謂守常作謂動作也然有龜從筮逆而無筮從龜逆者龜尤聖人所重也故禮記大事卜小事筮傳謂筮短龜長是也自夫子贊易極著蓍卦之德蓍重而龜書不傳云

八庶徵曰雨曰暘曰燠曰寒曰風曰時五者來備各以其敘庶草蕃廡徵驗也廡豐茂所驗者非一故謂之庶徵雨暘燠寒風各以時至故曰時也備者無闕少也序者應節候也五者備而不失其序庶草且蕃廡矣則其他可知也雨屬水暘屬火燠屬木寒屬金風屬土吳仁傑曰易以坎爲水北方之卦也又曰雨以潤之則雨爲水矣離爲火南方之卦也又曰日以烜之則暘爲火矣

小明之詩首章云我征徂西二月初吉三章云昔我往矣日月方燠夫以二月爲燠則燠之爲春爲木明矣漢志引狐突金寒之言顔師古謂金行在西故謂之寒則寒之爲秋爲金明矣又按稽疑以雨屬水以霽屬火霽暘也則庶徵雨之爲水暘之爲火類例抑又甚明蓋五行乃生數自然之叙五事則本於五行庶徵則本於五事其條理次第相爲貫通有秩然而不可紊亂者也

一極備凶一極無凶極備過多也極無過少也唐孔氏曰雨多則澇雨少則旱是極備亦凶極無亦凶餘準是

曰休徵曰肅時雨若曰乂時暘若曰晳時燠若曰謀時寒若曰聖時風若

曰咎徵曰狂恒雨若曰僭恒暘若曰豫恒燠若曰急恒寒若曰蒙恒風若狂妄僭差豫怠急迫蒙昧也在天爲五行在人爲五事五事修則休徵各以類應之五事失則咎徵各以類應之自然之理也然必曰某

事得則其休證應其事失則其咎證應則亦膠固不通而不足與語造化之妙矣天人之際未易言也失得之幾應感之微非知道者孰能識之哉

曰王省惟歲卿士惟月師尹惟日歲月日以尊卑爲徵也王者之失得其徵以歲卿士之失得其徵以月師尹之失得其徵以日蓋雨暘燠寒風五者之休咎各有係一歲之利害有係一月之利害有係一日之利害各以其大小言也

歲月日時無易百穀用成乂用明俊民用章家用平康歲月日三者雨暘燠寒風不失其時則其𤼵如此休徵所感也

日月歲時既易百穀用不成乂用昏不明俊民用微家用不寧日月歲三者雨暘燠寒風既失其時則其害如此咎徵所致也休徵言歲月日者總於大也咎徵言日月歲者著其小也

庶民惟星星有好風星有好雨日月之行則有冬有夏

月之從星則以風雨民之麗乎土猶星之麗乎天也好風者箕星好雨者畢星漢志言軫星亦好雨意者星宿皆有所好也日有中道月有九行中道者黃道也北至東井去極近南至牽牛去極遠東至角西至婁去極中是也九行者黑道二出黃道北赤道二出黃道南白道二出黃道西青道二出黃道東并黃道爲九行也日極南至于牽牛則爲冬至極北至于東井則爲夏至南北中東至角西至婁則爲春秋分月立春春分從青道立秋秋分從白道立冬冬至從黑道立夏夏至從赤道所謂日月之行則有冬有夏也月行冬北入于箕則多風月行西南入于畢則多雨所謂月之從星則以風雨也民不言省者庶民之休咎係乎上人之失得故但以月之從星以見所以從民之欲者如何爾夫民生之衆寒者欲衣飢者欲食鰥寡孤獨者之欲得其所此王政之所先而御士師尹近民者之責也然星雖有好風好雨之異而日月之行則有冬有夏之常以月之常行而從星之異好以卿士師尹之常職而從民之

異欲則其從民者非所以徇民矣言日月而不言歲者有冬有夏所以成歲功也言月而不言日者從星惟月爲可見耳

九五福一曰壽二曰富三曰康寧四曰攸好德五曰考終命人有壽而後能享諸福故壽先之富者有廩祿也康寧者無患難也攸好德者樂其道也考終命者順受其正也以福之急緩爲先後

六極一曰凶短折二曰疾三曰憂四曰貧五曰惡六曰弱凶者不得其死也短折者橫夭也禍莫大於凶短折故先言之疾者身不安也憂者心不寧也貧者用不足也惡者剛之過也弱者柔之過也以極之重輕爲先後五福六極在君則係於極之建不建在民人則由於訓之行不行感應之理微矣

旅獒西旅貢獒召公以爲非所當受作書以戒武王亦訓體也因以旅獒名篇今文無古文有

惟克商遂通道于九夷八蠻西旅厎貢厥獒太保乃作旅獒用訓于王九夷八蠻多之稱也職方言四夷八蠻爾雅言九夷八蠻但言其非一而已武王克商之後威德廣被九州之外蠻夷戎狄莫不梯山航海而至曰通道云者蓋蠻夷來王則道路自通非武王有意於開四夷而斥大境土也西旅西方蠻夷國名犬高四尺曰獒按說文曰犬如人心可使者公羊傳曰晉靈公欲殺趙盾盾躇階而走靈公呼獒而屬之獒亦躇階而從之則獒能曉解人意猛而善搏人者異於常犬非特以其高大也太保召公奭也史記云與周同姓姬氏此旅獒之本序

曰嗚呼明王愼德四夷咸賓無有遠邇畢獻方物惟服食器用

謹德蓋一篇之綱領也方物方土所生之物明王謹德四夷咸賓其所貢獻惟服食器用而已言無異物也王乃昭德之致于異姓之邦無替厥服分寶玉于伯叔之國時庸展親人不易物惟德其物昭示也德之致謂上文所貢方物也昭示方物于異姓之諸侯使之無廢其職分寶玉于同姓之諸侯使之益厚其親如分陳以肅謹氏之矢分魯以夏后氏之璜之類王者以其德所致方物分賜諸侯故諸侯亦不敢輕易其物而以德視其物也德盛不狎侮狎侮君子罔以盡人心狎侮小人罔以盡其力德盛則動容周旋皆中禮然後能無狎侮之心言謹德不可不極其至也德而未至則未免有狎侮之心狎侮君子則色斯舉矣彼必高蹈遠引望望然而去安能盡其心狎侮小人雖其微賤畏威易役然至愚而神亦安能盡其力哉不役耳目百度惟貞貞正也不役於

耳目之所好百爲之度惟其正而已玩人喪德玩物喪志玩人即上文狎侮君子之事玩物即上文不役耳目之事德者己之所得志者心之所之志以道寧言以道接道者所當由之理也己之志以道而寧則不至於妄發人之言以道而接則不至於妄受存乎中者所以應乎外制其外者所以養其中古昔聖賢相授心法也不作無益害有益功乃成不貴異物賤用物民乃足犬馬非其土性不畜珍禽奇獸不育于國不寶遠物則遠人格所寶惟賢則邇人安孔氏曰遊觀爲無益奇巧爲異物蘇氏曰周穆王得白狐白鹿而荒服因以不至此章凡三節至所寶惟賢則益切至矣嗚呼夙夜罔或不勤不矜細行終累大德爲山九仞功虧一簣或猶言萬一也呂氏曰此即謹德工夫或之一字最

有意味一暫止息則非謹德矣矜矜持之允迪矜八尺曰仞細行一簣指受槧而言也

茲生民保厥居惟乃世王信能行此則生民保其居而王業可求也

蓋人主一身實萬化之原茍於理有毫髮之不盡即遺生民無窮之害而非創業垂統可繼之道矣以武王之聖召公所以警戒之者如此後之人君可不深思而加念之哉

金縢 武王有疾周公以王室未安殷民未服根本易搖故請命三王欲以身代武王之死史録其冊祝之文并叙其事之始末合爲一篇以其藏於金縢之匱編書者因以金縢名篇今文古文皆有○唐孔氏曰發首至王季文王史叙將告神之事也史乃冊祝至屏璧與珪記告神之辭也自乃卜至乃瘳記卜吉及王病瘳之事也自武王既喪以下記周公流言居東及成王迎歸之事也

既克商二年王有疾弗豫 記年見其克商之未久也弗豫不悅豫也

二公曰我其爲王穆卜 二公太公召公也李氏曰穆者敬而有和意穆卜猶言共卜也愚謂古者國有大事卜則公卿百執事皆在誠一而和同以聽卜筮故名其卜曰穆卜下文成王因風雷之變王與大夫盡弁啓金縢之書以卜者是也先儒專以穆爲敬而於所謂其勿穆卜則義不通矣

周公曰未可以戚我先王 戚憂惱之

意未可以武王之疾而憂惱我先王也蓋邵二公之卜公乃自以爲功爲三壇同墠爲壇於南方北面周公立焉植璧秉珪乃告大王王季文王功事也築土曰壇除地曰墠三壇三王之位皆南向三壇之南别爲一壇北向周公所立之地也植置也珪璧所以禮神詩言珪璧既卒周禮裸圭以祀先王周公邵二公之卜而乃自以爲功者蓋二公不過卜武王之安否耳而周公愛兄之切危國之至忠誠懇懇於祖父之前如下文所云者有不得盡焉此其所以自以爲功也又二公穆卜則必禱於宗廟用朝廷卜筮之禮如此則上下喧騰而人心揺動故周公不於宗廟而特爲壇墠以自禱也史乃冊祝曰惟爾元孫某遘厲虐疾若爾三王是有丕子之責于天以旦代某之身史太史也冊祝如今祝版之類元孫某武王也遘遇厲惡虐暴也丕子元子也旦周公名

也言武王遇惡暴之疾若爾三王是有元子之責于天蓋武王爲天元子三王當任其保護之責于天不可令其死也如欲其死則請以旦代武王之身于天之下疑有闕文舊說謂天責取武王者非是詳下文予仁若考能事鬼神等語皆主祖父人鬼爲言至於乃命帝庭無墜天之降寶命則言天命武王如此之大而三王不可墜天之寶命文意可見又按死生有命周公乃欲以身代武王之死或者疑之蓋方是時天下未安王業未固使武王死則宗社傾危生民塗炭變故有不可勝言者周公忠誠切至欲代其死以輸危急其精神感動故卒得命於三王今世之匹夫匹婦一念誠孝猶足以感格鬼神顯有應驗而況於周公之元聖乎是固不可謂無此理也

予仁若考能多材多藝能事鬼神乃元孫不若旦多材多藝不能事鬼神周公言我仁順祖考多材幹多藝能可任役使能事鬼神武王不如旦多材多藝不任役使不能事鬼神材藝但指服事役使

而言乃命于帝庭敷佑四方用能定爾子孫于下地四方之民罔不祗畏嗚呼無墜天之降寶命我先王亦永有依歸言武王乃受命於上帝之庭布文德以佑助四方用能定爾子孫於下地使四方之民無不敬畏其任大其責重未可以死故又歎息申言三王不可墜失天降之寶命庶先王之祀亦永有所賴以存也寶命即帝庭之命也謂之寶者重其事也今我即命于元龜爾之許我我其以璧與珪歸俟爾命爾不許我我乃屏璧與珪即就也歸俟爾命俟武王之安也屏藏也屏璧與珪言不得事神也蓋武王喪則周之基業必墜雖欲事神不可得也其稱爾稱我無異人子之在膝下以語其親者此亦終身慕父母與不死其親之意以見公之達孝也乃卜三龜一習吉啓籥見書乃并是吉卜筮

必立三人以相參考三龜者三人所卜之龜也習重也謂三龜之兆一同開籥見卜兆之書乃并是吉**公曰體王其罔害予小子新命于三王惟永終是圖茲攸俟能念予一人**體兆之體也言視其卜兆之吉王疾其無所害我新受三王之命而永終是圖矣茲攸俟者即上文所謂歸俟也一人武王也言三王能念我武王使之安也詳此言新命于三王不言新命于天以見果非謂天責取武王也**公歸乃納冊于金縢之匱中王翼日乃瘳**冊祝冊也匱藏卜書之匱金縢以金緘之也翼日公歸之明日也瘳愈也按金縢之匱乃周家藏卜筮書之物每卜則以告神之詞書於冊既卜則納冊於匱而藏之前後卜皆如此故前周公乃卜三龜一習吉啓籥見書者啓此匱也後成王遇風雷之變欲卜啓金縢者亦啓此匱也蓋卜筮之物先王不敢褻故金縢其匱而藏之非武周公始爲此匱藏此冊祝爲後來自解計也

王既喪管叔及其羣弟乃流言於國曰公將不利於孺子管叔名鮮武王弟周公兄也羣弟蔡叔度霍叔處也流言無根之言如水之流自彼而至此也孺子成王也商人兄死弟立者多武王崩成王幼周公攝政商人固已疑之又管叔於周公爲兄尤所覬覦故武庚管蔡流言於國以危懼成王而動搖周公也史氏言管叔及其羣弟而不及武庚者所以深著三叔之罪也周公乃告二公曰我之弗辟我無以告我先王辟讀爲避鄭氏詩傳言周公以管蔡流言辟居東都是也漢孔氏以爲致辟于管叔之辟謂誅殺之也夫三叔流言以公將不利於成王周公豈容遽興兵以誅之耶且是時王方疑公公將請王而誅之也將自誅之也請之固未必從不請自誅之亦非所以爲周公矣我之弗辟我無以告我先王言我不避則於義有所不盡無以告先王於地下也公豈自爲身計哉亦盡其忠誠而已矣周公居東二

年則罪人斯得居東居國之東也鄭氏謂避居東都未知何據孔氏以居東爲東征非也方流言之起成王未知罪人爲誰二年之後王始知流言之爲管蔡斯得者遲之之辭也于後公乃爲詩以貽王名之曰鴟鴞王亦未敢誚公鴟鴞惡鳥也以其破巢取卵比武庚之敗管蔡及王室也誚讓也上文言罪人斯得則是時成王之疑十已去其四五矣秋大熟未穫天大雷電以風禾盡偃大木斯拔邦人大恐王與大夫盡弁以啓金縢之書乃得周公所自以爲功代武王之說王與大夫盡弁以發金縢之書將卜天變而偶得周公冊祝請命之說也孔氏謂二公倡王啓之者非是按秋大熟係于二年之後則成王迎周公之歸蓋二年秋也東山之詩言自我不見于今三年則居東之非東征明矣蓋周公居東二年成王因風雷之變旣親迎以歸

三叔懷流言之罪遂脅武庚以叛成王命周公征之其東征往反首尾又自三年也二公及王乃問諸史與百執事對曰信噫公命句我勿敢言周公卜武王之疾二公未必不知之周公冊祝之文二公蓋不知也諸史百執事蓋卜筮執事之人成王使卜天變者即前日周公使卜武王疾之人也二公及成王得周公自以爲功之說因以問之故皆謂信有此事已而歎息言此實周公之命而我勿敢言爾孔氏謂周公使之勿道者非是王執書以泣曰其勿穆卜昔公勤勞王家惟予沖人弗及知今天動威以彰周公之德惟朕小子其新逆我國家禮亦宜之新當作親成王啓金縢之書欲卜天變既得公冊祝之文遂感悟執書以泣言不必更卜昔周公勤勞王室我幼不及知今天動威以明周公之德我小子其親迎公以歸於國家禮亦宜也按鄭氏詩

傳成王既得金縢之書親迎周公鄭氏學出於伏生而此篇則伏生所傳當以親爲正親誤作新正猶大學新誤作親也王出郊天乃雨反風禾則盡起二公命邦人凡大木所偃盡起而築之歲則大熟

國外曰郊王出郊者成王自往迎公即上文所謂親逆者也天乃反風感應如此之速洪範庶證孰謂其不可信哉又按武王疾瘳四年而崩羣叔流言周公居東二年罪人既得成王迎周公以歸凡六年事也編書者附于金縢之末以見請命事之首末金縢書之顚晦也

大誥

武王克殷以殷餘民封受子武庚命三叔監殷武王崩成王立周公相之三叔流言公將不利於孺子周公避位居東後成王悟迎周公歸三叔懼遂與武庚叛成王命周公東征以討之大誥天下書言武庚而不言管叔者為親者諱也篇首有大誥二字編書者因以名篇今文古文皆有。按此篇誥語多主卜言如曰寧王遺我大寶龜曰朕卜并吉曰予得吉卜曰王害不違卜曰寧王惟卜用曰矧亦惟卜用曰予曷其極卜曰矧今卜并吉至於篇終又曰卜陳其若茲意邦君御事有曰艱大不可征欲王違卜故周公以討叛卜吉之義與天命人事之不可違者反復誥諭之也

王若曰猷大誥爾多邦越爾御事弗弔天降割于我家不少延洪惟我幼冲人嗣無疆大歷服

弗造哲迪民康矧曰其有能格知天命猷發語辭也猶虞書咨嗟之例按爾雅猷訓最多曰謀曰言曰已曰圖未知此何訓也弔恤也猶詩言不弔昊天之弔言我不爲天所恤降害於我周家武王遂喪而不少待也冲人成王也歷歷數也服五服也哲明哲也格格物之格言大思我幼冲之君嗣于無疆之大業弗能造明哲以導民於安康是人事且有所未至而況言其能格知天命乎已予惟小子若涉淵水予惟往求朕攸濟敷賁敷前人受命茲不忘大功予不敢閉于天降威用已承上語詞已而有不能已之意若涉淵水者喻其心之憂懼求朕攸濟者冀其事之必成敷布賁飾也敷賁者修明其典章法度敷前人受命者增益開大前王之基業若此者所以不忘武王安天下之大功也今武庚不靖天固誅之予豈敢閉抑天之威用而不行討乎寧王遺我大寶龜紹天

明即命曰有大艱于西土西土人亦不靜越茲

蠢寧王武王也下文又曰寧考蘇氏曰當時謂武王爲寧王以其克殷而安天下也蠢動而無知之貌寧王遺我大寶龜者以其可以紹介天明以定吉凶曩嘗即龜所命而其兆謂將有大艱難之事于西土西土之人亦不安靜是武庚未叛之時而龜之兆蓋已預告矣及此果蠢蠢然而動其卜可驗如此將言下文伐殷卜吉之事故先發此以見卜之不可違也殷小

腆誕敢紀其敘天降威知我國有疵民不康曰

予復反鄙我周邦腆厚誕大敘緒疵病也言武庚以小厚之國乃敢大紀其既亡之緒是雖天降威于殷然亦武庚知我國有三叔疵隙民心不安故敢言我將復殷業而欲反鄙邑我周邦也今蠢今翼日民獻有十夫予翼以于

敉寧武圖功我有大事休朕卜并吉于往敉撫武繼也謂

今武庚蠢動今之明日民之賢者十夫輔我以往撫定商邦而繼嗣武王所圖之功也大事戎事左傳云國之大事在祀與戎休美也言知我有戎事休美者以朕卜三龜而并吉也按上文即命曰有大艱于西土蓋卜於武王方崩之時此云朕卜并吉乃卜於將伐武庚之日先儒合以爲一誤矣肆予告我友邦君越尹氏庶士御事曰予得吉卜予惟以爾庶邦于伐殷逋播臣此舉嘗以卜吉之故告邦君御事往伐武庚之詞也肆故也尹氏庶官之正也殷逋播臣者謂武庚及其羣臣本逋亡播遷之臣也爾庶邦君越庶士御事罔不反曰艱大民不靜亦惟在王宮邦君室越予小子考翼不可征王害不違卜此舉邦君御事不欲征欲王違卜之言也邦君御事無不反曰艱難重大不可輕舉且民不靜雖由武庚然亦在於王之宮邦君之室謂三叔

不睦之故實兆釁端不可不自反害曷也越我小子與父老敬事者皆謂不可征王曷不違卜而勿征乎肆予沖人永思艱曰嗚呼允蠢鰥寡哀哉予造天役遺大投艱于朕身越予沖人不卬自恤義爾邦君越爾多士尹氏御事綏予曰無毖于恤不可不成乃寧考圖功造為卬我也故我沖人亦永思其事之艱大歎息言信四國蠢動害及鰥寡深可哀也然我之所為皆天之所役使今日之事天實以其甚大者遺於我之身以其甚艱者投於我之身於我沖人固不暇自恤矣然以義言之於爾邦君於爾多士及官正治事之臣當安我曰無勞於憂誠不可不成武王所圖之功相與戮力致討可也此章深責邦君御事之避事巳予惟小子不敢替上帝命天休于寧王興我小邦周寧王惟卜用克綏

受茲命今天其相民矧亦惟卜用嗚呼天明畏弼我丕丕基卜伐武庚而吉是上帝命伐之也上帝之命其敢廢乎昔天眷武王由百里而有天下亦惟卜用所謂朕夢協朕卜襲于休祥是也今天相佑斯民避凶趨吉況亦惟卜是用是上而先王下而小民莫不用卜而我獨可廢卜乎故又歎息言天之明命可畏如此是蓋輔成我丕丕基業其可違也天明即上文所謂紹天明者

王曰爾惟舊人爾丕克遠省爾知寧王若勤哉天閟毖我成功所予不敢不極卒寧王圖事肆予大化誘我友邦君天棐忱辭其考我民予曷其不于前寧人圖功攸終天亦惟用勤毖我民若有疾予曷不于前寧人攸受休畢當時邦君御事有武王之舊臣者亦憚征役上

文考翼不可征是也故周公專呼舊臣而告之曰爾惟武王之舊人爾大能遠省前日之事爾豈不知武王若此之勤勞哉閟者否閉而不通毖者艱難而不易言天之所以否閉艱難國家多難者乃我成功之所在我不敢不極卒武王所圖之事也化者化其固滯誘者誘其順從棐輔也寧人武王之大臣當時謂武王爲寧王因謂武王之大臣爲寧人也民獻十夫以爲可伐是天輔以誠信之辭考之民而可見矣我曷其不於前寧人而圖功所終乎勤毖我民若有疾者四國勤毖我民如人有疾必速攻治之我曷其不於前寧人所受休美而畢之乎按此三節謂不可不卒終畢寧王寧人事功休美之意言寧人則舊人之不欲征者亦可愧矣

王曰若昔朕其逝朕言艱日思若考作室旣底法厥子乃弗肯堂矧肯構厥父菑厥子乃弗肯播矧肯穫厥考翼其肯曰予有後弗棄基肆予曷敢不

越卬敉寧王大命昔前日也猶孟子昔者之昔若昔我之欲往我亦謂其事之難而曰思之矣非輕舉也以作室喩之父既底定廣狹高下其子不肯爲之堂基況肯爲之造屋乎以耕田喩之父既反土而菑矣其子乃不肯爲之播種況肯俟其成而刈穫之乎考翼父敬事者也爲其子者如此則考翼其肯曰我有後嗣弗棄我之基業乎蓋武王定天下立經陳紀如作室之底法如治田之既菑今三監叛亂不能討平以終武王之業則是不肯堂不肯播況望其肯構肯穫而延綿國祚於無窮乎武王在天之靈亦必不肯自謂其有後嗣而不棄墜其基業矣故我何敢不及我身之存以撫循武王之大命乎按此三節由喩不可不終武功之意

若兄考乃有友伐厥子民養其勸弗救民養未詳蘇氏曰養廝養也謂人之臣僕大意言若父兄有友攻伐其子爲之臣僕者其可勸其攻伐而不救乎父兄以喩武王友以喩四國子以喩百姓民養以喩邦君御事今王之四國毒害百姓

而邦君臣僕乃憚於征役是長其患而不救其可哉此言民被四國之害不可不救援之意

王曰嗚呼肆哉爾庶邦君越爾御事爽邦由哲亦惟十人迪知上帝命越天棐忱爾時罔敢易法矧今天降戾于周邦惟大艱人誕鄰胥伐于厥室爾亦不知天命不易肆放也欲其舒放而不畏縮也爽明也爽殷師之爽紂昏德湯伐之故言爽師受昏德武王伐之故言爽邦言昔武王之明大命於邦皆由明智之士亦惟亂臣十人蹈知天命及天輔武王之誠以克商受爾於是時不敢違越武王法制憚於征役矧今武王死天降禍於周首大難之四國大近相攻於其室事危勢迫如此爾乃以爲不可征爾亦不知天命之不可違越矣此以今昔互言責邦君御事之不知天命按先儒皆以十人爲十夫然十夫民之賢者爾恐未可以爲迪知帝命未可以爲越天棐忱所謂迪

知者蹈行眞知之詞也越天棐忱天命已歸之詞也非亂臣昭武王以受天命者不足以當之況君奭之書周公歷舉虢叔閎夭之徒亦曰迪知天威於受殷命亦曰若天棐忱詳周公前後所言則十人之爲亂臣又何疑哉

予永念曰天惟喪殷若穡夫予曷敢不終朕畝天亦惟休于前寧人天之喪殷若農夫之去草必絶其根本我何敢不終我之田畝乎我之所以終畝者是天亦惟欲休美於前寧人也

予曷其極卜敢弗于從率寧人有指疆土矧今卜并吉肆朕誕以爾東征天命不僭卜陳惟若茲我何敢盡欲用卜敢不從爾勿征蓋率循寧人之功當有指定先王疆土之理卜而不吉固將伐之況今卜而并吉乎故我大以爾東征天命斷不僭差卜之所陳蓋如此按此篇專主卜言然其上原天命下述得人往推寧王寧人不可不成之功近指成王邦君御事不可

不終之責諄諄乎民生之休戚家國之興喪懷惻到至不能自已而反復終始乎卜之一說以通天下之志以斷天下之疑以定天下之業非聰明睿知神武而不殺者孰能與此哉

微子之命微國名子爵也成王既殺武庚封微子於宋以奉湯祀史錄其誥命以爲此篇今文無古文有

王若曰猷殷王元子惟稽古崇德象賢統承先王修其禮物作賓于王家與國咸休永世無窮元子長子也微子帝乙之長子紂之庶兄也崇德謂先聖王之有德者則尊崇而奉祀之也象賢謂其後嗣子孫有象先聖王之賢者則命之以主祀也言考古制尊崇成湯之德以微子象賢而奉其祀也禮典禮物文物也修其典禮文物不使廢壞以備一王之法也孔子曰夏禮吾能言之杞不足徵也殷禮吾能言之宋不足徵也文獻不足故也殷之典禮微子修之至孔子時已不足徵矣故夫子惜之賓以客禮遇之世振鷺言我客戾止左氏謂宋先代之後天子有事膰焉有喪拜焉者也呂氏曰先王之心公平廣大非若後世滅人之國惟恐苗裔之存爲子

孫害成王命微子方且撫助愛養欲其與國咸休永世無窮公平廣大氣象於此可見嗚呼乃祖成湯克齊聖廣淵皇天眷佑誕受厥命撫民以寬除其邪虐功加于時德垂後裔齊肅也齊則無不敬聖則無不通廣言其大淵言其深也誕大也皇天眷佑誕受厥命即伊尹所謂天監厥德用集大命者撫民以寬除其邪虐即伊尹所所謂代虐以寬兆民允懷者功加于時言其所及者衆德垂後裔言其所傳者遠也後裔即微子也此崇德之意爾惟踐修厥猷舊有令聞恪慎克孝肅恭神人予嘉乃德曰篤不忘上帝時歆下民祗協庸建爾于上公尹茲東夏猷道令善聞譽也微子踐履修舉成湯之道舊有善譽非一日也恪敬也恪謹克孝肅恭神人指微子實德而言抱祭器歸周亦其一也篤厚也我善汝德曰厚而不忘也歆

饗庸用也王者之後稱公故曰上公尹治也宋亳在東故曰東夏此象賢之意欽哉往敷乃訓愼乃服命率由典常以蕃王室弘乃烈祖律乃有民永綏厥位毗予一人世世享德萬邦作式俾我有周無斁此因戒勉之也服命上公服命也宋王者之後成湯之廟當有天子禮樂慮有僭儗之失故曰謹其服命率由典常以戒之也弘大律範毗輔式法斁厭也即詩言在此無斁之意○林氏曰偪生於僭僭生於儗非儗無僭非僭無偪謹其服命遵守典常安有偪僭之過哉魯實侯爵乃以天子禮樂祀周公亦既不謹矣其後遂用於羣公之廟甚至季氏僭八佾三家僭雍徹其原一開末流無所不至成王於宋謹愼如此必無賜周公以天子禮樂之事豈周室既衰魯竊僭用託爲成王之賜伯禽之受乎嗚呼往哉惟休無替朕命歎息言汝往之國當休美其政而無廢棄我所命汝之言

也

康誥

康叔文王之子武王之弟武王誥命爲衛侯今文古文皆有○按書序以康誥爲成王之書今詳本篇康叔於成王爲叔父成王不應以弟稱之說者謂周公以成王命誥故曰弟然既謂之王若曰則爲成王之言周公何遽自以弟稱之也且康誥酒誥梓材三篇言文王者非一而略無一語以及武王何耶說者又謂寡兄朂爲稱武王尤爲非義寡兄云者自謙之辭寡德之稱苟語他人猶云可也武王康叔之兄家人相語周公安得以武王爲寡兄而告其弟乎或又謂康叔在武王時尚幼故不得封然康叔武王同母弟武王分封之時年已九十安有九十之兄同母弟尚幼不可封乎且康叔文王之子叔虞成王之弟周公東征叔虞已封於唐豈有康叔得封反在叔虞之後必無是理也又按汲冢周書克殷篇言王即位于社南羣臣畢從毛叔鄭奉明水衛叔封傳禮

召公奭贊采師尚父牽牲史記亦言衛康叔封布兹與汲書大同小異康叔在武王時非幼亦明矣特序書者不知康誥篇首四十八字爲洛誥脫簡遂因誤爲成王之書是知書序果非孔子所作也康誥酒誥梓材篇次當在金縢之前

惟三月哉生魄周公初基作新大邑于東國洛四方民大和會侯甸男邦采衛百工播民和見士于周周公咸勤乃洪大誥治三月周公攝政七年之三月也始生魄十六日也百工百官也士說文曰事也詩曰勿士行枚呂氏曰斧斤版築之事亦甚勞矣而民大和會悉來赴役即文王作靈臺庶民子來之意蘇氏曰此洛誥之文當在周公拜手稽首之上

王若曰孟侯朕其弟小子封王武王也孟長也言爲諸侯之長也封康叔名舊說周公以成王命誥康叔者非是惟乃丕顯考文王

克明德慎罰左氏曰明德謹罰文王所以造周也明德務崇之之謂謹罰務去之之謂明德謹罰一篇之綱領不敢侮鰥寡以下文王明德謹罰也汝念哉以下欲康叔明德也敬明乃罰以下欲康叔謹罰也惟民以下欲其以德行罰也封敬哉以下欲其不用罰而用德也終則以天命殷民結之不敢侮鰥寡庸庸祗祗威威顯民用肇造我區夏越我一二邦以修我西土惟時怙冒聞于上帝帝休天乃大命文王殪戎殷誕受厥命越厥邦厥民惟時叙乃寡兄勗肆汝小子封在茲東土鰥寡人所易忽也於人易忽者而不忽焉以見聖人無所不敬畏也即堯不虐無告之意論文王之德而首發此非聖人不能也庸用也用其所當用敬其所當敬威其所當威言文王用能敬賢討罪一聽於理而已無與焉故德著於民用始造我

區夏及我一二友邦漸以修治至暨西土之人怙之如父冒之如天明德昭升聞于上帝帝用休美乃大命文王殪滅大殷大受其命萬邦萬民各得其理莫不時叙汝寡德之兄亦勉力不怠故爾小子封得以在此東土也吳氏曰殪戎殷武王之事也此稱文王者武王不敢以爲己之功也。又按東土云者武王克商分紂城朝歌以北爲邶南爲鄘東爲衛意邶鄘爲武庚之封而衛即康叔也漢書言周公善康叔不從管蔡之亂似地相比近之辭然不可攷矣

王曰嗚呼封汝念哉今民將在祗遹乃文考紹聞衣德言往敷求于殷先哲王用保乂民汝丕遠惟商耇成人宅心知訓別求聞由古先哲王用康保民弘于天若德裕乃身不廢在王命此下明德也遹述衣服也今治民將在敬述文考之事繼其所聞而服行文王之德言也往之國也宅心

處心也安汝止之意知訓知所以訓民也由行也曰保乂曰知訓曰康保經緯以成文爾武王既欲康叔祗適文考又欲敷求商先哲王又丕遠惟商耇成人又別聞由古先哲王近述諸今遠稽諸古不一而足以見義理之無盡易曰君子多識前言往行以蓄其德弘者廓而大之也天者理之所從出也康叔博學以聚之集義以生之眞積力久衆理該通此心之天理之所從出者始擴廓而有餘用矣若是則心廣體胖動無違禮斯能不廢在王之命也○呂氏曰康叔歷求聖賢問學至於弘于天德裕身可謂盛矣止能不廢王命才可免過而已此見人臣職分之難盡若欲爲子必須如舜與曾閔方能不廢父命若欲爲臣必須如舜與周公方能不廢君命

王曰嗚呼小子封恫瘝乃身敬哉天畏棐忱民情大可見小人難保往盡乃心無康好逸豫乃其乂民我聞曰怨不在大亦不在小惠不惠

懋不懋恫瘝病也視民之不安如疾痛之在乃身不可不敬之也天命不常雖甚可畏然誠則輔之民情好惡雖大可見而小民至為難保汝往之國所以治之者非他惟盡汝心無自安而好逸豫乃其所以乂民也古人言怨不在大亦不在小惟在順不順懋不懋耳順者順於理懋者懋於行即上文所謂往盡乃心無康好逸豫者已汝惟小子乃服惟弘王應保殷民亦惟助王宅天命作新民服事應和也汝之事惟在廣上德意和保殷民使之不失其所以助王安定天命而作新斯民也此言明德之終也大學言明德亦舉新民終之王曰嗚呼封敬明乃罰人有小罪非眚乃惟終自作不典式爾有厥罪小乃不可不殺乃有大罪非終乃惟眚災適爾既道極厥辜時乃不可殺此下謹罰也式用適偶也人有小罪

非過誤乃其固爲亂常之事用意如此其罪雖小乃不可不殺即舜典所謂刑故無小也人有大罪非是故犯乃其過誤出於不幸偶爾如此既自稱道盡輸其情不敢隱匿罪雖大時乃不可殺即舜典所謂宥過無大也諸葛孔明治蜀服罪輸情者雖重必釋其既道極辜時乃不可殺之意歟

王曰嗚呼封有叙時乃大明服惟民其勑懋和若有疾惟民其畢棄咎若保赤子惟民其康乂有叙者刑罰有次序也明者明其罰服者服其民也左氏曰乃大明服己則不明而殺人以逞不亦難乎勑戒勑也民其戒勑而勉於和順也若有疾者以去疾之心去惡也故民皆棄咎若保赤子者以保子之心保善也故民其安治

非汝封刑人殺人無或刑人殺人非汝封又曰劓刵人無或劓刵人刑殺者天之所以討有罪非汝封得以刑人之殺之也汝無或以己而刑殺之刵截耳

也刑殺刑之大者劓刵刑之小者兼舉小大以申戒之也又曰當在無或刑人殺人之下又按刵周官五刑所無呂刑以爲苗民所制王曰外事汝陳時臬司師茲殷罰有倫外事未詳陳氏曰外事有司之事也臬法也爲準限之義言汝於外事但陳列是法使有司師此殷罰之有敘者用之爾。呂氏曰外事衛國事也史記言康叔爲周司寇司寇王朝之官職任內事故以衛國對言爲外事今按篇中言往敷求往盡乃心篇終曰往哉封皆令其之國之辭而未見其留王朝之意但詳此篇康叔蓋深於法者異時成王或舉以任司寇之職而此則未必然也又曰要囚服念五六日至于旬時丕蔽要囚要囚獄辭之要者也服念服膺而念之旬十日時三月爲因求生道也蔽斷也王曰汝陳時臬事罰蔽殷彝用其義刑義殺勿庸以次汝封乃汝盡遜曰時敘惟曰未有遜事義宜也次次舍之次遜順也申言敷陳是法與事罰斷以殷之常法矣又慮其泥古而不通又謂其刑其殺必察其宜於時者而後用之既又慮其趨時而徇已又謂刑殺不可以就汝封之意既又慮其刑殺雖已當罪而矜喜之心乘之又謂使汝刑殺盡順於義雖曰是有次叙汝當惟謂未有順義之事蓋矜喜之心生乃怠惰之心起刑殺之所由不中也可不戒哉已汝惟小子未其有若汝封之心朕心朕德惟乃知已者語辭之不能已也小子幼小之稱言年雖少而心獨善也爾心之善固朕知之朕心朕德亦惟爾知之將言用罰之事故先發其良心焉凡民自得罪寇攘姦宄殺越人于貨暋不畏死罔弗憝越顚越也盤庚云顚越不恭暋強憝惡也自得罪非爲人誘陷以得罪也凡民自犯罪爲盜賊姦宄殺人顚越人以取財貨強很亡命者人無不憎惡之也用罰而加是人則人無不服以其出乎人之同惡

而非即乎吾之私心也特舉此以明用罰之當罪王曰封元惡大憝矧惟不孝不友子弗祗服厥父事大傷厥考心于父不能字厥子乃疾厥子于弟弗念天顯乃弗克恭厥兄兄亦不念鞠子哀大不友于弟惟弔茲不于我政人得罪天惟與我民彝大泯亂曰乃其速由文王作罰刑茲無赦大憝即上文之罔弗憝言寇攘姦宄固爲大惡而大可惡矣况不孝之人而尤爲可惡者當商之季禮義不明人紀廢壞子不敬事其父大傷父心父不能愛子乃疾惡其子是父子相夷也天顯猶孝經所謂天明尊卑顯然之序也弟不念尊卑之序而不能敬其兄兄亦不念父母鞠養之勞而大不友其弟是兄弟相賊也父子兄弟至於如此苟不於我爲政之人而得罪焉則天之與我民彝必大泯滅而紊

亂矣曰者言如此則汝其速由文王作罰刑此無赦而懲戒之不可緩也不率大戛矧惟外庶子訓人惟厥正人越小臣諸節乃別播敷造民大譽弗念弗庸瘝厥君時乃引惡惟朕憝已汝乃其速由茲義率殺戛法也言民之不率教者固可大寘之法矣況外庶子以訓人為職與庶官之長及小臣之有符節者乃別布條教違道干譽弗念其君弗用其法以病君上是乃長惡於下我之所深惡也臣之不忠如此刑其可已乎汝其速由此義而率以誅戮之可也○按上言民不孝不友則速由文王作罰刑茲無赦此言外庶子正人小臣背上立私則速由茲率殺其曰刑曰殺若用法峻急者蓋殺之臣民化紂之惡父子兄弟之無其親君臣上下之無其義非繩之以法示之以威殺人孰知不孝不義之不可干哉周禮所謂刑亂國用重典者是也然曰速由文王曰速由茲義則其刑其罰亦仁厚而已

矣亦惟君惟長不能厥家人越厥小臣外正惟威惟虐大放王命乃非德用乂君長指康叔而言也康叔而不能齊其家不能訓其臣惟威惟虐大廢棄天子之命乃欲以非德用治是康叔且不能用上命矣亦何以責其臣之瘝厥君也哉汝亦罔不克敬典乃由裕民惟文王之敬忌乃裕民曰我惟有及則予一人以懌汝罔不能敬守國之常法由是而求裕民之道惟文王之敬忌敬則有所不忽忌則有所不敢期裕其民曰我惟有及於文王則予一人以悅懌矣此言謹罰之終也穆王訓刑亦曰敬忌云王曰封爽惟民迪吉康我時其惟殷先哲王德用康乂民作求矧今民罔迪不適不迪則罔政在厥邦此下欲其以德用罰也求等也詩曰世德作求言明思夫民當開導

之以吉康我亦時其惟殷先哲王之德用以安治其民爲等匹於商先王也迪即迪吉康之迪况今民無導之而不從者苟不有以導之則爲無政於國矣迪言德而政言刑也前既嚴之民又嚴之臣又嚴之康叔此則武王之自嚴畏也王曰封予惟不可不監告汝德之說于罰之行今惟民不靜未戾厥心迪屢未同爽惟天其罰殛我我其不怨惟厥罪無在大亦無在多矧曰其尚顯聞于天戾止也又言民不安靜未能止其心之狠疾迪之者雖屢而未能使之上同于治明思天其殛罰我我何敢怨乎惟民之罪不在大亦不在多苟爲有罪即在朕躬況曰今庶羣腥穢之德其尚顯聞于天乎王曰嗚呼封敬哉無作怨勿用非謀非彝蔽時忱丕則敏德用康乃心顧乃德遠乃猷裕乃以

民寧不汝瑕殄此欲其不用罰而用德也歎息言汝敬哉毋作可怨之事勿用非善之謀非常之法惟斷以是誠大法古人之敏德用以安汝之心省汝之德遠汝之謀寬裕不迫以待民之自安若是則不汝瑕疵而棄絕矣

王曰嗚呼肆汝小子封惟命不于常汝念哉無我殄享明乃服命高乃聽用康乂民肆未詳惟命不于常善則得之不善則失之汝其念哉毋我殄絕所享之國也明汝侯國服命高其聽不可卑忽我言用安治爾民也

王若曰往哉封勿替敬典聽朕告汝乃以殷民世享勿廢其所敬之常法聽我所命而服行之乃能以殷民而世享其國也世享對上文殄享爲言

酒誥商受酗酒天下化之妹土商之都邑其染惡尤甚武王以其地封康叔故作書誥教之云今文古文皆有○按吳氏曰酒誥一書本是兩書以其皆為酒而誥故誤合而為一自王若曰明大命于妹邦以下武王誥受故都之書也自王曰封我西土棐徂邦君以下武王誥康叔之書也書之體為一人而作則首稱其人為衆人而作則首稱其衆為一方而作則首稱一方為天下而作則首稱天下君奭書首稱君奭君陳書首稱君陳為一人而作也甘誓首稱六事之人湯誓首稱格汝衆此為衆人而作也湯誥首稱萬方有衆大誥首稱大誥多方此為天下而作也多方書為四國而作則首稱四國多士書為多士而作則首稱多士今酒誥為妹邦而作故首言明大命于妹邦其自為一書無疑按吳氏分篇引證固為明甚但既謂專誥毖妹邦不應有乃穆考文王之語意

酒誥專爲妹邦而作而妹邦在康叔封圻之内則明大命之責康叔實任之故篇首專以妹邦爲稱至中篇始名康叔以致誥其曰尚克用文王教者亦申言首章文王誥毖之意其事則主於妹邦其書則付之康叔雖若二篇而實爲一書雖若二事而實相首尾反復參究蓋自爲書之一體也

王若曰明大命于妹邦妹邦即詩所謂沬鄉篇首稱妹邦者誥命專爲妹邦發也乃穆考文王肇國在西土厥誥毖庶邦庶士越少正御事朝夕曰祀茲酒惟天降命肇我民惟元祀穆敬也詩曰穆穆文王是也上篇言文王明德則曰顯考此篇言文王誥毖則曰穆考言各有當也或曰文王世次爲穆亦通毖戒謹也少正官之副貳也文王朝夕勑戒之曰惟祭祀則用此酒天始令民作酒者爲大祭祀而已西土庶邦遠去商邑文王誥毖亦

諄諄以酒爲戒則商邑可知矣文王爲西伯故得誥毖庶邦云天降威我民用大亂喪德亦罔非酒惟行越小大邦用喪亦罔非酒惟辜酒之禍人也而以爲天降威者禍亂之成是亦天爾箕子言受酗酒亦曰天毒降災正此意也民之喪德君之喪邦皆由於酒喪德故言行喪邦故言辜文王誥教小子有正有事無彝酒越庶國飲惟祀德將無醉小子少子之稱以其血氣未定尤易縱酒喪德故文王專誥教之有正有官守者有事有職業者無毋同彝常也毋常於酒其飲惟於祭祀之時然亦必以德將之毋至於醉也惟曰我民迪小子惟土物愛厥心臧聰聽祖考之彝訓越小大德小子惟一文王言我民亦當訓導其子孫惟土物之愛勤稼穡服田畝無外慕則心之所守者正而善日生爲子孫者亦當聰聽其祖父之常

訓不可以謹酒爲小德小德大德小子爲一視之可也妹土嗣爾股肱純其藝黍稷奔走事厥考厥長肇牽車牛遠服賈用孝養厥父母厥父母慶自洗腆致用酒此武王教妹土之民也嗣續純大肇敏服事也言妹土民當嗣續汝四肢之力無有怠惰大修農功服勞田畝奔走以事其父兄或敏於貿易牽車牛遠事賈以孝養其父母父母喜慶然後可自洗腆致用酒洗以致其絜腆以致其厚也薛氏曰或大修農功或遠服商賈以養父母父母慶則汝可以用酒也庶士有正越庶伯君子其爾典聽朕教爾大克羞耇惟君爾乃飲食醉飽丕惟曰爾克永觀省作稽中德爾尚克羞饋祀爾乃自介用逸茲乃允惟王正事之臣茲亦惟天若元德永

不忘在王家此武王教妹土之臣也伯長也曰君子者賢之也典常也羞養也言其大能養老也惟君未詳丕惟曰者大言也介助也用逸者用以宴樂也言爾能常常反觀内省使念慮之發營爲之際悉稽乎中正之德而無過不及之差則德全於身而可以交於神明矣如是則庶幾能進饋祀爾亦可自副而用宴樂也如此則信爲王治事之臣如此亦惟天順元德而永不忘在王家矣按上文父母慶則可飲酒克羞耇則可飲酒羞饋祀則可飲酒本欲禁絶其飲今乃反開其端者不禁之禁也聖人之教不迫而民從者此也孝養羞耇饋祀皆因其良心之發而利導之人果能盡此三者且爲成德之士矣而何憂其湎酒也哉王曰封我西土棐徂邦君御事小子尚克用文王教不腆于酒故我至于今克受殷之命徂往也棐輔佐文王往日之邦君御事小子也言文王毖酒之教其大如此王曰封我聞惟曰在

昔殷先哲王迪畏天顯小民經德秉哲自成湯咸至于帝乙成王畏相惟御事厥棐有恭不敢自暇自逸矧曰其敢崇飲（以商君臣之不暇逸者告康叔也殷先哲王湯也迪畏者畏之而見於行也畏天之明命畏小民之難保經其德而不變所以勑己也秉其哲而不惑所以用人也湯之垂統如此故自湯至于帝乙賢聖之君六七作雖世代不同而皆能成就君德敬畏輔相故當時御事大臣亦皆盡忠輔翼而有責難之恭自暇自逸猶且不敢況曰其敢尚飲乎）越在外服侯甸男衛邦伯越在內服百僚庶尹惟亞惟服宗工越百姓里居罔敢湎于酒不惟不敢亦不暇惟助成王德顯越尹人祗辟（自御事而下在外服則有侯甸男衛諸侯與其長伯在內服則有百僚庶尹惟亞惟

服宗工國中百姓與夫里居者亦皆不敢沈湎于酒不惟不敢亦不暇不敢者有所畏不暇者有所勉惟欲上以助成君德而使之昭著下以助尹人祗辟而使之益不怠耳成王顧上文成王而言祗辟顧上文有恭而言呂氏曰尹人者百官諸侯之長也指上文御事而言我聞亦惟曰在今後嗣王酣身厥命罔顯于民祗保越怨不易誕惟厥縱淫泆于非彝用燕喪威儀民罔不衋傷心惟荒腆于酒不惟自息乃逸厥心疾很不克畏死辜在商邑越殷國滅無罹弗惟德馨香祀登聞于天誕惟民怨庶羣自酒腥聞在上故天降喪于殷罔愛于殷惟逸天非虐惟民自速辜以商受荒腆于酒者告康叔也後嗣王受也受沈酣其身昏迷於政

命令不著於民其所祗保者惟在於作怨之事不肯悛改大惟縱淫泆于非彝泰誓所謂奇技淫巧也燕安也用安逸而喪其威儀史記女爲酒池肉林使男女裸而相逐其威儀之喪如此此民所以無不痛傷其心悼國之將亡也而受方且荒怠益厚于酒不思自息其逸力行無度其心疾很雖殺身而不畏也辜萃商邑雖滅國而不憂也弗事上帝無馨香之德以格天大惟民怨惟羣酗腥穢之德以聞于上故上天降喪于殷無有眷愛之意者亦惟受縱逸故也天豈虐殷惟殷人酗酒自速其辜爾曰民者猶曰先民君臣之通稱也

王曰封予不惟若茲多誥古人有言曰人無於水監當於民監今惟殷墜厥命我其可不大監撫于時

我不惟如此多言所以言湯言受如此其詳者古人謂人無於水監水能見人之妍醜而已當於民監則其得失可知今殷民自速辜既墜厥命矣我其可不以殷民之失爲大監戒以撫安斯時乎

予惟曰汝劼毖殷獻臣侯甸男衛矧太史友內史友越獻臣百宗工矧惟爾事服休服采矧惟若疇圻父薄違農父若保宏父定辟矧汝剛制于酒

劼用力也汝當用力戒謹殷之賢臣與鄰國之侯甸男衛使之不湎于酒也毖殷獻臣侯甸男衛與文王毖庶邦庶士同義殷之賢臣諸侯固欲知所謹矣況太史掌六典八法八則內史掌八柄之法汝之所友者及其賢臣百寮大臣可不謹於酒乎太史內史獻臣百宗工固欲知所謹矣況爾之所事服休坐而論道之臣服采起而作事之臣可不謹於酒乎曰友曰事者國君有所友有所事也然盛德有不可友者故孟子曰古之人曰事之云乎豈曰友之云乎服休服采固欲知所謹矣況爾之疇匹而位三卿者若圻父迫逐違命者乎若農父之順保萬民者乎若宏父之制其經界以定法者乎皆不可不謹于酒也圻父政官司馬也主封圻農

父教官司徒也主農宏父事官司空也主廓地居民謂之父者尊之也先言圻父者制殷人湎酒以政為急也圻父農父宏父固欲知所謹矣況汝之身所以為一國之視傚者可不謹於酒乎故曰剛汝剛制于酒剛制亦劼毖之意剛果用力以制之也此章自遠而近自卑而尊等而上之則欲其自康叔之身始以是為治孰能禦之而況毖於酒德也哉

厥或誥曰羣飲汝勿佚盡執拘以歸于周予其殺羣飲者商民羣聚而飲為姦惡者也佚失也其者未定辭也蘇氏曰予其殺者未必殺也猶今法曰當斬者皆具獄以待命不必死也然必立法者欲人畏而不敢犯也羣飲蓋亦當時之法有羣聚飲酒謀為大姦者其詳不可得而聞矣如今之法有曰夜聚曉散者皆死罪蓋聚而為妖逆者也使後世不知其詳而徒聞其名凡民夜相過者輒殺之可乎

又惟殷之迪諸臣惟工乃湎于酒勿庸殺之姑惟教之殷受導迪為惡之諸

臣百工雖湎于酒未能遽革而非羣聚爲姦惡者無庸殺之且惟教之有斯明享

乃不用我教辭惟我一人弗恤弗蠲乃事時同于殺有者不忘之也斯此也指教辭而言享上享下之享言殺諸臣百工不忘教辭不湎于酒我則明享之其不用我教辭惟我一人不恤於汝弗潔汝事時則同汝于羣飲誅殺之罪矣

王曰封汝典聽朕毖勿辯乃司民湎于酒辯治也乃司有司也即上文諸臣百工之類言康叔不治其諸臣百工之偭酒則民之偭酒者不可禁矣

梓材

亦武王誥康叔之書諭以治國之
理欲其通上下之情寬刑辟之用
而篇中有梓材二字比稽田作室爲雅
故以爲簡編之別非有它義也今文古
文皆有。按此篇文多不類自今王惟
曰以下若人臣進戒之辭以書例推之
曰今王惟曰者猶洛誥之今王即命曰
也肆王惟德用者猶召誥之肆惟王其
疾敬德王其德之用也已若茲監者猶
無逸嗣王其監于茲也惟王子子孫孫
永保民者猶召誥惟王受命無疆惟休
也反覆參考與周公召公進戒之言若
出一口意者此篇得於簡編斷爛之中
文既不全而進戒爛簡有用明德之語
編書者以與罔厲殺人等意合又武王
之誥有曰王曰監云者而進戒之書亦
有曰王曰監云者遂以爲文意相屬編
次其後而不知前之所謂王者指先王
而言非若今王之爲自稱也後之所謂
監者乃監視之監而非啓監之監也其

非命康叔之書亦明矣讀書者優游涵泳沈潛反覆繹其文義審其語脉一篇之中前則尊諭卑之辭後則臣告君之語蓋有不可得而強合者矣

王曰封以厥庶民暨厥臣達大家以厥臣達王惟邦君大家巨室也孟子曰爲政不難不得罪於巨室孔氏曰卿大夫及都家也以厥庶民暨厥臣達大家則下之情無不通矣以厥臣達王則上之情無不通矣王言臣而不言民者率土之濱莫非王臣也邦君上有天子下有大家能通上下之情而使之無間者惟邦君也

汝若恒越曰我有師師司徒司馬司空尹旅曰予罔厲殺人亦厥君先敬勞肆徂厥敬勞肆往姦宄殺人歷人宥肆亦見厥君事戕敗人宥恒常也師師以官師爲師也尹正官之長旅衆大夫也敬勞恭敬勞來也徂往也歷人者罪人所過

律所謂知情藏匿貲給也戕敗者毀傷四肢面目漢律所謂疻也此章文多未詳王啓監厥亂爲民曰無胥戕無胥虐至于敬寡至于屬婦合由以容王其效邦君越御事厥命曷以引養引恬自古王若茲監罔攸辟監三監之監康叔所封亦受畿内之民當時亦謂之監故武王以先王啓監意而告之也言王者所以開置監國者其治本爲民而已其命監之辭蓋曰無相與戕殺其民無相與虐害其民人之寡弱者則哀敬之使不失其所婦之窮獨者則聯屬之使有所歸保合其民率由是而容蓄之也且王所以責效邦君御事者其命何以哉亦惟欲其引掖斯民於生養安全之地而已自古王者之命監若此汝今爲監其無所用乎刑辟以戕虐人可也惟曰若稽田既勤敷菑惟其陳修爲厥疆畎若作室家既勤垣墉惟其塗

塈茨若作梓材既勤樸斲惟其塗丹雘稽治也敷菑廣去草棘也疆畔也畎通水渠也塗塈泥飾也茨蓋也梓良材可爲器者雘采色之名敷菑以喻除惡垣墉以喻立國樸斲以喻制度武王之所已爲也疆畎塈茨丹雘則望康叔以成終云爾

今王惟曰先王既勤用明德懷爲夾庶邦享作兄弟方來亦既用明德后式典集庶邦丕享先王文王武王也夾近也懷遠爲近也兄弟言友愛也泰誓曰友邦冢君方來者方方而來也既盡也先王盡勤用明德而懷來于上諸侯亦盡用明德而視效於下也后後王也式用也典舊典也集和輯也此章以後若臣下進戒之辭疑簡脫誤於此

皇天既付中國民越厥疆土于先王越及也皇天既付中國民及其疆土于先王也肆王惟德用和懌先後迷民用懌先王受命肆今也德用用

明德也和懌和悅之也先後勞來之也迷民迷惑染惡之民也命天命也用慰悅先王之克受天命者也已若茲監惟曰欲至于萬年惟王子子孫孫永保民已語辭監視也非人臣祈君永命之辭也按梓材有自古王若茲監罔攸辟之言而編書者誤以監爲句讀而爛簡適有已若茲監之語以爲語意相類合爲一篇而不知其句讀之本不同文義之本不類也孔氏依阿其說於篇意無所發明王氏謂成王自言必稱王者以覲禮考之天子以正遏諸侯則稱王亦強釋難通獨吳氏以爲誤簡者爲得之但謂王啓監以下即非武王之誥則未必然也

朱文公訂正門人蔡九峯書集傳卷之四

淳祐庚戌季秋金華後學呂遇龍

校正刊于上饒郡學之極高明

朱文公訂正門人蔡九峯書集傳卷之五

召誥　左傳曰武王克商遷九鼎于洛邑、史記載武王言我南望三途北望嶽鄙顧詹有河粤詹洛伊毋遠天室營周居于洛邑而後去則宅洛者武王之志周公成王成之召公實先經理之洛邑既成成王始政召公因周公之歸作書致告達之於王其書拳拳於歷年之久近反復乎夏商之廢興究其歸則以誠小民爲祈天命之本以疾敬德爲誠小民之本一篇之中屢致意焉古之大臣其爲國家長遠慮蓋如此以召公之書因以召誥名篇今文古文皆有

惟二月既望越六日乙未王朝步自周則至于豐　一日月相望謂之望既望十六日也乙未二十一日也周鎬京也去豐二十五里文武廟在焉成王至豐以宅洛之事告廟也　惟太保先周公相宅越若來、

三月惟丙午朏越三日戊申太保朝至于洛卜宅厥既得卜則經營成王在豐使召公先周公行相視洛邑越若來古語辭言召公於豐迤邐而來也朏孟康曰月出也三日明生之名戊申三月五日也卜宅者用龜卜宅都之地既得吉卜則經營規度其城郭宗廟郊社朝市之位越三日庚戌太保乃以庶殷攻位于洛汭越五日甲寅位成庶殷殷之衆庶也用庶殷者意是時殷民已遷于洛故就役之也位成者左祖右社前朝後市之位成也若翼日乙卯周公朝至于洛則達觀于新邑營周公至則徧觀新邑所經營之位越三日丁巳用牲于郊牛二越翼日戊午乃社于新邑牛一羊一豕一郊祭天地也故用二牛社祭用太牢禮也皆告以營洛之事越七日甲子周

公乃朝用書命庶殷侯甸男邦伯書役書也春秋傳曰士彌年營成周計丈數揣高低度厚薄仞溝洫物土方議遠邇量事期計徒庸慮材用書糇糧以令役於諸侯亦此意王氏曰邦伯者侯甸男服之邦伯也庶邦冢君咸在而獨命邦伯者公以書命邦伯而邦伯以公命命諸侯也厥既命殷庶庶殷丕作丕作者言皆趨事赴功也殷之頑民若未易役使者然召公率以攻位而位成周公用以書命而丕作殷民之難化者猶且如此則其悅以使民可知也太保乃以庶邦冢君出取幣乃復入錫周公曰拜手稽首旅王若公誥告庶殷越自乃御事呂氏曰洛邑事畢周公將歸宗周召公因陳戒成王乃取諸侯贄見幣物以與周公且言其拜手稽首所以陳王及公之意蓋召公雖與周公言乃欲周公聯諸侯之幣與召公之誥併達之王謂洛邑已定欲誥告殷民其根本乃自爾御事不

敢指言成王謂之御事猶今稱人爲執事也嗚呼皇天上帝改厥元子茲大國殷之命惟王受命無疆惟休亦無疆惟恤嗚呼曷其柰何弗敬此下皆告成王之辭託周公達之王也曷何也其語辭商受嗣天位爲元子矣元子不可改而天改之大國未易亡而天亡之皇天上帝其命之不可恃如此今王受命固有無窮之美然亦有無窮之憂於是歎息言王曷其柰何弗敬乎蓋深言不可以弗敬也又按此篇專主敬言敬則誠實無妄視聽言動一循乎理好惡用捨不違乎天與天同德固能受天明命也人君保有天命其有要於此哉伊尹亦言皇天無親克敬惟親敬則天與我一矣尚何疏之有天既遐終大邦殷之命茲殷多先哲王在天越厥後王後民茲服厥命厥終智藏瘝在夫知保抱攜持厥婦子以哀籲天

徂厥亡出執嗚呼天亦哀于四方民其眷命用懋王其疾敬德後王後民指受也此章語多難解大意謂天既欲遠絕大邦殷之命矣而此殷先哲王其精爽在天宜若可恃者而商紂受命卒致賢智者退藏病民者在位民困虐政保抱攜持其妻子哀號呼天往而逃亡出見拘執無地自容故天亦哀民而眷命用歸於勉德者天命不常如此今王其可不疾敬德乎

相古先民有夏天迪從子保面稽天若今時既墜厥命今相有殷天迪格保面稽天若今時既墜厥命從子保者從其子而保之謂禹傳之子也面鄉也視古先民有夏天固啓迪之又從其子而保佑之禹亦面考天心敬順無違宜若可爲後世憑藉者今時已墜厥命矣今視有殷天固啓迪之又使其格正夏命而保佑之湯亦面考天心敬順無違宜亦可爲後世憑藉者今時已墜厥命矣以此知天命誠不可啓

恃以爲安也今冲子嗣則無遺壽耇曰其稽我古人之德矧曰其有能稽謀自天稽考矧況也幼冲之主於老成之臣尤易踈遠故召公言今王以童子嗣位不可遺棄老成言其能稽古人之德是固不可遺也況言其能稽謀自天是尤不可遺也稽古人之德則於事有所證稽謀自天則於理無所遺無遺壽耇蓋君天下者之要務故召公特首言之嗚呼有王雖小元子哉其丕能諴于小民今休王不敢後用顧畏于民碞召公嘆息言王雖幼冲乃天之元子哉謂其年雖小其任則大也其者期之辭也諴和碞險也王其大能諴和小民爲今之休美乎小民雖至微而至爲可畏王當不敢緩於敬德用顧畏于民之碞險可也王來紹上帝自服于土中旦曰其作大邑其自時配皇天毖祀于上下其自時中乂

王厥有成命治民今休洛邑天地之中故謂之土中王來洛邑繼天出治當自服行於土中是時洛邑告成成王始政故召公以自服土中爲言又舉周公嘗言作此大邑自是可以對越上天可以饗答神祇自是可以宅中圖治成命者天之成命也成王而能紹上帝服土中則庶幾天有成命治民今即休美矣。王氏曰成王欲宅洛邑者以天事言則日東景朝多陽日西景夕多陰日南景短多暑日北景長多寒洛天地之中風雨之所會陰陽之所和也以人事言則四方朝聘貢賦道里均焉故謂之土中

王先服殷御事比介于我有周御事節性惟日其邁言治民當先服乎臣也王先服殷之御事以親近副貳我周之御事使其漸染陶成相觀爲善以節其驕淫之性則日進於善而不已矣

王敬作所不可不敬德言化臣必謹乎身也所處所也猶所其無逸之所王能以敬爲所則動靜語默出入起居無往而不居敬矣不可不敬德

者甚言德之不可不敬也我不可不監于有夏亦不可不監于有殷我不敢知曰有夏服天命惟有歷年我不敢知曰不其延惟不敬厥德乃早墜厥命我不敢知曰有殷受天命惟有歷年我不敢知曰不其延惟不敬厥德乃早墜厥命夏商歷年長短所不敢知我所知者惟不敬厥德即墜其命也與上章相古先民之意相爲出入但上章主言天眷之不足恃此則直言不敬德則墜厥命爾今王嗣受厥命我亦惟茲二國命嗣若功王乃初服今王繼受天命我謂亦惟此夏商之命當嗣其有功者謂繼其能敬德而歷年者也況王乃新邑初政服行教化之始乎嗚呼若生子罔不在厥初生自貽哲命今天其命哲命吉

凶命歷年知今我初服歎息言王之初服若生子無不在於初生習爲善則善矣自貽其哲命爲政之道亦猶是也今天其命王以哲乎命以吉凶乎命以歷年乎皆不可知所可知者今我初服如何爾初服而敬德則亦自貽哲命而吉與歷年矣宅新邑肆惟王其疾敬德王其德之用祈天永命宅新邑所謂初服也王其疾敬德容可緩乎王其德之用而祈天以歷年也其惟王勿以小民淫用非彝亦敢殄戮用乂民若有功刑者德之反疾於敬德則當緩於用刑勿以小民過用非法之故亦敢於殄戮用治之也惟順導民則可有功民猶水也水泛濫横流失其性矣然壅而遏之則害愈甚惟順而導之則可以成功其惟王位在德元小民乃惟刑用于天下越王顯元首也居天下之上必有首天下之德王位在德元則小民皆儀刑用德于下於王之德

益以顯矣上下勤恤其曰我受天命丕若有夏歷年
式勿替有殷歷年欲王以小民受天永命其亦期之
辭也君臣勤勞期曰我受天命大如有夏歷年用勿替有殷歷年欲兼夏商歷年之永也召公
又繼以欲王以小民受天永命蓋以小民者勤恤之實受天永命者歷年之實也蘇氏曰君臣
一心以勤恤民庶幾王受命歷年如夏商且以民心爲天命也拜手稽首曰予
小臣敢以王之讎民百君子越友民保受王威
命明德王末有成命王亦顯我非敢勤惟恭奉
幣用供王能祈天永命讎民殷之頑民與三監叛者百君子殷之御事
庶士也友民周之友順民也保者保而不失受者受而無拒威命明德者德威德明也末終也
召公於篇終致敬言予小臣敢以殷周臣民保受王威命明德王當終有天之成命以顯于後

丗我非敢以此爲勤惟恭奉幣帛用供王能祈天永命而已蓋奉幣之禮臣職之所當恭而祈天之實則在王之所自盡也又按恭奉幣意即上文取幣以錫周公而旅王者蓋當時成王將舉新邑之祀故召公奉以助祭云

洛誥洛邑既定周公遣使告卜史氏錄之以爲洛誥又并記其君臣答問及成王命周公留治洛之事今文古文皆有○按周公拜手稽首以下周公授使者告卜之辭也王拜手稽首以下成王授使者復公之辭也王肇稱殷禮以下周公教成王宅洛之事也公明保予冲子以下成王命公留後治洛之事也王命予來以下周公許成王留洛君臣各盡其責難之辭也伻來以下成王錫命毖殷命寧之事也戊辰以下史又記其祭祀冊誥等事及周公居洛歲月久近以附之以見周公作洛之始終而成王舉祀發政之後即歸于周而未嘗都洛也

周公拜手稽首曰朕復子明辟此下周公授使者告卜之辭也拜手稽首者史記周公遣使之禮也復如逆復之復成王命周公往營成周周公得卜復命于

王也謂成王爲子者親之也謂成王爲明辟者尊之也周公相成王尊則君親則兄之子也明辟者明君之謂先儒謂成王幼周公代王爲辟至是反政成王故曰復子明辟夫有失然後有復武王崩成王立未嘗一日不居君位何復之有哉蔡仲之命言周公位冢宰正百工則周公以冢宰總百工而已豈不彰彰明甚矣乎王莽居攝幾傾漢鼎皆儒者有以啓之是不可以不辨○蘇氏曰此上有脱簡在康誥自惟三月哉生魄至洪大誥治四十八字

王如弗敢及天基命定命予乃胤保大相東土其基作民明辟

凡有造基之而後成成之而後定基命所以成始也定命所以成終也言成王幼冲退託如不敢及知天之基命定命予乃繼太保而往大相洛邑其庶幾爲王始作民明辟之地也洛邑在鎬京東故曰東土

予惟乙卯朝至于洛師我卜河朔黎水我乃卜澗水東瀍水西惟洛食我又

卜瀍水東亦惟洛食伻來以圖及獻卜乙卯即召誥之乙卯也洛師猶言京師也河朔黎水交流之内也澗水東瀍水西王城也朝會之地瀍水東下都也處商民之地王城在澗瀍之間下都在瀍水之外其地皆近洛水故兩云惟洛食也食者史先定墨而灼龜之兆正食其墨也伻使也圖洛之地圖也獻卜獻其卜之兆辭也

王拜手稽首曰公不敢不敬天之休來相宅其作周匹休公既定宅伻來來視予卜休恒吉我二人共貞公其以予萬億年敬天之休拜手稽首誨言此王授使者復公之辭也王拜手稽首者成王尊異周公而重其禮也匹配也公不敢不敬天之休命來相宅為周匹休之地言卜洛以配周命於無窮也視示也示我以卜之休美而常吉者也二人成王周公也貞猶當也十萬曰億言周公宅洛規模宏遠以我萬億

年敬天休命故又拜手稽首以謝周公告卜之誨言周公曰王肇稱殷禮祀于新邑咸秩無文此下周公告成王宅洛之事也殷盛也與五年再殷祭之殷同秩序也無文祀典不載也言王始舉盛禮祀于洛邑皆序其所當祭者雖祀典不載而義當祀者亦序而祭之也呂氏曰定都之初肇舉盛禮大饗羣祀雖祀典不載者咸秩序而祭之有告焉有報焉有祈焉始建新都昭假上下告成事也兩暘時若大役以成報神賜也自今以始永奠中土祈鴻休也後世不知祭祀之義鬼神之德觀周公首以祀于新邑爲言若闊於事情者抑不知人主臨鎮新都之始齊祓一心對越天地達此精明之德放諸四海無所不準而助祭諸侯下逮胞翟之賤亦皆有孚顒若收其放而合其離蓋格君心萃天下之道莫要於此宜周公以爲首務也予齊百工伻從王于周予惟曰庶有事周公言予整齊百官使從成王于周謂將適洛時也予惟謂之曰庶幾其有所事乎

公但微示其意以待成王自教詔之也

今王即命曰記功宗以功作元祀惟命曰汝受命篤弼

功宗功之尊顯者祭法曰聖王之制祭祀也法施於民則祀之以死勤事則祀之以勞定國則祀之能禦大災則祀之能捍大患則祀之蓋功臣皆祭於大烝而勳勞之最尊顯者則爲之冠故謂之元祀周公發成王即命曰記功之尊顯者以功作元祀矣又惟命之曰汝功臣受此褒賞之命當益厚輔王室蓋作元祀既以慰答功臣而又勉其左右王室益圖久大之業也

丕視功載乃汝其悉自教工

丕大視示也功載者記功之載籍也大示功載而無不公則百工效之亦皆公也大示功載而或出於私則百工效之亦皆私也其公其私悉自汝教之所謂乃汝其悉自教工也上章告以褒賞功臣故戒其大示功載者如此

孺子其朋孺子其朋其往無若火始燄燄厥攸灼敘弗其絶

孺子稚子

也朋比也上文百工之視傚如此則論功行賞孺子其可少徇比黨之私乎孺子其少徇比黨之私則自是而往有若火然始雖燄燄尚微而其灼爍將次第延爇不可得而撲滅矣言論功行賞徇私之害其初甚微其終至於不可遏絕所以嚴其辭而禁之於未然也厥若彝及撫事如予惟以在周工往新邑伻嚮即有僚明作有功惇大成裕汝永有辭其順常道及撫國事常如我爲政之時惟用見在周官勿參以私人往新邑使百工知上意嚮各就有僚明白奮揚而赴功惇厚博大以裕俗俗則王之休聞亦永有辭于後世矣公曰已汝惟沖子惟終周之王業文武始之成王當終之也此上詳於記功教工內治之事此下則統御諸侯教養萬民之道也汝其敬識百辟享亦識其有不享享多儀儀不及物惟曰不享惟不役志于享凡民惟

曰不享惟事其爽侮此御諸侯之道也百辟諸侯也享朝享也儀禮物幣也諸侯享上有誠有僞惟人君克敬者能識之識其誠於享者亦識其不誠於享者享不在幣而在於禮幣有餘而禮不足亦所謂不享也諸侯惟不用志於享則國人化之亦皆謂上不必享矣舉國無享上之誠則政事安得不至於差爽僭侮蹪王度而爲叛亂哉人君可不以敬存心辨之於早察之於微乎乃惟孺子須朕不暇聽朕教汝于棐民彝汝乃是不蘉乃時惟不永哉篤叙乃正父罔不若予不敢廢乃命汝往敬哉兹予其明農哉彼裕我民無遠用來此教養萬民之道也須朕不暇未詳或曰成王當須布我汲汲不暇者聽我教汝所以輔民常性之道汝於是而不勉焉則民彝泯亂而非所以長父之道矣正父武王也猶今稱先正云者篤者篤厚而不忘叙者先後之不紊言篤

叙武王之道無不如我則人不敢廢汝之命矣吕氏曰武王没周公如武王故天下不廢周公之命周公去成王如周公則天下不廢成王之命矣至也王往洛邑其敬之哉我其退休田野惟明農事蓋公有歸老之志矣彼謂洛邑也王於洛邑和裕其民則民將無遠而至焉

王若曰公明保予冲子公稱丕顯德以予小子揚文武烈奉荅天命和恒四方民居師此下成王荅周公及留公也大抵與上章參錯相應明顯明之也保保佑之也稱舉也和者使不乖也恒者使可久也居師者宅其衆也言周公明保成王舉大明德使其上之不忝於文武仰不愧天俯不怍人也惇宗將禮稱秩元祀咸秩無文宗功宗之宗也下文宗禮同將大也惟公德明光于上下勤施于四方旁作穆穆迓衡不迷文武勤教予冲子夙夜毖祀旁無方所

也因上下四方爲言穆穆和敬也迓迎也言周公之德昭著於上下勤施於四方旁作穆穆以迓治平不迷失文武所勤之教於天下公之德教加於時者如此予冲子夫何爲哉惟蚤夜以謹祭祀而已蓋成王知周公有退休之志故示其所以留之之意也

王曰公功棐迪篤罔不若時

言周公之功所以輔我啓我者厚矣當常如是未可以言去也

王曰公予小子其退即辟于周命公後

此下成王留周公治洛也成王言我退即居于周命公留後治洛蓋洛邑之作周公本欲成王遷都以宅天下之中而成王之意則未欲捨鎬京而廢祖宗之舊故於洛邑舉祀發政之後即欲歸居于周而留周公治洛謂之後者先成王之辭猶後世留守留後之義先儒謂封伯禽以爲魯後者非是考之費誓東郊不開乃在周公東征之時則伯禽就國蓋已久矣下文惟告周公其後其字之義益可見其爲周公不爲伯禽也

四方迪亂未定于宗禮亦未

克救公功宗禮即功宗之禮也亂治也四方開啓治公之功也未定功宗之禮故未能救公功也救功者安定其功之謂即下文命寧者也迪將其後監我士師工誕保文武受民亂爲四輔將大也周公居洛啓大其後使我士師工有所監視大保文武所受於天之民而治爲宗周之四輔也漢三輔蓋本諸此今按先言啓大其後而繼以亂爲四輔則命周公留後於洛明矣王曰公定予往已公功肅將祗歡公無困哉我惟無斁其康事公勿替刑四方其世享定爾雅曰止也成王欲周公止洛而自歸往宗周言周公之功人皆肅而將之欽而悅之宜鎮撫洛邑以慰懌人心毋求去以困我也我惟無厭其安民之事公勿替所以監我士師工者四方得以世世享公之德也吳氏曰前漢書兩引公無困哉皆以哉作我當以我爲正周公拜手稽首曰王命予來承

保乃文祖受命民越乃光烈考武王弘朕恭此下周公許成王留等事也來者來洛邑也承保乃文祖受命民及光烈考武王者答誕保文武受民之言也責難於君謂之恭弘朕恭者大其責難之義也孺子來相宅其大惇典殷獻民亂爲四方新辟作周恭先曰其自時中乂萬邦咸休惟王有成績典典章也殷獻民殷之賢者也言當大厚其典章及殷之獻民蓋文獻者爲治之大要也亂治也言成王於新邑致治爲四方新主也作周恭先者人君恭以接下以恭而倡後王也公又言其自是宅中圖治萬邦咸底休美則王其有成績矣此周公以治洛之效望之成王也予旦以多子越御事篤前人成烈答其師作周孚先考朕昭子刑乃單文祖德多子者衆卿大夫也唐孔氏曰子者有德之稱大夫皆稱子師衆也

周公言我以衆卿大夫及治事之臣篤厚文武成功以荅天下之衆也孚信也作周孚先者人臣信以事上以信而倡後人也考成也昭子猶所謂明辟也親之故曰子刑儀刑也單殫也言成我明子儀刑而殫盡文王之德蓋周公與羣臣篤前人成烈者所以成成王之刑乃單文祖德也此周公以治洛之事自效也

伻來毖殷乃命寧予絶句以秬鬯二卣曰明禋拜手稽首休享此謹毖殷民而命寧周公也秬黑黍也一秠二米和氣所生鬯鬱金香草也卣中尊也明潔禋敬也以事神之禮事公也蘇氏曰以黑黍爲酒合以鬱鬯所以祼也宗廟之禮莫盛於祼王使人來戒敕庶殷且以秬鬯二卣綏寧周公曰明禋曰休享者何也事周公如事神明也古者有大賓客以享禮禮之酒清人渴而不飲肉乾人飢而不食也故享有體薦豈非敬之至者則其禮如祭也歟

予不敢宿則禋于文王武王宿與顧命三宿之宿同禋祭名周公不敢受此禮而

祭於文武也惠篤敘無有遘自疾萬年厭于乃德殷乃引考此祭之祝辭周公爲成王禱也惠順也篤敘與篤敘乃正父同順篤敘文武之道身其康強無有遘遇自懼疾害者子孫萬年厭飽乃德殷人亦永壽考也王伻殷乃承敘萬年其永觀朕子懷德承聽受也敘教條次第也王使殷人承敘萬年其永觀法我孺子而懷其德也蓋周公雖許成王留洛然且謂王伻殷者若曰遷洛之民我固任之至於使其承敘萬年則實繫于王也亦責難之意與召誥末用供王能祈天命語脉相類

戊辰王在新邑烝祭歲文王騂牛一武王騂牛一王命作冊逸祝冊惟告周公其後王賓殺禋咸格王入太室祼此下史官記祭祀冊誥等事以附篇末也戊辰十二月之戊辰日也是日成王在洛舉烝祭之禮曰歲云者歲舉之祭也周尚赤故用騂

宗廟禮太牢此用特牛者命周公留後於洛故舉盛禮也逸史佚也作冊者冊書也逸祝冊者史逸爲祝冊以告神也惟告周公其後者祝冊所載更不他及惟告周公留守其後之意重其事也王賓猶賔賓杞宋之屬助祭諸侯也諸侯以王殺牲禋祭祖廟故咸至也太室清廟中央室也祼灌也以圭瓚酌秬鬯灌地以降神也**王命周公後作冊逸誥**逸誥者史逸誥周公治洛留後也**在十有二月**在十有二月者明戊辰爲十二月日也**惟周公誕保文武受命惟七年**吳氏曰周公自留洛之後凡七年而薨也成王之留公也言誕保文武受民公之復成王也亦言承保乃文祖受命民越乃光烈考武王故史臣於其終計其年曰惟周公誕保文武受命惟七年蓋終始公之辭云

多士

商民遷洛者亦有有位之士故周公洛邑初政以王命總呼多士而告之編書者因以名篇亦誥體也今文古文皆有○吳氏曰方遷商民于洛之時成周未作其後王與周公患四方之遠鑒三監之叛於是始作洛邑欲徙周而居之其曰昔朕來自奄大降爾四國民命我乃明致天罰移爾遐逖比事臣我宗多遜者述遷民之初也曰今朕作大邑于茲洛予惟四方罔攸賓亦惟爾多士攸服奔走臣我多遜者言遷民而後作洛也故洛誥一篇終始皆無欲遷商民之意惟周公既誥成王留治于洛之後乃曰伻來毖殷又曰王伻殷乃承敘當時商民已遷于洛故其言如此愚謂武王已有都洛之志故周公黜殷之後以殷民反覆難制即遷于洛至是建成周造廬舍定疆場乃告命與之更始焉爾此多士之所以作也由是而推則召誥攻位之庶殷其已遷洛之民歟不

然則受都今衛州也洛邑今西京也相去四百餘里召公安得咎近之友民而役遠之鯡民哉書序以爲成周既成遷殷頑民者謬矣吾固以爲非孔子所作也

惟三月周公初于新邑洛用告商王士此多士之本序也三月成王祀洛次年之三月也周公至洛久矣此言初者成王既不果遷留公治洛至是公始行治洛之事故謂之初也曰商王士者貴之也王若曰爾殷遺多士弗弔旻天大降喪于殷我有周佑命將天明威致王罰勑殷命終于帝弗弔未詳意其爲歎閔之辭當時方言爾也旻天秋天也主肅殺而言歎閔言旻天大降災害而喪殷我周受眷佑之命奉將天之明威致王罰之公勑正殷命而革之以終上帝之事蓋推革命之公以開諭之也肆爾多士

非我小國敢弋殷命惟天不畀允罔固亂弼我我其敢求位肆與康誥肆汝小子封同弋取也弋鳥之弋言有心於取之也呼多士告之謂以勢而言我小國亦豈敢弋取殷命蓋栽者培之傾者覆之固其治而不固其亂者天之道也惟天不與殷信其不固殷之亂矣惟天不固殷之亂故輔我周之治而天位自有所不容辭者我其敢有求位之心哉惟帝不畀惟我下民秉爲惟天明畏秉持也言天命之所不與即民心之所秉爲民心之所秉爲即天威之所明畏者也反覆天民相因之理以見天之果不外乎民民之果不外乎天也詩言秉彝此言秉爲者彝以理言爲以用言也我聞曰上帝引逸有夏不適逸則惟帝降格嚮于時夏弗克庸帝大淫泆有辭惟時天罔念聞厥惟廢元命降致罰引導逸安也降格與呂刑

降格同呂氏曰上帝引逸者非有形聲之接也人心得其安則亹亹而不能已斯則上帝引之也是理坦然亦何間於桀第桀喪其良心自不適於安爾帝實引之桀實避之帝猶未遽絕也乃降格災異以示意嚮於桀桀猶不知警懼不能敬用帝命乃大肆淫泆雖有矯誣之辭而天罔念聞之仲虺所謂帝用不臧是也發其大命降致其罰而夏祚終矣乃命爾先祖成湯革夏俊民甸四方甸治也伊尹稱湯旁求俊彥孟子稱湯立賢無方蓋明揚俊民分布遠邇甸治區畫成湯立政之大經也周公反復以夏商爲言者蓋夏之亡即殷之亡湯之興即武王之興也商民觀是亦可以自反矣自成湯至于帝乙罔不明德恤祀明德者所以修其身恤祀者所以敬乎神也亦惟天丕建保乂有殷殷王亦罔敢失帝罔不配天其澤亦惟天大建立保治有殷殷之先王亦皆操存此心無敢失帝之則無不配天

以澤民也在今後嗣王誕罔顯于天矧曰其有聽念于先王勤家誕淫厥泆罔顧于天顯民祗後嗣王紂也紂大不明於天道况曰能聽念商先王之勤勞於邦家者乎大肆淫泆無復顧念天之顯道民之敬畏者也惟時上帝不保降若茲大喪大喪者國亡而身戮也惟天不畀不明厥德商先王以明德而天丕建則商後王不明德而天不畀矣凡四方小大邦喪罔非有辭于罰凡四方小大邦國喪亡其致罰皆有可言者况商罪貫盈而周奉辭以伐之者乎王若曰爾殷多士今惟我周王丕靈承帝事靈善也大善承天之所爲也武成言祗承上帝以遏亂略是也有命曰割殷告勑于帝帝有命曰割殷則不得不戡定翦除告其勑正之事于帝也武成言告于皇天后土將有大正于商者是也

惟我事不貳適惟爾王家我適上帝臨汝毋貳爾心惟我事不貳適之謂上帝既命侯于周服惟爾王家我適之謂言割殷之事非有私心一於從帝而無貳適則爾殷王家自不容不我適矣周不貳于帝殷其能貳於周乎蓋示以確然不可動搖之意而潛消頑民反側之情爾然聖賢事不貳適曰用飲食莫不皆然蓋所以事天也豈特割殷之事而已哉予其曰惟爾洪無度我不爾動自乃邑三監倡亂予其曰乃汝大爲非法非我爾動變自爾邑猶伊訓所謂造攻自鳴條也予亦念天即于殷大戾肆不正予亦念天就殷邦屢降大戾紂既死武庚又死故邪慝不正言當遷徙也王曰猷告爾多士予惟時其遷居西爾非我一人奉德不康寧時惟天命無違朕不敢有後無我怨時是也指上文殷大戾而言謂惟是之故所以遷居西爾

非我一人樂如是之遷徙震動也是惟天命如此汝毋違越我不敢有後命謂有他罰爾無我怨也惟爾知惟殷先人有冊有典殷革夏命即其舊聞以開諭之也殷之先世有冊書典籍載殷改夏命之事正如是耳爾何獨疑於今乎今爾又曰夏迪簡在王庭有服在百僚予一人惟聽用德肆予敢求爾于天邑商予惟率肆矜爾非予罪時惟天命周公既舉商革夏事以諭頑民頑民復以商革夏事責周謂商革夏命之初凡夏之士皆啓迪簡拔在商王之庭有服列于百僚之間今周於商士未聞有所簡拔也周公舉其言以大義折之言爾頑民雖有是言然予一人所聽用者惟以德而已故予敢求爾於天邑商而遷之於洛者以冀率德改行焉予惟循商故事矜恤於爾而已其不爾用者非我之罪也是惟天命如此蓋章德者天之命今頑民滅德而欲求用得乎王曰多

士昔朕來自奄予大降爾四國民命我乃明致天罰移爾遐逖比事臣我宗多遜降猶今法降等云者言昔我來自商奄之時汝四國之民罪皆應死我大降爾命不忍誅戮乃止明致天罰移爾遠居于洛以親比臣我宗周有多遜之美其罰蓋亦甚輕其恩固已甚厚今乃猶有所怨望乎詳此章則商民之遷固已久矣王曰告爾殷多士今予惟不爾殺予惟時命有申今朕作大邑于兹洛予惟四方罔攸賓亦惟爾多士攸服奔走臣我多遜以自奄之命爲初命則此命爲申命也言我惟不忍爾殺故申明此命且我所以營洛者以四方諸侯無所賓禮之地亦惟爾等服事奔走臣我多遜而無所處故也詳此章則遷民在營洛之先矣吳氏曰來自奄稱昔者遠日之辭也作大邑稱今者近日之辭也移爾遐逖比事臣我宗多遜者

期之之辭也收伏奔走臣我多遜者果能之辭也以此又知遷民在前而作洛在後也爾乃尚有爾土爾乃尚寧幹止幹事止居也爾乃庶幾有爾田業庶幾安爾所事安爾所居也詳此章所言皆仍舊有土田居止之辭信商民之遷舊矣孔氏不得其說而以得反所生釋之於文義似矣而事則非也爾克敬天惟畀矜爾爾不克敬爾不啻不有爾土予亦致天之罰于爾躬敬則言動無不循理天之所福吉祥所集也不敬則言動莫不違悖天之所禍刑戮所加也豈特竄徙不有爾土而已哉身亦有所不能保矣今爾惟時宅爾邑繼爾居爾厥有幹有年于茲洛爾小子乃興從爾遷邑四井爲邑之邑繼者承續安居之謂有營爲有壽考皆于茲洛焉爾之子孫乃興自爾遷始也夫自亡國之末裔爲起家之始祖頑民雖愚亦知所擇矣王曰又曰

時予乃或言爾攸居王曰之下當有闕文以多方篇末王曰又曰推之可見時我或有所言皆以爾之所居止爲念也申結上文爾居之意

無逸 逸者人君之大戒自古有國家者
未有不以勤而興以逸而廢也益
戒舜曰罔遊于逸罔淫于樂舜大聖也
益猶以是戒之則時君世主其可忽哉
成王初政周公懼其知逸而不知無逸
也故作是書以訓之言則古昔必稱商
王者時之近也必稱先王者王之親也
舉三宗者繼世之君也詳文祖者耳目
之所逮也上自天命精微下至畎畝艱
難閭里怨詛無不具載豈獨成王之所
當知哉實天下萬世人主之龜鑑也是
篇凡七更端周公皆以嗚呼發之深嗟
永嘆其意深遠矣亦訓
體也今文古文皆有

周公曰嗚呼君子所其無逸 所猶處所也君子以無逸爲所動靜食息無不在是焉作輟則非所謂所矣

先知稼穡之艱難乃逸則知小人之依 先知稼穡之艱難乃逸者以勤居逸也依者指稼穡而言小民所恃

以爲生者也農之依田猶魚之依水木之依土魚無水則死木無土則枯民非稼穡則無以生也故舜自耕稼以至爲帝禹稷躬稼以有天下文武之基起於后稷四民之事莫勞於稼穡生人之功莫盛於稼穡周公發無逸之訓而首及乎此有以哉

相小人厥父母勤勞稼穡厥子乃不知稼穡之艱難乃逸乃諺既誕否則侮厥父母曰昔之人無聞知

不知稼穡之艱難乃逸者以逸爲逸也俚語曰諺言視小民其父母勤勞稼穡其子乃生於豢養不知稼穡之艱難乃縱逸自恣乃習俚巷鄙語既又誕妄無所不至不然則又訕侮其父母曰古老之人無聞無知徒自勞苦而不知所以自逸也昔劉裕奮農畝而取江左一再傳後子孫見其服用反笑曰田舍翁得此亦過矣此正所謂昔之人無聞知也使成王非周公之訓安知其不以公劉后稷爲田舍翁乎

周公曰嗚呼我聞曰昔在殷王中宗

嚴恭寅畏天命自度治民祗懼不敢荒寧肆中宗之享國七十有五年中宗太戊也嚴則莊重恭則謙抑寅則欽肅畏則戒懼天命即天理也中宗嚴恭寅畏以天理而自檢律其身至於治民之際亦祗敬恐懼而不敢怠荒安寧中宗無逸之實如此故能有享國永年之效也按書序太戊有原命咸乂等篇意述其當時敬天治民之事今無所考矣其在高宗時舊勞于外爰暨小人作其即位乃或亮陰三年不言其惟不言言乃雍不敢荒寧嘉靖殷邦至于小大無時或怨肆高宗之享國五十有九年高宗武丁也未即位之時其父小乙使久居民間與小民出入同事故於小民稼穡艱難備嘗知之也雍和也發言和順當於理也嘉美靖安也嘉靖者禮樂教化蔚然於安居樂業之中也漢文帝與民休息謂之靖

則可謂之嘉則不可小大無時或怨者萬民咸和也乃雍者和之發於身嘉靖者和之達於政無怨者和之著於民也餘見說命高宗無其在逸之實効如此故亦有享國永年之效也

祖甲不義惟王舊爲小人作其即位爰知小人之依能保惠于庶民不敢侮鰥寡肆祖甲之享國三十有三年史記高宗崩子祖庚立祖庚崩弟祖甲立則祖甲高宗之子祖庚之弟也鄭玄曰高宗欲廢祖庚立祖甲祖甲以爲不義逃於民間故云不義惟王。按漢孔氏以祖甲爲太甲蓋以國語稱帝甲亂之七世而殞孔氏見此等記載意爲帝甲必非周公所稱者又以不義惟王與太甲茲乃不義文似遂以此稱祖甲者爲太甲然詳此章舊爲小人作其即位與上章爰暨小人作其即位文勢正類所謂小人者皆指微賤而言非謂憸小之人也作其即位亦不見太甲復政思庸之意又按邵子經世書高宗五十九年祖庚七年祖甲三十

三年卌次歷年皆與書合亦不以太甲爲祖甲
況殷卌二十有九以甲名者五帝以太以小以
沃以陽以祖別之不應二人俱稱祖甲國語傳
訛承謬旁記曲説不足盡信要以周公之言爲
正又下文周公言自殷王中宗及高宗及祖甲
及我周文王及云者因其先後次第而枚舉之
辭也則祖甲之爲祖甲而非太甲明矣自時厥後立王生則逸生
則逸不知稼穡之艱難不聞小人之勞惟耽樂
之從自時厥後亦罔或克壽或十年或七八年
或五六年或四三年過樂謂之耽從言自三宗之後即君位者生則逸豫
不知稼穡之艱難不聞小人之勞惟耽樂之從
伐性喪生故自三宗之後亦無能壽考遠者不
過十年七八年近者五六年三四年爾耽樂愈
甚則享年愈促也凡人莫不欲壽而惡夭此篇
專以享年永不永爲言所以
開其所欲而禁其所當戒也周公曰嗚呼厥亦

惟我周太王王季克自抑畏商猶異世也故又即我周先王告之言太王王季能自謙抑謹畏者蓋將論文王之無逸故先述其源流之深長也大抵抑畏者無逸之本縱肆怠荒皆矜誇無忌憚者之為故下文言文王曰柔曰恭曰不敢皆原太王王季抑畏之心發之耳文王卑服即康功田功卑服猶禹所謂惡衣服也康功安民之功田功養民之功言文王於衣服之奉所性不存而專意於安養斯民也卑服蓋舉一端而言宮室飲食自奉之薄皆可類推徽柔懿恭懷保小民惠鮮鰥寡自朝至于日中昃不遑暇食用咸和萬民徽懿皆美也昃日昳也柔謂之徽則非柔懦之柔恭謂之懿則非足恭之恭文王有柔恭之德而極其徽懿之盛和易近民於小民則懷保之於鰥寡則惠鮮之惠鮮云者鰥寡之人垂首喪氣賚予賙給之使之有生意也自朝至于日之中自中至于日之昃一食之頃有不遑暇欲咸

和萬民使無一不得其所也文王心在乎民自不知其勤勞如此豈秦始皇衡石程書隋文帝衛士傳餐代有司之任者之爲哉立政言罔攸兼于庶言庶獄庶謹則文王又若無所事事者不讀無逸則無以知文王之勤不讀立政則無以知文王之逸合二書觀之則文王之所從事可知矣

文王不敢盤于遊田以庶邦惟正之供文王受命惟中身厥享國五十年

遊田國有常制文王不敢盤遊無度上不濫費故下無過取而能以庶邦惟正之供於常貢正數之外無橫斂也言庶邦則民可知文王爲西伯所統庶邦皆有常供春秋貢於霸主者班班可見至唐猶有送使之制則諸侯之供方伯舊矣受命言爲諸侯也中身者漢孔氏曰文王九十七而終即位時年四十七言中身舉全數也上文崇素儉恤孤獨勤政事戒遊佚皆文王無逸之實故其享國有歷年之永

周公曰嗚呼繼自今嗣王則其無淫于觀于逸

于遊于田以萬民惟正之供則法也其指文王而言淫過也言自
今日以往嗣王其法文王無過于觀逸遊田以萬民惟正賦之供上文言遊田而不言觀逸以
大而包小也言庶邦而不言萬民以遠而見近也無皇曰今日耽樂乃
非民攸訓非天攸若時人丕則有愆無若殷王
受之迷亂酗于酒德哉無與毋通皇與遑通訓法若順則法也毋自寬
假曰今日姑爲耽樂也一日耽樂固若未害然下非民之所法上非天之所順時人大法其
過逸之行猶商人化受而崇飲之類故繼之曰毋若商王受之沈迷酗于酒德哉酗酒謂之德
者德有凶有吉韓子所謂道與德爲虛位是也周公曰嗚呼我聞曰古
之人猶胥訓告胥保惠胥教誨民無或胥譸張
爲幻胥相訓誡惠順譸誑張誕也變名易實以眩觀者曰幻歎息言古人德業已盛其臣

猶且相與誠告之相與保惠之相與教誨之保惠者保養而將順之非特誠告而已也教誨則有規正成就之意又非特保惠而已也惟其若是是以視聽思慮無所蔽塞好惡取予明而不悖故當時之民無或敢誑誕爲幻也

此厥不聽人乃訓之乃變亂先王之正刑至于小大民否則厥心違怨否則厥口詛祝

正刑正法也言成王於上文古人胥訓告保惠教誨之事而不聽信則人乃法則之君臣上下師師非度必變亂先王之正法無小無大莫不盡取而紛更之蓋先王之法甚便於民甚不便於縱侈之君如省刑罰以重民命民之所便也而君之殘酷者則必變亂之如薄賦斂以厚民生民之所便也而君之貪侈者則必變亂之厥心違怨者怨之蓄于中也厥口詛祝者怨之形於外也爲人上而使民心口交惡其國不危者未之有也此蓋治亂存亡之機故周公懍懍言之

周公曰嗚呼自殷王中宗及高宗

及祖甲及我周文王茲四人迪哲
迪蹈哲智也孟子以知而弗去爲智之實迪云者所謂弗去是也人主知小人之依而或忿戾之者是不能蹈其知者也惟中宗高宗祖甲文王允蹈其知故周公以迪哲稱之
厥或告之曰小人怨汝詈汝則皇自敬德厥愆曰朕之愆允若時不啻不敢含怒
詈罵言也其或有告之曰小人怨汝詈汝汝則皇自敬德反諸其身不尤其人其所誣毀之愆安而受之曰是我之愆允若時者誠實若是非止隱忍不敢藏怒也蓋三宗文王於小民之依心誠知之故不暇責小人之過言且因以察吾身之未至怨詈之語乃所樂聞是豈特止於隱忍含怒不發而已哉
此厥不聽人乃或譸張爲幻曰小人怨汝詈汝則信之則若時不永念厥辟不寬綽厥心亂罰無罪殺無辜怨有同

是叢于厥身綽大叢聚也言成王於上文三宗文王迪哲之事不肯聽信則小人乃或誑誕變置虛實曰小民怨汝詈汝汝則聽信之則如是不能永念其爲君之道不能寬大其心以誑誕無實之言羅織疑似亂罰無罪殺戮無辜天下之人受禍不同而同於怨皆叢於人君之一身亦何便於此哉大抵無逸之書以知小人之依爲一篇綱領而此章則申言既知小人之依則當蹈其知也三宗文王能蹈其知故其胥次寬平人之怨詈不足以芥蔕其心如天地之於萬物一於長育而已其悍疾憤戾天豈私怒於其間哉天地以萬物爲心人君以萬民爲心故君人者要當以民之怨詈爲己責不當以民之怨詈爲己怒以爲己責則民安而君亦安以爲己怒則民危而君亦危矣吁可不戒哉

周公曰嗚呼嗣王其監于茲茲者指上文而言也無逸一篇七章章首皆先致其咨嗟詠歎之意然後及其所言之事至此章則於嗟歎之外更無他語惟以嗣王其監于茲結之所謂言有盡而意無

小三、卅七

窮成王得無

深警於此哉

君奭 召公告老而去，周公留之，史氏錄其告語爲篇，亦誥體也。以周公首呼君奭，因以君奭名篇。篇中語多未詳。今文古文皆有。○按此篇之作，史記謂召公疑周公當國踐祚，唐孔氏謂召公以周公嘗攝王政，今復在臣位，葛氏謂召公未免常人之情，以爵位先後介意，故周公作是篇以諭之。陋哉斯言！要皆爲序文所誤。獨蘇氏謂召公之意欲周公告老而歸，爲近之。然詳本篇旨意，迺召公自以盛滿難居，欲避權位，退老厥邑，周公反復告喻以留之爾。熟復而詳味之，其義固可見也。

周公若曰：君奭！君者，尊之之稱。奭，召公名也。古人尚質，相與語多名之。弗弔天降喪于殷，殷既墜厥命，我有周既受，我不敢知曰厥基永孚于休，若天棐忱，我亦不敢知曰其終出于不祥不祥者休之反也天既下喪亡于殷殷既失天命我有周既受之矣我不敢知曰其基業長信於休美乎知天果輔我之誠耶我亦不敢知曰其終果出於不祥乎○按此篇周公留召公而作此其言天命吉凶雖曰我不敢知然其懇惻危懼之意天命吉凶之决實主於召公留不留如何也嗚呼君已曰時我我亦不敢寧于上帝命弗永遠念天威越我民罔尤違惟人在我後嗣子孫大弗克恭上下遏佚前人光在家不知尤怨違背也周公歎息言召公已嘗曰是在我而已周公謂我亦不敢苟安天命而不永遠念天之威於我民無尤怨背違之時也天命民心去就無常實惟在人而已今召公乃忘前日之言翻然求去使在我後嗣子孫大不能敬天敬民驕慢肆侈遏絶佚墜文武光顯可得謂在家而不知乎天命不易天難諶乃其墜

命弗克經歷嗣前人恭明德天命不易猶詩曰命不易哉命不易保天難諶信乃其墜失天命者以不能經歷繼嗣前人之恭明德也呉氏曰弗克恭故不能嗣前人之恭德過佚前人光故不能嗣前人之明德在今予小子旦非克有正迪惟前人光施于我冲子呉氏曰小子自謙之辭也非克有正亦自謙之辭也言在今我小子旦非能有所正也凡所開導惟以前人光大之德使益焜燿而付于冲子而已以前言後嗣子孫過佚前人光而言也又曰天不可信我道惟寧王德延天不庸釋于文王受命又曰者以上文言天命不易天難諶此又申言天不可信故曰又曰天固不可信然在我之道惟以延長武王之德使天不容捨文王所受之命也公曰君奭我聞在昔成湯既受命時則有若伊尹格于皇天在太甲時則

有若保衡在太戊時則有若伊陟臣扈格于上帝巫咸乂王家在祖乙時則有若巫賢在武丁時則有若甘盤時則有若者言當其時有如此人也保衡即伊尹也見說命太戊太甲之孫伊陟伊尹之子臣扈與湯時臣扈二人而同名者也巫氏咸名祖乙太戊之孫巫賢巫咸之子也武丁高宗也甘盤見說命呂氏曰此章序商六臣之烈蓋勉召公匹休於前人也伊尹佐湯以聖輔聖其治化與天無間伊陟臣扈之佐太戊以賢輔賢其治化克厭天心自其徧覆言之謂之天自其主宰言之謂之帝書或稱天或稱帝各隨所指非有重輕至此章對言之則聖賢之分而深淺見矣巫咸止言其乂王家者咸之爲治功在王室精微之藴猶有愧於二臣也亡書有咸乂四篇其乂王家之實歟巫賢甘盤而無指言者意必又次於巫咸也○蘇氏曰殷有聖賢之君七此獨言五下文云殷禮陟配天豈配祀于天者止此五王而其臣皆

配食於廟乎在武丁時不言傅說豈傅說不配食於配天之王乎其詳不得而聞矣率惟茲有陳保乂有殷故殷禮陟配天多歷年所陟升遐也言六臣循惟此道有陳列之功以保乂有殷故殷先王終以德配天而享國長久也天惟純佑命則商實百姓王人罔不秉德明恤小臣屏侯甸矧咸奔走惟茲惟德稱用乂厥辟故一人有事于四方若卜筮罔不是孚佑助也實虛實之實國有人則實孟子言不信仁賢則國空虛是也稱舉也亦秉持之義事征伐會同之類承上章六臣輔君格天致治遂言天佑命有商純一而不雜故商國有人而實內之百官著姓與夫王臣之微者無不秉持其德明致其憂外之小臣與夫藩屏侯甸矧皆奔走服役惟此之故惟德是舉用乂其君故君有事于四方如龜之卜如蓍之筮天下無不敬信之也公曰君

亶天壽平格保乂有殷有殷嗣天滅威今汝永念則有固命厥亂明我新造邦呂氏曰坦然無私之謂平格者通徹三極而無間者也天無私壽惟至平通格于天者則壽之伊尹而下六臣能盡平格之實故能保乂有殷多歷年所至于殷紂亦嗣天位乃驟罹滅亡之威天曾不私壽之也固命者不墜之天命也今召公勉為周家久永之念則有天之固命其治效亦赫赫然明著於我新造之邦而身與國俱顯矣

公曰君奭在昔上帝割申勸寧王之德其集大命于厥躬申重勸勉也在昔上帝降割于殷申勸武王之德而集大命於其身使有天下也惟文王尚克修和我有夏亦惟有若虢叔有若閎夭有若散宜生有若泰顛有若南宮括虢叔文王弟閎散泰南宮皆氏夭宜生顛括皆名言文王庶幾能修治爕

和我所有諸夏者亦惟有虢叔等五臣爲之輔也康誥言一二邦以修無逸言用咸和萬民即文王修和之實也

又曰無能往來茲迪彝教文王蔑德降于國人

蔑無也夏氏曰周公前既言文王之興本此五臣故又反前意而言曰若此五臣者不能爲文王往來奔走於此尊迪其常教則文王亦無德降及於國人矣周公反覆以明其意故以又曰更端發之

亦惟純佑秉德迪知天威乃惟時昭文王迪見冒聞于上帝惟時受有殷命哉

言文王有此五臣者故亦如殷爲天純佑命百姓王人罔不秉德也上既反言文王若無此五臣爲迪彝教則亦無德下及國人故此又正言亦惟天乃純佑文王蓋以如是秉德之臣蹈履至到實知天威以是昭明文王啓迪其德使著見於上覆冒於下而升聞于上帝惟是之故遂能受有殷之天命也

武王惟茲四人尚迪有祿後暨武王

誕將天威咸劉厥敵惟茲四人昭武王惟冒丕單稱德虢叔先死故曰四人劉殺也單盡也武王惟此四人庶幾迪有天祿其後暨武王盡殺其敵惟此四人能昭武王遂覆冒天下天下大盡稱武王之德謂其達聲教于四海也文王冒西土而已丕單稱德惟武王爲然於文王言命於武王言祿者文王但受天命至武王方富有天下也呂氏曰師尚父之事文武烈莫盛焉不預五臣之列蓋一時議論或詳或略隨意而言主於留召公而非欲爲人物評也今在予小子旦若游大川予往暨汝奭其濟小子同未在位誕無我責收罔勗不及耇造德不降我則鳴鳥不聞矧曰其有能格小子旦自謙之稱也浮水曰游周公言承文武之業懼不克濟若浮大川罔知津涯豈能獨濟哉予往與汝召公其共濟可也小子成王也成王幼冲雖已即位與未即位同

誕大也大無我責上疑有闕文收罔勖不及耈不詳耈造德不降言召公去則耈老成人之德不下於民在郊之鳳將不復得聞其鳴矣況敢言進此而有感格乎是時周方隆盛鳴鳳在郊卷阿鳴于高岡者乃詠其實故周公云爾也公曰嗚呼君肆其監于茲我受命無疆惟休亦大惟艱告君乃猷裕我不以後人迷肆大猷謀也茲指上文所言周公歎息欲召公大監視上文所陳也我文武受命固有無疆之美矣然迹其積累締造蓋亦艱難之大者不可不相與竭力保守之也告君謀所以寬裕之道勿狹隘欲去我不欲後人迷惑而失道也○呂氏曰大臣之位百責所萃震撼擊撞欲其鎮定辛甘燥濕欲其調齊盤錯棼結欲其解紓黯闇污濁欲其茹納自非曠度洪量與夫患失乾沒者未嘗無翩然捨去之意況召公親遭大變破斧缺斨之時屈折調護心勞力瘁又非平時大臣之比顧以成王未親政不敢乞身爾一旦政柄有歸浩然去志固人情

之所必至然思文武王業之艱難念成王守成之無助則召公義未可去也今乃汲汲然求去之不暇其迫切已甚矣盍謀所以寬裕之道圖功攸終展布四體爲久大規摸使君德開明未可捨去而聽後人之迷惑也公曰前人敷乃心乃悉命汝作汝民極曰汝明勗偶王在亶乘茲大命惟文王德丕承無疆之恤偶配也蘇氏曰周公與召公同受武王顧命輔成王故周公言前人敷乃心腹以命汝召公位三公以爲民極且曰汝當明勉輔孺子如耕之有偶也在於相信如車之有駁也并力一心以載天命念文考之舊德以丕承無疆之憂武王之言如此而可以去乎公曰君告汝朕允保奭其汝克敬以予監于殷喪大否肆念我天威大否大亂也告汝以我之誠呼其官而名之言汝能敬以我所言監視殷之喪亡大亂可不大念我天威之可畏乎予不允

惟若茲誥予惟曰襄我二人汝有合哉言曰在
時二人天休滋至惟時二人弗戡其汝克敬德
明我俊民在讓後人于丕時戡勝也戡堪古通用周公言我不信
於人而若此告語乎予惟曰王業之成在我與汝而已汝聞我言而有合哉亦曰在是二人但
天休滋至惟是我二人將不堪勝汝若以盈滿爲懼則當能自敬德益加寅畏明揚俊民布列
庶位以盡大臣之職業以答滋至之天休毋徒惴惴而欲去爲也他日在汝推遜後人于大盛
之時超然肥遯誰復汝禁今豈汝辭位之時乎嗚呼篤棐時二人我式
克至于今日休我咸成文王功于不怠丕冒海
隅出日罔不率俾周公復歎息言篤於輔君者是我二人我用能至于今日
休盛然我欲與召公共成文王功業于不怠大覆冒斯民使海隅日出之地無不臣服然後可

也周都西土去東爲遠故以日出言吳氏曰周公未嘗有其功以其留召公故言之蓋叙其所已然而勉其所未至亦人所說而從者也

公曰君予不惠若兹多誥予惟用閔于天越民

周公言我不順於理而若兹諄複之多誥耶予惟用憂天命之不終及斯民之無頼也韓子言畏天命而悲人窮亦此意前言若兹誥故此言若兹多誥周公之誥召公其言語之際亦可悲矣

公曰嗚呼君惟乃知民德亦罔不能厥初惟其終祗若兹往敬用治

上章言天命民心而民心又天命之本也故卒章專言民德以終之周公歎息謂召公踐歷諳練之久惟汝知民之德民德謂民心之嚮順亦罔不能其初今日固罔尤違矣當思其終則民之難保者尤可畏也其祗順此誥往敬用治不可忽也此召公已留周公飭遣就職之辭厥後召公既相成王又相康王再世猶未釋其政有味於周公之言也夫

蔡仲之命

蔡國名仲字蔡叔之子也叔没周公以仲賢命諸成王復封之蔡此其誥命之詞也今文無古文有。按此篇次叙當在洛誥之前

惟周公位冢宰正百工羣叔流言乃致辟管叔于商囚蔡叔于郭鄰以車七乘降霍叔于庶人三年不齒蔡仲克庸祗德周公以爲卿士叔卒乃命諸王邦之蔡

周公位冢宰正百工武王崩時也郭鄰孔氏曰中國之外地名蘇氏曰郭虢也周禮六遂五家爲鄰管霍國名武王崩成王幼周公居冢宰百官總己以聽者古今之通道也當是時三叔以主少國疑乘商人之不靖謂可惑以非義遂相與流言倡亂以揺之是豈周公一身之利害乃欲傾覆社稷塗炭生靈天討所加非周公所得已也故致辟管叔于商致辟云者誅戮之也囚蔡叔于郭鄰以車七乘囚云者制其出入而猶從以七乘

之車也降霍叔于庶人三年不齒三年之後方齒錄以復其國也三叔刑罰之輕重因其罪之大小而已仲叔之子克常敬德周公以爲卿士叔卒乃命之成王而封之蔡也周公留佐成王食邑於圻内圻内諸侯孟仲二卿故周公用仲爲卿非魯之卿也蔡左傳在淮汝之間仲不別封而命邦之蔡者所以不絶叔於蔡也封仲以他國則絶叔于蔡矣呂氏曰象欲殺舜舜在側微其害止於一身故舜得遂其友愛之心周公之位則繫于天下國家雖欲遂友愛於三叔不可得也舜與周公易地皆然史臣先書惟周公位冢宰正百工而繼以羣叔流言所以結正三叔之罪也後言蔡仲克庸祗德周公以爲卿士叔卒卽命之王以爲諸侯以見周公煢然於三叔之刑幸仲克庸祗德則亟擢用分封之也吳氏曰此所謂冢宰正百工與詩所謂攝政皆在成王諒闇之時非以幼冲而攝而其攝也不過位冢宰之位而已亦非如荀卿所謂攝天子位之事也三年之喪二十五月而畢方其畢時周公固未嘗攝亦非有七年而後還政之事也百

官總己以聽冢宰未知其所從始如殷之高宗已然不特周公行之此皆論周公者所當先知也

王若曰小子胡惟爾率德改行克慎厥猷肆予命爾侯于東土往即乃封敬哉胡仲名言仲循祖文王之德改父蔡叔之行能謹其道故我命汝爲侯於東土往就汝所封之國其敬之哉吕氏曰敬哉者欲其毋失此心也命書之辭雖稱成王實周公之意

爾尚蓋前人之愆惟忠惟孝爾乃邁迹自身克勤無怠以垂憲乃後率乃祖文王之彝訓無若爾考之違王命蔡叔之罪在於不忠不孝故仲能掩前人之惡者惟在於忠孝而已叔違王命仲無所因故曰邁迹自身克勤無怠所謂自身也垂憲乃後所謂邁迹也率乃祖文王之彝訓無若爾考之違王命上文所謂率德改行也

皇天無親惟德是輔民心無常惟

惠之懷爲善不同同歸于治爲惡不同同歸于亂爾其戒哉此章與伊尹申誥太甲之言相類而有深淺不同者太甲蔡仲之有間也善固不一端而無不可行之善惡亦不一端而無可爲之惡爾其可不戒之哉愼厥初惟厥終終以不困不惟厥終終以困窮惟思也窮困之極也思其終者所以謹其初也懋乃攸績睦乃四鄰以蕃王室以和兄弟康濟小民勉汝所立之功親汝四鄰之國蕃屏王家和協同姓康濟小民五者諸侯職之所當盡也率自中無作聰明亂舊章詳乃視聽罔以側言改厥度則予一人汝嘉率循也毋無同詳審也中者心之理而無過不及之差者也舊章者先王之成法厥度者吾身之法度皆中之所出者作聰明則喜怒好惡皆出於私而非中矣其能不亂先王之舊章乎戒其本

於己者然也側言一偏之言也視聽不審惑於一偏之説則非中矣其能不改吾身之法度乎戒其徇於人者然也仲能戒是則我一人汝嘉矣呂氏曰作聰明者非天之聰明特沾沾小智耳作與不作而天人判焉

王曰嗚呼小子胡汝往哉無荒棄朕命飭往就國戒其毋廢棄我命汝所言也

多方

成王即政，奄與淮夷又叛，成王滅奄歸，作此篇。按費誓言「徂茲淮夷、徐戎並興」，即其事也。疑當時扇亂，不特殷人，如徐戎、淮夷、四方容或有之，故及多方。亦誥體也。今文古文皆有。○蘇氏曰：大誥、康誥、酒誥、梓材、召誥、洛誥、多士、多方八篇，雖所誥不一，然大略以殷人心不服周而作也。予讀泰誓、武成，常怪周取殷之易；及讀此八篇，又怪周安殷之難也。多方所告，不止殷人，乃及四方之士，是紛紛焉不心服者，非獨殷人也。予乃今知湯以下七王之德深矣。方殷之虐人，如在膏火中，歸周如流，不暇念先王之德；及天下粗定，人自膏火中出，即念殷先七王如父母，雖以武王、周公之聖相繼撫之，而莫能禁也。夫以西漢道德比之殷，猶碔砆之與美玉，然王莽、公孫述、隗囂之流，終不能使人忘漢，光武成功若建瓴然。使周無周公，則亦殆矣。此周公之所以畏而不敢去也。

惟五月丁亥王來自奄至于宗周成王即政之明年商奄又叛成王征滅之杜預云奄不知所在宗周鎬京也呂氏曰王者定都天下之所宗也東遷之後定都于洛則洛亦謂之宗周衛孔悝之鼎銘曰隨難于漢陽即宮于宗周是時鎬已封秦宗周蓋指洛也然則宗周初無定名隨王者所都而名耳周公曰王若曰猷告爾四國多方惟爾殷侯尹民我惟大降爾命爾罔不知呂氏曰先曰周公曰而復曰王若曰何也明周公傳王命而非周公之命也周公之命誥終於此篇故發例於此以見大誥諸篇凡稱王曰者無非周公傳成王之命也成王滅奄之後告諭四國殷民而因以曉天下也所主殷民故又專提殷侯之正民者告之言殷民罪應誅戮我大降宥爾命爾宜無不知也洪惟圖天之命弗永寅念于祀圖謀也言商奄大惟私意圖謀天命自底滅亡不深長敬念以保其祭祀呂氏曰天

命可受而不可圖圖則人謀之私而非天命之公矣此蓋深示以天命不可妄干乃多方一篇之綱領也下文引夏商所以失天命受天命者以明示之

惟帝降格于夏有夏誕厥逸不肯慼言于民乃大淫昏不克終日勸于帝之迪乃爾攸聞

言帝降災異以譴告桀桀不知戒懼乃大肆逸豫憂民之言尚不肯出諸口況望其有憂民之實乎勸勉也迪啓迪也視聽動息日用之間洋洋乎皆上帝所以啓迪開導斯人者桀乃大肆淫昏終日之間不能少勉於是天理或幾乎息矣況望其惠迪而不違乎此乃爾之所聞欲其因桀而知紂也厥逸與多士引逸不同者猶亂之爲亂爲治耳逸豫以民言淫昏以帝言各以其義也此章上疑有闕文

厥圖帝之命不克開于民之麗乃大降罰崇亂有夏因甲于内亂不克靈承于旅罔丕惟進之恭洪舒于

民亦惟有夏之民叨懫日欽劓割夏邑此章文多未詳麗猶日月麗乎天之麗謂民之所依以生者也依於土依於衣食之類甲始也言桀矯誣上天圖度帝命不能開民衣食之原於民依恃以生者一皆抑塞遏絕之猶乃大降威虐于民以增亂其國其所因則始于內變蠱其心敗其家不能善承其衆不能大進於恭而大寬裕其民亦惟夏邑之民貪叨忿懫者則日欽崇而尊用之以戕害於其國也**天惟時求民主乃大降顯休命于成湯刑殄有夏**言天惟是爲民求主耳桀既不能爲民之主天乃大降顯休命於成湯使爲民主而伐夏殄滅之也○呂氏曰曰求曰降豈眞有求之降之者哉天下無統渙散漫流勢不得不歸其所聚而湯之一德乃所謂顯休命之實一衆離而聚之者也民不得不聚於湯湯不得不受斯民之聚是豈人爲之私哉故曰天求之天降之也**惟天不畀純乃惟以爾多方之義民**

不克永于多享惟夏之恭多士大不克明保享于民乃胥惟虐于民至于百爲大不克開純大也義民賢者也言天不與桀者大乃以爾多方賢者不克永于多享以至于亡也言桀於義民不能用其所敬之多士率皆不義之民上文所謂叨憤日欽者同惡相濟大不能明保享于民乃相與播虐于民民無所措其手足凡百所爲無一能達上文所謂不克開于民之麗者政暴民窮所以速其亡也此雖指桀多士爾殷侯尹氏嘗逮事紂者寧不惕然内愧乎乃惟成湯克以爾多方簡代夏作民主簡擇也民擇湯而歸之愼厥麗乃勸厥民刑用勸湯深謹其所依以勸勉其民故民皆儀刑而用勸勉也人君之於天下仁而已矣仁者君之所依也君仁則莫不仁矣以至于帝乙罔不明德愼罰亦克用勸明德則民愛慕之謹罰則民畏服之

自成湯至于帝乙雖歷世不同而皆知明其德謹其罰故亦能用以勸勉其民也明德謹罰所以謹厥麗也明德仁之本也謹罰仁之政也要囚殄戮多罪亦克用勸開釋無辜亦克用勸德明之而已罰有辟焉有宥焉故再言辟而當罪亦能用以勸勉宥而赦過亦能用以勸勉言辟與宥皆足以使人勉於善也今至于爾辟弗克以爾多方享天之命呂氏曰爾辟謂紂也商先哲王世傳家法積累維持如此今一旦至于汝君乃以爾全盛之多方不克坐享天命而亡之是誠可憫也天命至公操則存舍則亡以商先王之多基圖之大紂曾不得庇其餘蔭其亡忽焉危微操舍之幾周公所以示天下深矣豈徒曰慰解之而已哉嗚呼王若曰誥告爾多方非天庸釋有夏非天庸釋有殷先言嗚呼而後言王若曰者唐孔氏曰周公先自歎息而後稱王命以誥之也庸用也有心之謂釋去之

也上文言夏殷之亡因言非天有心於去夏亦非天有心於去殷下文遂言乃惟桀紂自取亡滅也○呂氏曰周公先自歎息而始宣布成王之誥告以見周公未嘗稱王也入此篇之始周公曰王若曰復語相承書無此體也至於此章先嗚呼而後王若曰書亦無此體也周公居聖人之變史官豫憂來世傳疑襲誤蓋有竊之爲口實矣故於周公誥命終篇發新例二著周公實未嘗稱王所以別嫌明微而謹萬世之防也乃惟爾辟以爾多方大淫圖天之命屑有辭紂以多方之富大肆淫泆圖度天命瑣屑有辭與多士言桀大淫泆有辭義同殷之亡非自取乎以下二章推之此章之上當有闕文乃惟有夏圖厥政不集于享天降時喪有邦間之集萃也享享有之享桀圖其政不集于享而集于亡故天降是喪亂而俾有殷代之夏之亡非自取乎乃惟爾商後王逸厥逸圖厥政不蠲烝天惟

降時喪蠲潔烝進也紂以逸居逸淫湎無度故其爲政不蠲潔而穢惡不烝進而怠惰天以是降喪亡于殷殷之亡非自取乎此上三節皆應上文非天庸釋之語惟聖罔念作狂惟狂克念作聖天惟五年須暇之子孫誕作民主罔可念聽聖通明之稱言聖而罔念則爲狂矣愚而能念則爲聖矣紂雖昏愚亦有可改過遷善之理故天又未忍遽絶之猶五年之久須待暇寬於紂覬其克念大爲民主而紂無可念可聽者五年必有指實而言孔氏牽合歲月者非是或曰狂而克念果可爲聖乎曰聖固未易爲也狂而克念則作聖之功知所向方太甲其庶幾矣聖而罔念果至於狂乎曰聖固無所謂罔念也禹戒舜曰無若丹朱傲惟慢遊是好一念之差雖未至於狂而狂之理亦在是矣此人心惟危聖人拳拳告戒豈無意哉天惟求爾多方大動以威開厥顧天惟爾多方罔堪顧之紂既罔可

念聽天於是求民主於爾多方大警動以祲祥譴告之威以開發其能受眷顧之命者而爾多方之衆皆不足以堪眷顧之命也惟我周王靈承于旅克堪用德惟典神天天惟式教我用休簡畀殷命尹爾多方典主式用也克堪者能勝之謂也德輶如毛民鮮克舉之言德舉者莫能勝也文武善承其衆克堪用德是誠可以爲神天之主矣故天式教文武用以休美簡擇畀付殷命以正爾多方也呂氏曰式教用休者如之何而教之也文武既得乎天天德日新左右逢原其思也若或起之其行也若或翼之乃天之所以教而用以昌大休明者也非諄諄然而教之也此章深論天下向者天命未定眷求民主之時能者則得之孰有過汝者乃無一能當天之眷令天既命我周而定于一矣爾猶𢛁𢛁不靖欲何爲耶明指天命而讋服四海姦雄之心者莫切於是今我曷敢多誥我惟大降爾四國民命言今我何

（敢如此多誥我惟大降宥爾四國民命舉其宥過之恩而責其遷善之實也）爾曷不忱裕之于爾多方爾曷不夾介乂我周王享天之命今爾尚宅爾宅畋爾田爾曷不惠王熙天之命（夾夾輔之夾介賓介之介爾何不誠信寬裕於爾之多方乎爾何不夾輔介助我周王享天之命乎爾之叛亂據法定罪則潴其宅收其田可也今爾猶得居爾宅耕爾田爾何不順我王室各守爾典以廣天命乎此三節責其何不如此也）爾乃迪屢不靜爾心未愛爾乃不大宅天命爾乃屑播天命爾乃自作不典圖忱于正（爾乃屢蹈不靜自取亡滅爾心其未知所以自愛耶爾乃大不安天命耶爾乃輕棄天命耶爾乃自爲不法欲圖見信于正者以爲當然耶此四節責其不可如此也）我惟時其教告之我惟時其戰要

因之至于再至于三乃有不用我降爾命我乃

其大罰殛之非我有周秉德不康寧乃惟爾自

速辜我惟是教告而誨諭之我惟是戒懼而要囚之今至于再至于三矣爾不用我降宥

爾命而猶狃於叛亂反覆我乃其大罰殛殺之非我有周持德不安靜乃惟爾自為凶逆以速

其罪耳王曰嗚呼猷告爾有方多士暨殷多士今

爾奔走臣我監五祀監監洛邑之遷民者也猶諸侯之分民有君道焉所

以謂之臣我監也言商士遷洛奔走臣服我監於今五年矣不曰年而曰祀者因商俗而言也

又按成周既成而成王即政成王即政而商奄繼叛事皆相因纔一二年耳今言五祀則商民

之遷固在作洛之前矣尤為明驗越惟有胥伯小大多正爾罔

不克臬臬事也周官多以胥以伯以正為名胥伯小大眾多之正蓋殷多士授職於洛

其長治遷民者也其奔走臣我監亦久矣宜相體悉竭力其職無或反側偷惰而不能事也

自作不和爾惟和哉爾室不睦爾惟和哉爾邑克明爾惟克勤乃事心不安靜則身不和順矣身不安靜則家不和順矣言爾惟和哉者所以勸勉之也和其身睦其家而後能協于其邑雖然有恩以相愛槩然有文以相接爾邑克明始爲不負其職而可謂克勤乃事矣前既戒以罔不克臬故以克勤乃事期之也

爾尚不忌于凶德亦則以穆穆在乃位克閱于乃邑謀介忌畏也穆穆和敬貌頑民誠可畏矣然如上文所言爾多士庶幾不畏至畏忌頑民凶德亦則以穆穆和敬端處爾位以潛消其悍逆悖戾之氣又能簡閱爾邑之賢者以謀其助則民之頑者且革而化矣尚何可畏之有哉成王誘掖商士之善以化服商民之惡其轉移感動之機微矣哉

爾乃自時洛邑尚永力畋爾田

天惟畀矜爾我有周惟其大介賚爾迪簡在王庭尚爾事有服在大僚爾乃自時洛邑庶幾可以保有其業力畋爾田天亦將畀予矜憐於爾我有周亦將大介助賚錫於爾啓迪簡拔置之王朝矣其庶幾勉爾之事有服在大僚不難至也多士篇商民嘗以夏迪簡在王庭有服在百僚爲言故此因以勸厲之也王曰嗚呼多士爾不克勸忱我命爾亦則惟不克享凡民惟曰不享爾乃惟逸惟頗大遠王命則惟爾多方探天之威我則致天之罰離逖爾土誥告將終乃歎息言爾多士如不能相勸信我之誥命爾亦則惟不能享上凡爾之民亦惟曰上不必享矣爾乃放逸頗僻大違我命則惟爾多士自取天威我亦致天之罰播流蕩析俾爾離遠爾土矣爾雖欲宅爾宅畋爾田尚可得哉多方疑當作多士上章旣勸之以休

此章則董之以威商民不惟有所慕而不敢違越且有所畏而不敢違越矣

王曰我不惟多誥我惟祗告爾命我豈若是多言哉我惟敬告爾以上文勸勉之命而已

又曰時惟爾初不克敬于和則無我怨與之更始故曰時惟爾初也爾民至此苟又不能敬于和猶復乖亂則自取誅戮毋我怨尤矣開其為善禁其為惡周家忠厚之意於是篇尤為可見○呂氏曰又曰二字所以形容周公之惓惓斯民會已畢而猶有餘情誥已終而猶有餘語顧眄之光猶瞱然溢於簡冊也

立政

吳氏曰此書戒成王以任用賢才之道而其旨意則又止戒成王專擇百官有司之長如所謂常伯常任準人等云者蓋古者外之諸侯一卿已命於君内之卿大夫則亦自擇其屬如周公以蔡仲爲卿士伯冏謹簡乃僚之類其長既賢則其所舉用無不賢者矣葛氏曰誥體也今文古文皆有

周公若曰拜手稽首告嗣天子王矣用咸戒于王曰王左右常伯常任準人綴衣虎賁周公曰嗚呼休茲知恤鮮哉此篇周公所作而記之者周史也故稱若曰言周公帥羣臣進戒于王贊之曰拜手稽首告嗣天子王矣羣臣用皆進戒曰王左右之臣有牧民之長曰常伯有任事之公卿曰常任有守法之有司曰準人三事之外掌服器者曰綴衣執射御者曰虎賁皆任用之所當謹者周公於是歎息言曰美矣此官然知憂恤者鮮矣言五等官職

之美而知憂其得人者少也吳氏曰綴衣虎賁近臣之長也葛氏曰綴衣周禮司服之類虎賁周禮之虎賁氏也古之人迪惟有夏乃有室大競籲俊尊上帝迪知忱恂于九德之行乃敢告教厥后曰拜手稽首后矣曰宅乃事宅乃牧宅乃準茲惟后矣謀面用丕訓德則乃宅人茲乃三宅無義民古之人有行此道者惟有夏之君當王室大強之時而求賢以爲事天之實也迪知者蹈知而非苟知也忱恂者誠信而非輕信也言夏之臣蹈知誠信于九德之行乃敢告教其君曰拜手稽首后矣云者致敬以尊其爲君之名也曰宅乃事宅乃牧宅乃準茲惟后矣云者致告以叙其爲君之實也茲者此也言如此而後可以爲君也即皐陶與禹九德之事謀面者謀人之面貌也言非迪知忱恂于九德之行而徒謀之面貌用以爲大順於德乃宅而任之如

此則三宅之人豈復有賢者乎蘇氏曰事則向所謂常任也牧則向所謂常伯也準則向所謂準人也一篇之中所論宅俊者參差不齊然大要不出是三者其餘則皆小臣百執事也吕氏曰古者凡以善言語人皆謂之教不必自上教下而後謂之教也

桀德惟乃弗作往任是惟暴德罔後夏桀惡德弗作往昔先王任用三宅而所任者乃惟暴德之人故桀以喪亡無後

亦越成湯陟丕釐上帝之耿命乃用三有宅克即宅曰三有俊克即俊嚴惟丕式克用三宅三俊其在商邑用協于厥邑其在四方用丕式見德亦越者繼前之辭也耿光也湯自七十里升爲天子典禮命討昭著於天下所謂陟丕釐上帝之光命也三宅謂居常伯常任準人之位者三俊謂有常伯常任準人之才者克即者言湯所用三宅實能就是位而不曠其職所稱三俊實能就

是德而不浮其名也三俊說者謂他日次補三宅者詳宅以位言俊以德言意其儲養待用或如說者所云也惟思式法也湯於三宅三俊嚴思而丕法之故能盡其宅俊之用而宅者得以效其職俊者得以著其才賢智奮庸登于至治其在商邑用協于厥邑近者察之詳其情未易齊織甸之協則純之至也其在四方用丕式見德遠者及之難其德未易偏觀法之同則大之至也至純至大治道無餘蘊矣曰邑曰四方者各極其遠近而言耳嗚呼其在受德暋惟羞刑暴德之人同于厥邦乃惟庶習逸德之人同于厥政帝欽罰之乃伻我有夏式商受命奄甸萬姓羞刑進任刑戮者也庶習備諸衆醜者也言紂德強暴又所與共國者惟羞刑暴德之諸侯所與共政者惟庶習逸德之臣下上帝敬致其罰乃使我周有此諸夏用商所受之命而奄甸萬姓焉甸者井牧其地什伍其民也亦越文王武

王克知三有宅心灼見三有俊心以敬事上帝立民長伯三宅三俊文武克知灼見皆曰心者即所謂迪知忱恂而非謀面也三宅已授之位故曰克知三俊未任以事故曰灼見以是敬事上帝則天職修而上有所承以是立民長伯則體統立而下有所寄人君位天人之兩間而俯仰無怍者以是也夏之尊帝商之丕釐周之敬事其義一也長如王制所謂五國以爲屬屬有長伯如王制所謂二百一十國以爲州州有伯是也立政任人準夫牧作三事言文武立政三宅之官也任人常任也準夫準人也牧常伯也以職言故曰事虎賁綴衣趣馬小尹左右攜僕百司庶府此侍御之官也趣馬掌馬之官小尹小官之長攜僕攜持僕御之人百司若司裘司服庶府若內府大府之屬也大都小伯藝人表臣百司太史尹伯庶常吉士此都邑之官也呂氏曰大都小

伯者謂大都之伯小都之伯也大都言都不言伯小伯言伯不言都互見之也藝人者卜祝巫匠執技以事上者表臣百司表外也表對裏之詞上文百司蓋內百司若內府內司服之屬所謂裏臣也此百司蓋外百司若外府外司服之屬所謂表臣也太史者史官也尹伯者有司之長如庖人內饔膳夫則是數尹之伯也鐘師尹鐘磬師尹磬大師司樂則是數尹之伯也凡所謂官吏莫不在內外百司之中至於特見其名者則皆有意焉虎賁綴衣趣馬小尹左右攜僕以邑衛親近而見庶府以冗賤人所易忽而見藝人恐其或與淫巧機詐以蕩上心而見太史以奉諱惡公天下後世之是非而見尹伯以大小相維體統所係而見若大都小伯則分治郊畿不預百司之數者既條陳歷數文武之衆職而總結之曰庶常吉士庶衆也言在文武之廷無非常德吉士也

司徒司馬司空亞旅

此諸侯之官也司徒主邦教司馬主邦政司空主邦土餘見牧誓言諸侯之官莫不得人也諸侯之官獨舉此者以其名位通於天子歟

夷微盧烝三亳阪尹此王官之監於諸侯四夷者也微盧見經亳見史三亳蒙爲北亳穀熟爲南亳偃師爲西亳烝或以爲衆或以爲夷名阪未詳古者險危之地封疆之守或不以封而使王官治之參錯於五服之間是之謂尹地志載王官所治非一此特舉其重者耳自諸侯三卿以降唯列官名而無他語承上庶常吉士之文以内見外也夫上自王朝内而都邑外而諸侯遠而夷狄莫不皆得人以爲官使何其盛歟

文王惟克厥宅心乃克立茲常事司牧人以克俊有德文王惟能其三宅之心能者能之也知之至信之篤之謂故能立此常任常伯用能俊有德也不言準人者因上章言文王用人而申克知三有宅心之說故略之也

文王罔攸兼于庶言庶獄庶慎惟有司之牧夫是訓用違庶言號令也庶獄獄訟也庶慎國之禁戒儲備也有司有職主者牧夫牧人也文王不敢下侵庶職惟於

有司牧夫訓敕用命及違命者而已漢孔氏曰勞於求才逸於任賢庶獄庶慎文王罔敢知于茲上言罔攸兼則猶知之特不兼其事耳至此罔敢知則若未嘗知有其事蓋信任之益專也上言庶言此不及者號令出於君有不容不知者故也呂氏曰不曰罔知於茲而曰罔敢知于茲者徒言罔知則是莊老之無爲也惟言罔敢知然後見文王敬畏思不出位之意毫釐之辨學者宜精察之亦越武王率惟敉功不敢替厥義德率惟謀從容德以並受此丕丕基率循也敉功安天下之功義德義德之人容德容德之人蓋義德者有撥亂反正之才容德者有休休樂善之量皆成德之人也周公上文言武王率循文王之功而不敢替其所用義德之人率循文王之謀而不敢違其容德之士意如虢叔閎夭散宜生泰顛南宮适之徒所以輔成王業者文用之於前武任之於後故周公於君奭言五臣克昭文王受有殷命武王惟茲四人

尚迪有祿正猶此敘文武用人而言並受此丕丕基也嗚呼孺子王矣繼自今我其立政立事準人牧夫我其克灼知厥若丕乃俾亂相我受民和我庶獄庶愼時則勿有間之我者指王而言若順也周公既述文武基業之大歎息而言曰孺子今既爲王矣繼此以往王其於立政立事準人牧夫之任當能明知其所順順者其心之安也孔子曰察其所安人焉廋哉察其所順者知人之要也夫既明知其所順果正而不他然後推心而大委任之使展布四體以爲治相助左右所受之民和調均齊獄愼之事而又戒其勿以小人間之使得終始其治此任人之要也民而謂之受者言民者乃受之於天受之於祖宗非成王之所自有也自一話一言我則末惟成德之彥以乂我受民末終惟思也自一話一言之間我則終思成德之美士以治我所受之民而不敢斯

須志也嗚呼予旦已受人之徽言咸告孺子王矣繼自今文子文孫其勿誤于庶獄庶慎惟正是乂之前所言禹湯文武任人之事無非至美之言我聞之於人者巳皆告孺子王矣文子文孫者成王武王之文子文王之文孫也成王之時法度彰禮樂著守成尚文故曰文誤失也有所兼有所知不付之有司而以己誤之也正猶康誥所謂正人與宮正酒正之正指當職者爲言不以己誤庶獄庶慎惟當職之人是治之下文言其勿誤庶獄惟有司之牧夫即此意

自古商人亦越我周文王立政立事牧夫準人。則克宅之克由繹之茲乃俾乂自古及商人及我周文王於立政所以用三宅之道則克宅之者能得賢者以居其職也克由繹之者能紬繹用之而盡其才也既能宅其才以安其職又能繹其才以盡其用茲其所以能俾乂也歟國則罔有立政用憸人不訓于德是罔顯在厥世繼自今立政其勿以憸人其惟吉士用勱相我國家自古爲國無有立政用憸利小人者小人而謂之憸者形容其沾沾便捷之狀也憸利小人不順于德是無能光顯以在厥世王當繼今以往立政勿用憸利小人其惟用有常吉士使勉力以輔相我國家也呂氏曰君子陽類用則升其國於明昌小人陰類用則降其國於晻昧陰陽升降亦各從其類也今文子文孫孺子王矣其勿誤于庶獄惟有司之牧夫始言和我庶獄庶慎時則勿有間之繼言其勿誤于庶獄庶慎惟正是乂之至是獨曰其勿誤于庶獄惟有司之牧夫蓋刑者天下之重事挈其重而獨舉之使成王尤知刑獄之可畏必專有司牧夫之任而不可以已誤之也其克詰爾戎兵以陟禹之迹方行天下至于海表罔有不服

以覲文王之耿光以揚武王之大烈詰治也治爾戎服兵器也陟升也禹迹禹服舊迹也方四方也海表四裔也言德威所及無不服也覲見也耿光德也大烈業也於文王稱德於武王稱業各於其盛者稱之呂氏曰兵刑之大也故既言庶獄而繼以治兵之戒焉或曰周公之訓稽其所敝得無啓後世好大喜功之患乎曰周公詰兵之訓繼勿誤庶獄之後犴獄之間尚恐一刑之誤況六師萬衆之命其敢不審而誤舉乎推勿誤庶獄之心而奉克詰戎兵之戒必非得已不已而輕用民命者也嗚呼繼自今後王立政其惟克用常人并周家後王而戒之也常人常德之人也皐陶曰彰厥有常吉哉常人與吉士同實而異名者也周公若曰太史司寇蘇公式敬爾由獄以長我王國茲式有慎以列用中罰此周公因言慎罰而以蘇公敬獄之事告之太史使其并書以爲後世司獄之

式也蘇國名也左傳蘇忿生以温爲司寇周公
告太史以蘇忿生爲司寇用能敬其所由之獄
培植基本以長我王國令於此取法而有謹焉
則能以輕重條列用其中罰而無過差之患矣

朱文公訂正門人蔡九峯書集傳卷之五

淳祐庚戌季秋金華後學呂遇龍

校正刋于上饒郡學之極高明

朱文公訂正門人蔡九峯書集傳卷之六

周官

成王訓迪百官史録其言以周官名之亦訓體也今文無古文有○

按此篇與今周禮不同如三公三孤周禮皆不載或謂公孤兼官無正職故不載然三公論道經邦三孤貳公弘化非職乎職任之大無踰此矣或又謂師氏即太師保氏即太保然以師保之尊而反屬司徒之職亦無是理也又此言六年五服一朝而周禮六服諸侯有一歲一見者二歲一見者三歲一見者亦與此不合是固可疑然周禮非聖人不能作也意周公方條治事之官而未及師保之職所謂未及者鄭重而未及言之也書未成而公亡其間法制有未施用故與此異而冬官亦闕要之周禮首末未備周公未成之書也惜哉讀書者參互而考之則周公經制可得而論矣

惟周王撫萬邦巡侯甸四征弗庭綏厥兆民六服羣辟罔不承德歸于宗周董正治官此書之本序也庭直也葛氏曰弗庭弗來庭者六服侯甸男采衛并畿內爲六服也禹貢五服通畿內周制五服在王畿外也周禮又有九服侯甸男采衛蠻夷鎮蕃與此不同宗周鎬京也董督也治官凡治事之官也言成王撫臨萬國巡狩侯甸四方征討不庭之國以安天下之民六服諸侯之君無不奉承周德成王歸于鎬京督正治事之官外攘之功舉而益嚴內治之修也唐孔氏曰周制無萬國惟伐淮夷非四征也大言之爾王曰若昔大猷制治于未亂保邦于未危若昔大道之世制治保邦于未亂未危之前即下文明王立政是也曰唐虞稽古建官惟百內有百揆四岳外有州牧侯伯庶政惟和萬國咸寧夏商官倍亦克

用乂明王立政不惟其官惟其人百揆無所不總者四岳總其方岳者州牧各總其州者侯伯次州牧而總諸侯者也百揆四岳總治于內州牧侯伯總治于外內外相承體統不紊故庶政惟和而萬國咸安夏商之時世變事繁觀其會通制其繁簡官數加倍亦能用治明王立政不惟其官之多惟其得人而已今予小子祗勤于德夙夜不逮仰惟前代時若訓迪厥官逮及時是若順也成王祗勤于德早夜若有所不及然蓋修德者任官之本也立太師太傅太保茲惟三公論道經邦燮理陰陽官不必備惟其人立始辭也三公非始於此立爲周家定制則始於此也賈誼曰保者保其身體傳者傳之德義師道之教訓此所謂三公也陰陽以氣言道者陰陽之理恒而不窮者也易曰一陰一陽之謂道是也論者講明之謂經者經綸之謂燮理者和調之也非經綸天下之大經

象天地之化育者豈足以任此責故官不必備惟其人也

少師少傅少保曰三孤貳公弘化寅亮天地弼予一人

孤特也三少雖三公之貳而非其屬官故曰孤天地以形言化者天地之用運而無迹者也易曰範圍天地之化是也弘者張而大之寅亮者敬而明之也公論道孤弘化公燮理陰陽孤寅亮天地公論於前孤弼於後公孤之分如此

冢宰掌邦治統百官均四海

冢大宰治也天官卿治官之長是爲冢宰內統百官外均四海蓋天子之相也百官異職管攝使歸于一是之謂統四海異宜調劑使得其平是之謂均

司徒掌邦教敷五典擾兆民

擾馴也地官卿主國教化敷君臣父子夫婦長幼朋友五者之教以馴擾兆民之不順者而使之順也唐虞司徒之官固已職掌如此

宗伯掌邦禮治神人和上下

春官卿主邦禮治天神地祇人鬼之事和上下尊卑等列春官於四時之序爲

長故其官謂之宗伯成周合樂於禮官謂之和者蓋以樂而言也司馬掌邦政統六師平邦國夏官卿主戎馬之事掌國征伐統御六軍平治邦國平謂強不得陵弱衆不得暴寡而人皆得其平也軍政莫急於馬故以司馬名官何莫非政獨戎政謂之政者用以征伐而正彼之不正王政之大者也司寇掌邦禁詰姦慝刑暴亂秋官卿主寇賊法禁羣行攻刧曰寇詰姦惡刑彊暴作亂者掌刑不曰刑而曰禁者禁於未然也呂氏曰姦慝隱而難知故謂之詰推鞫窮詰而求其情也暴亂顯而易見直刑之而已司空掌邦土居四民時地利冬官卿主國空土以居士農工商四民順天時以興地利按周禮冬官則記考工之事與此不同蓋本闕冬官漢儒以考工記當之也六卿分職各率其屬以倡九牧阜成兆民六卿分職各率其屬官以倡九州之牧自內達之於外政治明教化洽兆民之衆莫不阜厚而

化成也按周禮每卿六十屬六卿三百六十屬也呂氏曰冢宰相天子統百官則司徒以下無非冢宰所統乃均列一職而併數之爲六者綱在綱中也乾坤之與六子並列於八方冢宰之與五卿並列於六職也

六年五服一朝又六年王乃時巡考制度于四岳諸侯各朝于方岳大明黜陟

五服侯甸男采衛也六年一朝會京師十二年王一巡狩時巡者猶舜之四仲巡狩也考制度者猶舜之協時月正日同律度量衡等事也諸侯各朝方岳者猶舜之肆覲東后也大明黜陟者猶舜之黜陟幽明也疏數異時繁簡異制帝王之治因時損益者可見矣

王曰嗚呼凡我有官君子欽乃攸司愼乃出令令出惟行弗惟反以公滅私民其允懷

建官之體統前章既訓迪之矣此則居守官職者咸在曰凡有官君子者合尊卑小大而同訓之也反者令出不可行而壅逆之謂

言敬汝所主之職謹汝所出之令令出欲其行不欲其壅逆而不行也以天下之公理滅一己之私情則令行而民莫不敬信懷服矣

學古入官議事以制政乃不迷其爾典常作之師無以利口亂厥官蓄疑敗謀怠忽荒政不學墻面莅事惟煩

學古學前代之法也制裁度也迷錯繆也典常當代之法也周家典常皆文武周公之所講畫至精至備凡莅官者謹師之而已不可喋喋利口更改而紛亂之也積疑不决必敗其謀怠惰忽略必荒其政人而不學其猶正墻面而立必無所見而舉錯煩擾也○蘇氏曰鄭子產鑄刑書晉叔向譏之曰昔先王議事以制不爲刑辟其言蓋取諸此先王人法並任而任人爲多故律設大法而已其輕重之詳則付之人臨事而議以制其出入故刑簡而政清自唐以前治罪科條止於今律令而已人之所犯日變無窮而律令有限以有限治無窮不聞有所闕豈非人法兼行吏猶得臨事

而議乎令律令之外科條數萬而不足於用有司請立新法者曰益不已嗚呼任法之弊一至於此哉

戒爾卿士功崇惟志業廣惟勤惟克果斷乃罔後艱 此下申戒卿士也王氏曰功以智崇業以仁廣斷以勇克此三者天下之達道也呂氏曰功者業之成也業者功之積也崇其功者存乎志廣其業者存乎勤勤由志而生志待勤而遂雖有二者當幾而不能果斷則志與勤虛用而終蹈後艱矣

位不期驕祿不期侈恭儉惟德無載爾僞作德心逸日休作僞心勞日拙 貴不與驕期而驕自至祿不與侈期而侈自至故居是位當知所以恭饗是祿當知所以儉然恭儉豈可以聲音笑貌爲哉當有實得於己不可從事於僞作德則中外惟一故心逸而日休休焉作僞則揜護不暇故心勞而日著其拙矣或曰期待也位所以崇德非期於爲驕祿所以報功非期於爲侈亦通

居寵思危罔不

惟畏弗畏入畏居寵盛則思危辱當無所不致其祇畏苟不知祇畏則入于可畏之中矣後之患失者與思危相似然思危者以寵利爲憂患失者以寵利爲樂所存大不同也推賢讓能庶官乃和不和政厖舉能其官惟爾之能稱匪其人惟爾不任賢有德者也能有才者也王氏曰道二義利而已推賢讓能所以爲義大臣出於義則莫不出於義此庶官所以不爭而和蔽賢害能所以爲利大臣出於利則莫不出於利此庶官所以爭而不和庶官不和則政必雜亂而不理矣稱亦舉也所舉之人能修其官是亦爾之所能舉非其人是亦爾不勝任古者大臣以人事君其責如此王曰嗚呼三事暨大夫敬爾有官亂爾有政以佑乃辟永康兆民萬邦惟無斁三事即立政三事也亂治也篇終歎息上自三事下至大夫而申戒勑之也其不及公孤者公孤德尊位隆非

有待於戒勑也

君陳君陳臣名唐孔氏曰周公遷殷頑民於下都周公親自監之周公既殁成王命君陳代周公此其策命之詞史錄其書以君陳名篇今文無古文有

王若曰君陳惟爾令德孝恭惟孝友于兄弟克施有政命汝尹茲東郊敬哉言君陳有令德事親孝事上恭惟其孝友於家是以能施政於邦孔子曰居家理故治可移於官陳氏曰天子之國五十里爲近郊自王城言之則下都乃東郊之地故君陳畢命皆指下都爲東郊

昔周公師保萬民民懷其德往慎乃司茲率厥常懋昭周公之訓惟民其乂周公之在東郊有師之尊有保之親師教之保安之民懷其德君陳之往但當謹其所司率循其常勉明周公之舊訓則民其治矣蓋周公既殁民方思慕周公之訓君陳能發明而光大之固其翕然聽順也

我聞曰至治馨香感

于神明黍稷非馨明德惟馨爾尚式時周公之猷訓惟日孜孜無敢逸豫吕氏曰成王既勉君陳昭周公之訓復舉周公精微之訓以告之至治馨香以下四語所謂周公之訓也既言此而揭之以爾尚式時周公之猷訓則是四言爲周公之訓明矣物之精華固無二體然形質止而氣臭升止者有方升者無間則馨香者精華之上達者也至治之極馨香發聞感格神明不疾而速凡昭薦黍稷之苾芬是豈黍稷之馨哉所以苾芬者實明德之馨也至治舉其成明德循其本非有二馨香也周公之訓固爲精微而舉以告君陳尤當其可自殷頑民言之欲其感格非可刑驅而勢迫所謂洞達無間者蓋當深省也自周公法度言之典章雖具苟無前人之德則索然萎苶徒爲陳迹也故勉之以用是猷訓惟日孜孜無敢逸豫焉是訓也至精至微非日新不已深致敬篤之功孰能與於斯

凡人未見聖若不克見既見聖亦不克

由聖爾其戒哉爾惟風下民惟草未見聖如不能得見既見聖亦不能由聖人情皆然君陳親見周公故特申戒以此君子之德風也小人之德草也草上之風必偃君陳克由周公之訓則商民亦由君陳之訓矣圖厥政莫或不艱有廢有興出入自爾師虞庶言同則繹師衆虞度也言圖謀其政無小無大莫或不致其難有所當發有所當興必出入反覆與衆共虞度之衆論既同則又紬繹而深思之而後行也蓋出入自爾師虞者所以合乎人之同庶言同則繹者所以斷於己之獨孟子曰國人皆曰賢然後察之國人皆曰可殺然後察之庶言同則繹之謂也

爾有嘉謀嘉猷則入告爾后于內爾乃順之于外曰斯謀斯猷惟我后之德嗚呼臣人咸若時惟良顯哉言切於事謂之謀言合於道謂之猷道與事非二也各舉其甚者言之良

以德言顯以名言或曰成王舉君陳前日已陳之善而歎息以美之也。葛氏曰成王殆失斯言矣欲其臣善則稱君人臣之細行也然君旣有是心至於有過則將使誰執咎禹聞善言則拜湯改過不吝端不爲此言矣嗚呼此其所以爲成王歟

王曰君陳爾惟弘周公丕訓無依勢作威無倚法以削寬而有制從容以和此篇言周公訓者三曰懋昭曰式時至此則弘周公之丕訓欲其益張而大之也君陳何至依勢以爲威倚法以侵削者然勢我所有也法我所用也喜怒予奪毫髮不於人而於己是私意也非公理也安能不作威以削乎君陳之世當寬和之時也然寬不可一於寬必寬而有其制和不可一於和必從容以和之而後可以和厥中也

殷民在辟予曰辟爾惟勿辟予曰宥爾惟勿宥惟厥中上章成王慮君陳之徇己此則慮君陳之徇君也言殷民之在刑辟者不可徇君以爲生殺惟當審

其輕重之中也有弗若于汝政弗化于汝訓辟以止辟乃辟其有不順于汝之政不化于汝之訓刑之可也然刑期無刑刑而可以止刑者乃刑之此終上章之辟狃于姦宄敗常亂俗三細不宥狃習也常典常也俗風俗也狃于姦宄與夫毀敗典常壞亂風俗人犯此三者雖小罪亦不可宥以其所關者大也此終上章之宥爾無忿疾于頑無求備于一夫無忿疾人之所未化無求備人之所不能必有忍其乃有濟有容德乃大孔子曰小不忍則亂大謀必有所忍而後能有所濟然此猶有堅制力蓄之意若洪裕寬綽恢恢乎有餘地者斯乃德之大也忍言事容言德各以深淺言也簡厥修亦簡其或不修進厥良以率其或不良王氏曰修謂其職業良謂其行義職業有修有修與不修當簡而別之則人勸功進行義之良者以率其不良則人勸行惟啓

民生厚因物有遷違上所命從厥攸好爾克敬典在德時乃罔不變允升于大猷惟予一人膺受多福其爾之休終有辭於永世言斯民之生其性本厚而所以澆薄者以誘於習俗而爲物所遷耳然厚者既可遷而薄則薄者豈不可反而厚乎反其歸厚特非聲音笑貌之所能爲爾民之於上固不從其令而從其好大學言其所令反其所好則民不從亦此意也敬典者敬其君臣父子兄弟夫婦朋友之常道也在德者得其典常之道而著之於身也蓋知敬典而不知在德則典與我猶二也惟敬典而在德焉則所敬之典無非實有諸己實之感人捷於桴鼓所以時乃罔不變而信升于大猷也如是則君受其福臣成其美而有令名於永世矣

顧命 顧還視也成王將崩命羣臣立康王史序其事爲篇謂之顧命者鄭玄云回首曰顧臨死回顧而發命也今文古文皆有○吕氏曰成王經三監之變王室幾揺故此正其終始特詳焉顧命成王所以正其終康王之誥康王所以正其始

惟四月哉生魄王不懌始生魄十六日王有疾故不悅懌甲子王乃洮頮水相被冕服憑玉几王發大命臨羣臣必齋戒沐浴今疾病危殆故但洮盥頮面扶相者被衮冕憑玉几以發命乃同召太保奭芮伯彤伯畢公衛侯毛公師氏虎臣百尹御事同召六卿下至御治事者太保芮伯彤伯畢公衛侯毛公六卿也冢宰第一召公領之司徒第二芮伯爲之宗伯第三彤伯爲之司馬第四畢公領之司寇第五衛侯爲之司空第六毛公領

之太保畢毛三公兼也芮彤畢衛毛皆國名入爲天子公卿師氏大夫官虎臣虎賁氏百尹百官之長及諸御治事者平時則召六卿使帥其屬此則將發顧命自六卿至御事同以王命召也

王曰嗚呼疾大漸惟幾病日臻旣彌留恐不獲誓言嗣茲予審訓命汝

此下成王之顧命也自嘆其疾大進惟危殆病日至旣彌甚而留連恐遂死不得誓言以嗣續我志此我所以詳審發訓命汝統言曰疾甚言曰病

昔君文王武王宣重光奠麗陳教則肄肄不違用克達殷集大命

武猶文謂之重光猶舜如堯謂之重華也奠定麗依也言文武宣布重明之德定民所依陳列教條則民習服習而不違天下化之用能達於殷邦而集大命於周也

在後之侗敬迓天威嗣守文武大訓無敢昏逾

侗愚也成王自稱言其敬迎上天威命而不敢少忽嗣守文武大訓

而無敢昏逾天威天命也大訓述天命者也於天言天威於文武言大訓非有二也今天降疾殆弗興弗悟爾尚明時朕言用敬保元子釗弘濟于艱難釗康王名成王言今天降疾我身殆將必死弗興弗悟爾庶幾明是我言用敬保元子釗大濟于艱難曰元子者正其統也柔遠能邇安勸小大庶邦懷來馴擾安寧勸導皆君道所當盡者合遠邇小大而言又以見君德所施公平周溥而不可有所偏滯也思夫人自亂于威儀爾無以釗冒貢于非幾亂治也威者有威可畏儀者有儀可象舉一身之則而言也蓋人受天地之中以生是以有動作威儀之則成王思夫人之所以為人者自治於威儀耳自治云者正其身而不假於外求也貢進也成王又言羣臣其無以元子而冒進於不善之幾也蓋幾者動之微而善惡之所由分也非幾則發於不善而陷於惡矣威儀舉其著於外者而勉之

也非幾事其發於中者而戒之也威儀之治皆本一念一慮之微可不謹乎孔子所謂知幾子思所謂謹獨周子所謂幾善惡者皆致意於是也成王垂絕之言而拳拳及此其有得於周公者亦深矣。蘇氏曰死生之際聖賢之所甚重也成王將崩之一日被冕服以見百官出經遠保世之言其不死於燕安婦人之手也明矣其致刑措宜哉

茲既受命還出綴衣于庭越翼日乙丑王崩綴衣幄帳也羣臣既退徹出幄帳於庭喪大記云疾病君徹懸東首於北墉下是也於其明日王崩

太保命仲桓南宮毛俾爰齊侯呂伋以二干戈虎賁百人逆子釗於南門之外延入翼室恤宅宗桓毛二臣名伋太公望子爲天子虎賁氏延引也翼室路寢旁左右翼室也太保以冢宰攝政命桓毛二臣使齊侯呂伋以二干戈虎賁百人逆太子釗於路寢門外引入路寢翼室爲憂居宗主也呂氏曰發命者冢

宰傳命者兩朝臣承命者勳戚顯諸侯體統尊嚴樞機周密防危慮患之意深矣入自端門萬姓咸覲與天下共之也延入翼室爲憂居之宗示天下不可一日無統也唐穆敬文武以降閹寺執國命易主於宮掖而外廷猶不聞然後知周家之制曲盡備豫雖一條一節亦不可廢也

丁卯命作冊度 命史爲冊書法度傳顧命於康王 **越七日癸酉伯相命士須材** 伯相召公也召公以西伯爲相須取也命士取材木以供喪用

狄設黼扆綴衣 狄下士祭統云狄者樂吏之賤者也喪大記狄人設階蓋供喪役而典設張之事者也黼扆屛風畫爲斧文者設黼扆幄帳如成王生存之日也 **牖間南嚮敷重篾席黼純華玉仍几** 此平時見羣臣覲諸侯之坐也敷設重席所謂天子之席三重者也篾席桃竹枝席也黼白黑雜繒純緣也華彩色也華玉以飾几仍因也因生時所設也周禮吉事變几凶事仍几是也 **西序東嚮敷重**

厎席綴純文貝仍几此旦夕聽事之坐也東西廂謂之序厎席蒲席也綴雜彩文貝有文之貝以飾几也東序西嚮敷重豐席畫純雕玉仍几此養國老饗羣臣之坐也豐席莞席也畫彩色雕刻鏤也西夾南嚮敷重筍席玄紛純漆仍几此親屬私燕之坐也西廂夾室之前筍席竹席也紛雜也以玄黑之色雜爲之緣漆漆几也牖間兩序西夾其席有四牖户之間謂之扆天子負扆朝諸侯則牖間南嚮之席坐之正也其三席各隨事以時設也將傳先王顧命知神之在此乎在彼乎故兼設平生之坐也越玉五重陳寶赤刀大訓弘璧琬琰在西序大玉夷玉天球河圖在東序胤之舞衣大貝鼖鼓在西房兌之戈和之弓垂之竹矢在東房於東西序坐北列玉五重及陳先王所寶器物赤刀赤削也大訓三

皇五帝之書訓誥亦在焉文武之訓亦曰大訓弘璧大璧也琬琰圭名夷常也球鳴球也河圖伏羲時龍馬負圖出於河一六位北二七位南三八位東四九位西五十居中者易大傳所謂河出圖是也胤國名胤國所制舞衣大貝如車渠鼖鼓長八尺兌和皆古之巧工垂舜時共工舞衣鼖鼓戈弓竹矢皆制作精巧中法度故歷代傳寶之孔氏曰弘璧琬琰大玉夷玉天球玉之五重也呂氏曰西序所陳不惟赤刀弘璧而大訓參之東序所陳不惟大玉夷玉而河圖參之則其所寶者斷可識矣愚謂寶玉器物之陳非徒以爲國容觀美意者成王平日之所觀閱手澤在焉陳之以象其生存也楊氏中庸傳曰宗器於祭陳之示能守也於顧命陳之示能傳也

大輅在賓階面綴輅在阼階面先輅在左塾之前次輅在右塾之前

大輅玉輅也綴輅金輅也先輅木輅也次輅象輅革輅也王之五輅玉輅以祀不以封爲最貴金輅以封同姓爲次之象輅以封異姓爲又次

之華輅以封四衛爲又次之木輅以封蕃國爲最賤其行也貴者宜自近賤者宜遠也王乘玉輅綴之者金輅也故金輅謂之綴輅最遠者木輅也故木輅謂之先輅以木輅爲先輅則革輅象輅爲次輅矣賓階西階也阼階東階也面南嚮也塾門側堂也五輅陳列亦象成王之生存也周禮典路云若有大祭祀則出路大喪大賓客亦如之是大喪出輅爲常禮也又按所陳寶玉器物皆以西爲上者成王殯在西序故也

二人雀弁執惠立于畢門之内四人綦弁執戈上刃夾兩階戺一人冕執劉立于東堂一人冕執鉞立于西堂一人冕執戣立于東垂一人冕執瞿立于西垂一人冕執鋭立于側階弁士服雀弁赤色弁也綦弁以文鹿子皮爲之惠三隅矛路寢門一名畢門上刃刃外嚮也堂廉曰戺冕大夫服劉鉞屬戣瞿皆戟屬鋭當作鈗説文曰鈗侍

臣所執兵從金允聲周書曰一人冕執銳讀若允東西堂路寢東西廂之前堂也東西垂路寢東西廂之階上也側階北階之階上也。呂氏曰古者執戈戟以宿衛王宮皆士大夫之職無事而奉燕私則從容養德有膏澤之潤有事而司禦侮則堅明守義而無腹心之虞下及秦漢陛楯執戟尚餘一二此制既廢人主接士大夫者僅有視朝數刻而周廬陛楯或環以椎埋嚚悍之徒有志於復古者當深繹也

王麻冕黼裳由賓階隮卿士邦君麻冕蟻裳入即位

麻冕三十升麻為冕也隮升也康王吉服自西階升堂以受先王之命故由賓階也蟻玄色公卿大夫及諸侯皆同服亦廟中之禮不言升階者從王賓階也入即位者各就其位也。呂氏曰麻冕黼裳王祭服也卿士邦君祭服之裳皆纁今蟻裳者蓋無事於奠祝不欲純用吉服有位於班列不可純用凶服酌吉凶之間示禮之變也

太保太史太宗皆麻冕彤裳太保承介圭上

宗奉同瑁由阼階隮太史秉書由賓階隮御王
冊命太宗宗伯也彤纁也太保受遺太史奉冊太宗相禮故皆祭服也介大也大圭天子
之守長尺有二寸同爵名祭以酌酒者瑁方四寸邪刻之以冒諸侯之珪璧以齊瑞信也太保
宗伯以先王之命奉符寶以傳嗣君有主道焉故升自阼階太史以冊命御王故持書由賓階
以升蘇氏曰凡王所臨所服用皆曰御曰皇后憑玉几道揚末命
命汝嗣訓臨君周邦率循大卞燮和天下用答
揚文武之光訓成王顧命之言書之冊矣此太史口陳者也皇大后君也言大
君成王力疾親憑玉几道揚臨終之命命汝嗣守文武大訓曰汝者父前子名之義卞法也臨
君周邦位之大也率循大卞法之大也燮和天下和之大也居大位由大法致大和然後可以
對揚文武之光訓也王再拜興答曰眇眇予末小子其能

而亂四方以敬忌天威眇小而如亂治也王拜受顧命起答太史曰眇

眇然予微末小子其能如父祖治四方以敬忌天威乎謙辭退託於不能也顧命有敬迓天威

嗣守文武大訓之語故太史所告康王所答皆於是致意焉乃受同瑁王三

宿三祭三咤上宗曰饗王受瑁為主受同以祭宿進爵也祭祭酒也咤

奠爵也禮成於三故三宿三祭三咤葛氏曰受上宗同瑁則受太保介圭可知宗伯曰饗者傳

神命以饗告也太保受同降盥以異同秉璋以酢授宗

人同拜王答拜太保受王所咤之同而下堂盥洗更用他同秉璋以酢酢報祭

也祭禮君執圭瓚祼尸太宗執璋瓚亞祼報祭亦亞祼之類故亦秉璋也以同授宗人而拜尸

王答拜者代尸拜也宗人小宗伯之屬相太保酢者也太宗供王故宗人供太保太保

受同祭嚌宅授宗人同拜王答拜以酒至齒曰嚌太保復受

同以祭飲福至齒宅居也太保退居其所以同授宗人又拜王復答拜太保飲福至齒者方在喪疚歆神之賜而不甘其味也若王則喪之主非徒不甘味雖飲福亦廢也太保降

收諸侯出廟門俟太保下堂有司收徹器用廟門路寢之門也成王之殯在焉故曰廟言諸侯則卿士以下可知俟者俟見新君也

康王之誥 今文古文皆有 今文合于顧命

王出在應門之內太保率西方諸侯入應門左畢公率東方諸侯入應門右皆布乘黃朱賓稱奉圭兼幣曰一二臣衛敢執壤奠皆再拜稽首王義嗣德答拜

漢孔氏曰王出畢門立應門內鄭氏周禮五門一曰皐門二曰雉門三曰庫門四曰應門五曰路門路門一曰畢門外朝在路門外則應門之內蓋內朝所在也周中分天下諸侯主以二伯自陝以東周公主之自陝以西召公主之召公率西方諸侯蓋西伯舊職畢公率東方諸侯則繼周公為東伯矣諸侯入應門列于左右布陳也乘四馬也諸侯皆陳四黃馬而朱其鬣以為廷實或曰黃朱若篚厥玄黃之類賓諸侯也稱舉也諸侯舉所奉圭兼幣曰一二臣衛一二見非一也為王蕃衛故曰臣衛敢執壤地所出奠贄皆再拜首至

地以致敬義宜也義嗣德云者史氏之辭也康王宜嗣前人之德故荅拜也吳氏曰穆公使人弔公子重耳重耳稽顙而不拜穆公曰仁夫公子稽顙而不拜則未爲後也未爲後者拜不拜故未爲後也弔者含者襚者升堂致命主孤拜稽顙成爲後者也康王之見諸侯若以爲不當拜而不拜則疑未爲後也且純乎吉也荅拜無正其爲後且知其喪見也

太保暨芮伯咸進相揖皆再拜稽首曰敢敬告天子皇天改大邦殷之命惟周文武誕受羑若克恤西土

冢宰及司徒與羣臣皆進相揖定位又皆再拜稽首陳戒於王曰敢敬告天子示不敢輕告且尊稱之所以重其聽也曰大邦殷者明有天下不足恃也羑若未詳蘇氏曰羑羑里也文王出羑里之囚天命自是始順或曰羑若即下文之厥若也羑厥或字有訛謬西土文武所與之也言文武所以大受命者以其能恤西土之衆也進告不言諸侯以內見外

惟新陟

王畢協賞罰戡定厥功用敷遺後人休今王敬之哉張皇六師無壞我高祖寡命陟升遐也成王初崩未葬未謚故曰新陟王畢盡協合也好惡在理不在我故能盡合其賞罰之所當賞罰之所當罰而克定其功用施及後人之休美今王嗣位其敬勉之哉皇大也張皇六師大飭戎備無廢壞我文武艱難寡得之基命也按召公此言若導王以尚威武者然守成之世多溺宴安而無立志苟不詰爾戎兵奮揚武烈則廢弛怠惰而陵遲之漸見矣成康之時病正在是故周公於立政亦懇懇言之後世墜先王之業忘祖父之讎上下苟安甚至於口不言兵亦異於召公之見矣可勝歎哉

王若曰庶邦侯甸男衛惟予一人釗報誥報誥而不及羣臣者以外見內康王在喪故稱名春秋嗣王在喪亦書名也昔君文武丕平富不務咎底至齊信用昭明于天下則

亦有熊羆之士不二心之臣保乂王家用端命于上帝皇天用訓厥道付畀四方丕平富者溥博均平薄斂富民言文武德之廣也不務咎者不務咎惡輕省刑罰言文武罰之謹也厎至者推行而厎其至也齊信者兼盡而極其誠也文武務德不務罰之心推行而厎其至兼盡而極其誠內外充實故光輝發越用昭明于天下蓋誠之至者不可揜也而又有熊羆武勇之士不二心忠實之臣戮力同心保乂王室文武用受正命於天下上天用順文武之道而付之以天下之大也康王言此者求助羣臣諸侯之意乃命建侯樹屏在我後之人今予一二伯父尚胥暨顧綏爾先公之臣服于先王雖爾身在外乃心罔不在王室用奉恤厥若無遺鞠子羞天子稱同姓諸侯曰伯父康王言文武所以命建侯邦植立藩屏者

意蓋在我後之人也今我一二伯父庶幾相與
顧綏爾祖考所以臣服于我先王之道雖身守
國在外乃心當常在王室用奉上之
憂勤其順承之毋遺我稚子之恥也羣公既皆
聽命相揖趨出王釋冕反喪服始相揖者揖而
進也此相揖者
揖而退也蘇氏曰成王崩未葬君臣皆冕服禮
歟曰非禮也謂之變禮可乎曰不可禮變於不
得已嫂非弱終不援也三年之喪既成服釋之
而即吉無時而可者曰成王顧命不可以不傳
既傳不可以喪服受也曰何為其不可也孔子
曰將冠子未及期日而有齊衰大功之喪則因
喪服而冠冠吉禮也猶可以喪服行之受顧命
見諸侯獨不可以喪服乎太保使太史奉冊授
王于次諸侯入哭於路寢而見王於次王喪服
受教戒諫哭踊答拜聖人復起不易斯言矣春
秋傳曰鄭子皮如晉葬晉平公將以幣行子產
曰喪安用幣子皮固請以行既葬諸侯之大夫
欲因見新君叔向辭之曰大夫之事畢矣而又
命孤孤斬焉在衰絰之中其以嘉服見則喪禮

未畢其以喪服見是重受弔也大夫將若之何皆無辭以退今康王既以嘉服見諸侯而又受乘黄玉帛之幣使周公在必不爲此然則孔子何取此書也曰至矣其父子君臣之間教戒深切著明足以爲後世法孔子何爲不取哉然其失禮則不可不辯

畢命 康王以成周之衆命畢公保釐此其冊命也。今文無古文有。○唐孔氏曰漢律歷志云康王畢命豐刑曰惟十有二年六月庚午朏王命作冊書豐刑此僞作者傳聞舊語得其年月不得以下之辭妄言作豐刑耳亦不知豐刑之言何所道也

惟十有二年六月庚午朏越三日壬申王朝步自宗周至于豐以成周之衆命畢公保釐東郊康王之十二年也畢公嘗相文王故康王就豐文王廟命之成周下都也保安釐理也保釐即下文旌別淑慝之謂蓋一代之治體一篇之宗要也王若曰嗚呼父師惟文王武王敷大德于天下用克受殷命畢公代周公爲太師也文王武王布大德于天下用能受殷之命言得之之難也惟周公左右

先王綏定厥家毖殷頑民遷于洛邑密邇王室式化厥訓既歷三紀世變風移四方無虞予一人以寧十二年曰紀父子曰世周公左右文武成王安定國家謹毖頑民遷于洛邑密近王室用化其教既歷三紀世已變而風始移今四方無可虞度之事而予一人以寧言化之之難也道有升降政由俗革不臧厥臧民罔攸勸有升有降猶言有隆有污也周公當世道方降之時至君陳畢公之世則將升於大猷矣爲政者因俗變革故周公毖殷而謹厥始君陳有容而和厥中皆由俗爲政者當今之政旌別淑慝之時也苟不善其善則民無所勸慕矣惟公懋德克勤小物弼亮四世正色率下罔不祗師言嘉績多于先王予小子垂拱仰成懋盛大之義予懋乃德之懋小物猶言細行也言畢公既有盛

德又能勤於細行輔導四世風采凝峻表儀朝著若大若小罔不祗服師訓休嘉之績蓋多於先王之時矣今我小子復何爲哉垂衣拱手以仰其成而已康王將付畢公以保釐之寄故叙其德業之盛而歸美之也王曰嗚呼父師今予祗命公以周公之事往哉今我敬命公以周公化訓頑民之事公其往哉言非周公所爲不敢丕公以行也旌別淑慝表厥宅里彰善癉惡樹之風聲弗率訓典殊厥井疆俾克畏慕申畫郊圻愼固封守以康四海淑善慝惡癉病也旌善別惡成周今日由俗革之政也表異善人之居里如後世旌表門閭之類顯其爲善者而病其爲不善者以樹立爲善者風聲使顯於當時而傳於後世所謂旌淑也其不率訓典者則殊異其井里疆界使不得與善者雜處禮記曰不變移之郊不變移之遂即其法也使能畏爲惡之禍而慕爲善之福所謂別慝也圻

與畿同郊圻之制昔固規畫矣曰申云者申明之也封域之險昔固有守矣曰謹云者戒嚴之也疆域障塞歲久則易湮世平則易玩時緝而屢省之乃所以尊嚴王畿王畿安則四海安矣

政貴有恒辭尚體要不惟好異商俗靡靡利口惟賢餘風未殄公其念哉對暫之謂恒對常之謂異[redacted]完具於己之謂體衆體所會之謂要政事純一辭令簡實深戒作聰明趨浮末好異之事凡論治體者皆然而在商俗則尤爲對病之藥也蘇氏曰張釋之諫漢文帝秦任刀筆之吏爭以亟疾苛察相高其弊徒文具無惻隱之實以故不聞其過陵夷至於二世天下土崩今以嗇夫口辯而超遷之臣恐天下隨風靡靡爭口辯無其實凡釋之所論則康王以告畢公者也

我聞曰世祿之家鮮克由禮以蕩陵德實悖天道敝化奢麗萬世同流古人論世祿之家逸樂豢養其能由禮者鮮矣既不由禮則心無所

制肆其驕蕩陵蔑有德悖亂天道敝壞風化奢侈美麗萬世同一流也康王擧言殷士怙侈滅義之惡故先取古人論世族者發之茲殷庶士席寵惟舊怙侈滅義服美于人驕淫矜侉將由惡終雖收放心閑之惟艱呂氏曰殷士憑藉光寵助發其私欲者有自來矣私欲公義相爲消長故怙侈必至滅義義滅則無復羞惡之端徒以服飾之美侉之於人而身之不美則莫之恥也流而不反驕淫矜侉百邪並見將以惡終矣洛邑之遷式化厥訓雖已收其放心而其所以防閑其邪者猶甚難也資富能訓惟以永年惟德惟義時乃大訓不由古訓于何其訓言殷士不可不訓之也資資財也資富而能訓則心不遷於外物而可全其性命之正也然訓非外立教條也惟德惟義而已德者心之理義者理之宜也德義人所同有也惟德義以爲訓是乃天下之大訓然訓非可以己私言也當稽

古以爲之説蓋善無諡則民不從不由古以爲訓于何以爲訓乎王曰嗚呼父師邦之安危惟茲殷士不剛不柔厥德允修是時四方無虞矣蕞爾殷民化訓三紀之餘亦何足慮而康王拳拳以邦之安危惟繫於此其不苟於小成者如此文武周公之澤其深長也宜哉不剛所以保之不柔所以釐之不剛不柔其德信乎脩矣其惟周公克慎厥始惟君陳克和厥中惟公克成厥終三后協心同底于道道洽政治澤潤生民四夷左衽罔不咸賴予小子永膺多福殊厥井疆非治之成也使商民皆善然後可謂之成此曰成者預期之也三后所治者洛邑而施及四夷王畿四方之本也吳氏曰道者致治之道也始之中之終之雖時有先後皆能即其行事觀其用心而有以濟之若出於一時若成於一人謂之協心如此公其惟時

成周建無窮之基亦有無窮之聞子孫訓其成式惟乂建立訓順式法也成周指下都而言呂氏曰畢公四世元老豈區區立後世名者而勳德之隆亦豈少此康王所以望之者蓋相期以無窮事業乃尊敬之至也嗚呼罔曰弗克惟既厥心罔曰民寡惟慎厥事欽若先王成烈以休于前政蘇氏曰弗克者畏其難而不敢為者也曰民寡者易其事以為不足為者也前政周公君陳也

君牙君牙臣名，穆王命君牙爲大司徒，此其告命也。今文無，古文有

王若曰：嗚呼！君牙，惟乃祖乃父，世篤忠貞，服勞王家，厥有成績，紀于太常。王，穆王也。康王孫，昭王子。周禮司勳云：凡有功者銘書於王之太常。司常云：日月爲常，畫日月於旌旗也。惟予小子嗣守文武成康遺緒，亦惟先王之臣，克左右亂四方。心之憂危，若蹈虎尾，涉于春冰。緒，統緒也。若蹈虎尾，畏其噬；若涉春冰，畏其陷。言憂危之至，以見求助之切也。今命爾予翼，作股肱心膂，纘乃舊服，無忝祖考。膂，脊也。舊服，忠貞服勞之事。忝，辱也。欲君牙以其祖考事先王者而事我也。弘敷五典，式和民則，爾身克正，罔敢弗正；民心罔中，惟爾之中。弘敷者，大而布之也。式和者，敬

而和之也則有物有則之則君臣之義父子之
仁夫婦之別長幼之序朋友之信是也典以設
教言故曰弘敷則以民彝言故曰式和此司徒
之教也然教之本則在君牙之身正也中也民
則之體而人之所同然也正以身言欲其所處
無邪行也中以心言欲其所存無邪思也孔子
曰子率以正孰敢不正周公曰率
自中此告君牙以司徒之職也夏暑雨小民
惟曰怨咨冬祁寒小民亦惟曰怨咨厥惟艱哉
思其艱以圖其易民乃寧祁大也暑雨祁寒小
民怨咨自傷其生之
艱難也厥惟艱哉者嘆小民之誠爲艱難也思
念其艱以圖其易民乃安也艱者飢寒之艱易
者衣食之易司徒敷五典擾兆民兼教
養之職此又告君牙以養民之難也嗚呼丕
顯哉文王謨丕承哉武王烈啓佑我後人咸以
正罔缺爾惟敬明乃訓用奉若于先王對揚文

武之光命追配于前人丕大謨謀烈功也文顯於前武承於後曰謨曰烈各指其實而言之咸以正者無一事不出於正咸罔缺者無一事不致其周密若順對答配四也前人君牙祖父王若曰君牙乃惟由先正舊典時式民之治亂在茲率乃祖考之攸行昭乃辟之有乂先正君牙祖父也君牙由祖父舊職而是法之民之治亂在此而已法則治否則亂也循汝祖父之所行而顯其君之有乂復申戒其守家法以終之按此篇專以君牙祖父爲言曰纘舊服曰由舊典曰無忝曰追配曰由先正舊典曰率祖考攸行然則君牙之祖父嘗任司徒之職而其賢可知矣惜載籍之無傳也陳氏曰康王時芮伯爲司徒君牙豈其後耶

冏命穆王命伯冏爲太僕正此其誥命也今文無古文有○呂氏曰陪僕執御之臣後世視爲賤品而不之擇者曾不知人主朝夕與居氣體移養常必由之潛消默奪於冥冥之中而明爭顯諫於昭昭之際抑末矣自周公作立政而歎綴衣虎賁知恤者鮮則君德之所繫前此知之者亦罕矣周公表而出之其選始重穆王之用太僕正特作命書至與大司徒略等其知本哉

王若曰伯冏惟予弗克于德嗣先人宅丕后怵惕惟厲中夜以興思免厥愆伯冏臣名穆王言我不能于德繼前人居大君之位恐懼危厲中夜以興思所以免其咎過昔在文武聰明齊聖小大之臣咸懷忠良其侍御僕從罔匪正人以旦夕承弼厥辟出入起居罔有不欽發號施

令罔有不臧下民祗若萬邦咸休侍給侍左右者御車御之官僕從太僕羣僕凡從王者承承順之謂弼正救之謂雖文武之君聰明齊聖小大之臣咸懷忠良固無待於侍御僕從之承弼者然其左右奔走皆得正人則承順正救亦豈小補哉惟予一人無良實賴左右前後有位之士匡其不及繩愆糾謬格其非心俾克紹先烈無良言其質之不善也匡輔助也繩直糾正也非心非僻之心也先烈文武也今予命汝作大正正于羣僕侍御之臣懋乃后德交修不逮大正大僕正也周禮大僕下大夫也羣僕謂祭僕隸僕戎僕齊僕之類穆王欲伯冏正其羣僕侍御之臣以勉進君德而交修其所不及或曰周禮下大夫不得爲正漢孔氏以爲太御中大夫蓋周禮大御最長下又有羣僕與此所謂正于羣僕者合且與君同車最爲親近也愼簡乃

僚無以巧言令色便辟側媚其惟吉士巧好令善也好其言善其色外飾而無質實者也便者順人之所欲辟者避人之所惡側者姦邪媚者諛悅小人也吉士君子也言當謹擇汝之僚佐無任小人而惟用君子也又按此言謹簡乃僚則成周之時凡為官長者皆得自舉其屬不特辟除府史胥徒而已僕臣正厥后克正僕臣諛厥后自聖后德惟臣不德惟臣自聖自以為聖也僕臣之賢否繫君德之輕重如此呂氏曰自古小人之敗君德為昏為虐為侈為縱曷其有極至於自聖猶若淺之為害穆王獨以是蔽之者蓋小人之蠱其君必使之虛美薰心傲然自聖則謂人莫已若而欲予言莫之違然後法家拂士日遠而快意肆情之事亦莫或齟齬其間自聖之證既見而百疾從之昏虐侈縱皆其枝葉而不足論也爾無昵于憸人充耳目之官迪上以非先王之典汝無比近小人充我

耳目之官尊君上以非先王之典蓋穆王自量其執德未固恐左右以異端進而蕩其心也

非人其吉惟貨其吉若時瘝厥官惟爾大弗克祗厥辟惟予汝辜戒其以貨賄任羣僕也言不于其人之善而惟以貨賄爲善則是曠厥官汝大不能敬其君而我亦汝罪矣

王曰嗚呼欽哉永弼乃后于彝憲彝憲常法也呂氏曰穆王卒章之命望於伯冏者深且長矣此心不繼造父爲御周遊天下將必有車轍馬跡導其侈者果出於僕御之間抑不知伯冏猶在職乎否也穆王豫知所戒憂思深長猶不免躬自蹈之人心操舍之無常可懼哉

呂刑

呂侯爲天子司寇穆王命訓刑以詰四方史録爲篇今文古文皆有

○按此篇專訓贖刑蓋本舜典金作贖刑之語今詳此書實則不然蓋舜典所謂贖者官府學校之刑爾若五刑則固未嘗贖也五刑之寛惟處以流鞭扑之寛方許其贖今穆王贖法雖大辟亦與其贖免矣漢張敞以討羌兵食不繼建爲入穀贖罪之法初亦未嘗及夫殺人及盗之罪而蕭望之等猶以爲如此則富者得生貧者獨死恐開利路以傷治化曾謂唐虞之世而有是贖法哉穆王巡游無度財匱民勞至其末年無以爲計乃爲此一切權宜之術以斂民財夫子録之蓋亦示戒然其一篇之書哀矜惻怛猶可以想見三代忠厚之遺意云爾○又按書傳引此多稱甫刑史記作甫侯言於王作修刑辟呂後爲甫歟

惟呂命王享國百年耄荒度作刑以詰四方惟呂

命與性說命語意同先此以見訓刑爲呂侯之言也耄老昏亂之稱荒忽也孟子曰從獸無厭謂之荒穆王享國百年車輪馬跡遍于天下故史氏以耄荒二字發之亦以見贖刑爲穆王耄荒所訓耳蘇氏曰荒大也大度作刑猶禹曰予荒度土功荒當屬下句亦通然耄亦貶之之辭也

王曰若古有訓蚩尤惟始作亂延及于平民罔不寇賊鴟義姦宄奪攘矯虔

言鴻荒之世渾厚敦厖蚩尤始開暴亂之端驅扇熏炙延及平民無不爲寇爲賊鴟義者以鴟張跋扈爲義矯虔者矯詐虔劉也

苗民弗用靈制以刑惟作五虐之刑曰法殺戮無辜爰始淫爲劓刵椓黥越茲麗刑并制罔差有辭

苗民承蚩尤之暴不用善而制以刑惟作五虐之刑名之曰法以殺戮無罪於是始過爲劓鼻刵耳椓竅黥面之法於麗法者必刑之并制無罪不復以曲直之辭爲差別皆

刑之也民興胥漸泯泯棼棼罔中于信以覆詛盟虐威庶戮方告無辜于上上帝監民罔有馨香德刑發聞惟腥泯泯昏也棼棼亂也民相漸染爲昏爲亂無復誠信相與反覆詛盟而巳虐政作威衆被戮者方各告無罪於天天視苗民無有馨香德而刑戮發聞莫非腥穢呂氏曰形於聲嗟窮之反也動於氣臭惡之熟也馨香陽也腥穢陰也故德爲馨香而刑發腥穢也皇帝哀矜庶戮之不辜報虐以威遏絶苗民無世在下皇帝舜也以書攷之治苗民命伯夷禹稷皐陶皆舜之事報苗之虐以我之威絶滅也謂竄與分北之類遏絶之使無繼世在下國乃命重黎絶地天通罔有降格羣后之逮在下明明棐常鰥寡無蓋重少昊之後黎高陽之後重即羲黎即和也呂氏曰治世公道昭明爲善得福爲惡

得禍民曉然知其所由則不求之眇茫冥昧之間當三苗昏虐民之得罪者莫知其端無所控訴相與聽於神祭非其鬼天地人神之典雜揉瀆亂此妖誕之所以興人心之所以不正也在舜當務之急莫先於正人心首命重黎修明祀典天子然後祭天地諸侯然後祭山川高卑上下各有分限絕地天之通嚴幽明之分焄蒿妖誕之說舉皆屛息羣后及在下之羣臣皆精白一心輔助常道民卒善而得福惡而得禍雖鰥寡之微亦無有蓋蔽而不得自伸者也○按國語曰少皥氏之衰九黎亂德民神雜揉家爲巫史民瀆齊盟禍災荐臻顓頊受之乃命南正重司天以屬神火正黎司地以屬民使無相侵瀆其後三苗復九黎之德堯復育重黎之後不忘舊者使復典之

皇帝清問下民鰥寡有辭于苗德威惟畏德明惟明清問虛心而問也有辭聲苗之過也苗以虐爲威以察爲明帝反其道以德威而天下無不畏以德明而天下無不明也

乃命三后恤功于民

伯夷降典折民惟刑禹平水土主名山川稷降播種農殖嘉穀三后成功惟殷于民恤功致憂民之功也

典禮也伯夷降天地人之三禮以折民之邪妄蘇氏曰失禮則入刑禮刑一物也伯夷降典以正民心禹平水土以定民居稷降播種以厚民生三后成功而致民之殷盛富庶也吕氏曰二典不載有兩刑官蓋傳聞之謬也愚意皐陶未爲刑官之時豈伯夷實兼之歟下文又言伯夷播刑之迪不應如此謬誤

士制百姓于刑之中以教祇德命皐陶爲士制百姓于刑辟之中所以檢其心而教以祇德也○吕氏曰皐陶不與三后之列遂使後世以刑官爲輕後漢楊賜拜廷尉自以代非法家言曰三后成功惟殷于民皐陶不與蓋吝之也是後非獨人臣以刑官爲輕人君亦以爲輕矣觀舜之稱皐陶曰刑期于無刑民協于中時乃功又曰俾予從欲以治四方風動惟乃之休其所繫乃如此是可輕哉吕氏曰吕刑一篇

以刑爲主故歷叙本末而歸之於皐陶之刑勢不得與伯夷禹稷雜稱言固有賓主也穆穆在上明明在下灼于四方罔不惟德之勤故乃明于刑之中率乂于民棐彝穆穆者和敬之容也明明者精白之容也灼于四方者穆穆明明輝光發越而四達也君臣之德昭明如是故民皆觀感動蕩爲善而不能自已也如是而猶有未化者故士師明于刑之中使無過不及之差率乂于民輔其常性所謂刑罰之精華也典獄非訖于威惟訖于富敬忌罔有擇言在身惟克天德自作元命配享在下訖盡也威權勢也富賄賂也當時典獄之官非惟得盡法於權勢之家亦惟得盡法於賄賂之人言不爲威屈不爲利誘也敬忌之至無有擇言在身大公至正純乎天德無毫髮不可舉以示人者天德在我則大命自我作而配享在下矣在下者對天之辭蓋推典獄用刑之極功而

至於與天爲一者如此王曰嗟四方司政典獄非爾惟作天牧今爾何監非時伯夷播刑之迪其今爾何懲惟時苗民匪察于獄之麗罔擇吉人觀于五刑之中惟時庶威奪貨斷制五刑以亂無辜上帝不蠲降咎于苗苗民無辭于罰乃絕厥世司政典獄漢孔氏曰諸侯也爲諸侯主刑獄而言非爾諸侯爲天牧養斯民乎爲天牧民則今爾何所監懲所當監者非伯夷乎所當懲者非有苗乎伯夷布刑以啓迪斯民捨皋陶而言伯夷者探本之論也麗附也苗民不察於獄辭之所麗又不擇吉人俾觀于五刑之中惟是貴者以威亂政富者以貨奪法斷制五刑亂虐無罪上帝不蠲貸而降罰于苗苗民無所辭其罰而遂殄滅之也王曰嗚呼念之哉伯父伯兄仲叔季弟幼

子童孫皆聽朕言庶有格命今爾罔不由慰日勤爾罔或戒不勤天齊于民俾我一日非終惟終在人爾尚敬逆天命以奉我一人雖畏勿畏雖休勿休惟敬五刑以成三德一人有慶兆民賴之其寧惟求

此告同姓諸侯也格至也參錯訊鞫極天下之勞者莫若獄茍有毫髮怠心則民有不得其死者矣罔不由慰日勤者爾所用以自慰者無不以日勤故職舉而刑當也爾罔或戒不勤者刑罰之用一成而不可變者也茍須刻之不勤則刑罰失中雖深戒之而已施者亦無及矣戒固善心也而用刑豈可以或戒也哉且刑獄非所恃以爲治也天以是整齊亂民使我爲一日之用而已非終即康誥大罪非終之謂言過之當宥者惟終即康誥小罪惟終之謂言故之當辟者非終惟終皆非我得輕重惟在夫人所犯耳爾當敬逆天命

以承我我一人畏威古通用威辟之也休宥之也我雖以爲辟爾惟勿辟我雖以爲宥爾惟勿宥惟敬乎五刑之用以成剛柔正直之德則君慶於上民賴於下而安寧之福其永久而不替矣

王曰吁來有邦有土告爾祥刑在今爾安百姓何擇非人何敬非刑何度非及有民社者皆在所告也夫刑凶器也而謂之祥者刑期無刑民協于中其祥莫大焉及逮也漢世詔獄所逮有至數萬人者審度其所當逮者而後可逮之也曰何曰非問答以發其意以明三者之決不可不盡心也

兩造具備師聽五辭五辭簡孚正于五刑五刑不簡正于五罰五罰不服正于五過兩造者兩爭者皆至也周官以兩造聽民訟具備者詞證皆在也師衆也五辭麗於五刑之辭也簡核其實也孚無可疑也正質也五辭簡核而可信乃質于五刑也不簡者辭與刑參差不應刑之疑者也罰贖也疑

於刑則質于罰也不服者辭與罰又不應也罰之疑者也過誤也疑於罰則質于過而宥免之也

五過之疵惟官惟反惟內惟貨惟來其罪惟均其審克之

疵病也官威勢也反報德怨也內女謁也貨賄賂也來干請也惟此五者之病以出入人罪則以人之所犯坐之也審克者察之詳而盡其能也下文屢言以見其丁寧忠厚之至疵於刑罰亦然但言於五過者舉輕以見重也

五刑之疑有赦五罰之疑有赦其審克之簡孚有衆惟貌有稽無簡不聽具嚴天威

刑疑有赦正于五罰也罰疑有赦正于五過也簡核情實可信者衆亦惟考察其容貌周禮所謂色聽是也然聽獄以簡核為本苟無情實在所不聽上帝臨汝不敢有毫髮之不盡也

墨辟疑赦其罰百鍰閱實其罪劓辟疑赦其罰惟倍閱實其罪剕辟疑赦其

罰倍差閱實其罪宮辟疑赦其罰六百鍰閱實其罪大辟疑赦其罰千鍰閱實其罪墨罰之屬千劓罰之屬千剕罰之屬五百宮罰之屬三百大辟之罰其屬二百五刑之屬三千上下比罪無僭亂辭勿用不行惟察惟法其審克之墨刻額而涅之也劓割鼻也剕刖足也宮淫刑也男子割勢婦人幽閉大辟死刑也六兩曰鍰閱視也倍二百鍰也倍差倍而又差五百鍰也屬類也三千總計之也周禮司刑所掌五刑之屬二千五百刑雖增舊然輕罪比舊爲多而重罪比舊爲減也比附也罪無正律則以上下刑而比附其罪也無僭亂辭勿用不行未詳或曰亂辭辭之不可聽者不行舊有是法而今不行者戒其無差誤於僭亂之辭勿用今所不行之法惟詳明法意而審克之也○今按皐陶所謂罪疑惟輕

者降一等而罪之耳今五刑疑赦而直罰之以金是大辟宫剕劓墨皆不復降等用矣蘇氏謂五刑疑則入罰不降當因古制非也舜之贖刑官府學校鞭扑之刑爾夫刑莫輕於鞭扑入於鞭扑之刑而又情法猶有可議者則是無法以治之故使之贖特不欲遽釋之也而穆王之所謂贖雖大辟亦贖也舜豈有是制哉詳見篇題

上刑適輕下服下刑適重上服輕重諸罰有權刑罰世輕世重惟齊非齊有倫有要

事在上刑而情適輕則服下刑舜之宥過無大康誥所謂大罪非終者是也事在下刑而情適重則服上刑舜之刑故無小康誥所謂小罪非眚者是也若謂罰之輕重亦皆有權焉權者進退推移以求其輕重之宜也刑罰世輕世重者周官刑新國用輕典刑亂國用重典刑平國用中典隨世而爲輕重者也輕重諸罰有權者權一人之輕重也刑罰世輕世重者權一世之輕重也惟齊非齊者法之權也有倫有要者法之經也言刑罰雖惟權

變是適而齊之以不齊焉至其倫要所在蓋
有截然而不可紊者矣此兩句總結上意罰
懲非死人極于病非佞折獄惟良折獄罔非在
中察辭于差非從惟從哀敬折獄明啓刑書胥
占咸庶中正其刑其罰其審克之獄成而孚輸
而孚其刑上備有并兩刑罰以懲過雖非致人
於死然民重出贖亦
甚病矣佞口才也非口才辯給之人可以折獄
惟溫良長者視民如傷者能折獄而無不在中
也此言聽獄者當擇其人也察辭于差者辭非
情實終必有差聽獄之要必於其差而察之非
從惟從者察辭不可偏主猶曰不然而然所以
審輕重而取中也哀敬折獄者惻怛敬畏以求
其情也明啓刑書胥占者言詳明法律而與衆
占度也咸庶中正者皆庶幾其無過忒也於是
刑之罰之又當審克之也此言聽獄者當盡其
心也若是則獄成於下而已信之獄輸於上而

君信之其刑上備有并兩刑者言上其斷獄之書當備情節一人而犯兩事罪雖從重亦并兩刑而上之也此言讞獄者當備其辭也

王曰嗚呼敬之哉官伯族姓朕言多懼朕敬于刑有德惟刑今天相民作配在下明清于單辭民之亂罔不中聽獄之兩辭無或私家于獄之兩辭獄貨非寶惟府辜功報以庶尤永畏惟罰非天不中惟人在命天罰不極庶民罔有令政在于天下

此總告之也官典獄之官也伯諸侯也族同族姓異姓也朕之於刑言且多懼況用之乎朕敬于刑者畏之至也有德惟刑厚之至也今天以刑相佑斯民汝實任責作配在下可也明清以下敬刑之事也獄辭有單有兩單辭者無證之辭也聽之爲尤難明者無一毫之蔽清者無一點之汚曰明曰清誠敬篤至表

襄洞徹無少私曲然後能察其情也亂治也獄貨鬻獄而得貨也府聚也辜功猶云罪狀也報以庶尤者降之百殃也非天不中惟人在命者非天不以中道待人惟人自取其殃禍之命爾此章文有未詳者姑闕之

王曰嗚呼嗣孫今往何監非德于民之中尚明聽之哉哲人惟刑無疆之辭屬于五極咸中有慶受王嘉師監于茲祥刑

此詔來世也嗣孫嗣世子孫也言今往何所監視非用刑成德而能全民所受之中者乎下文哲人即所當監者五極五刑也明哲之人用刑而有無窮之譽蓋由五刑咸得其中所以有慶也嘉善師衆也諸侯受天子良民善衆當監視于此祥刑申言以結之也

文侯之命 幽王爲犬戎所殺晉文侯與鄭武公迎太子宜臼立之是爲平王遷於東都平王以文侯爲方伯賜以秬鬯弓矢作策書命之史録爲篇今文古文皆有

王若曰父義和丕顯文武克愼明德昭升于上敷聞在下惟時上帝集厥命于文王亦惟先正克左右昭事厥辟越小大謀猷罔不率從肆先祖懷在位 同姓故稱父文侯名仇義和其字不名者尊之也丕顯者言其德之所成克謹者言其德之所脩昭升敷聞言其德之所至也文武之德如此故上帝集厥命於文王亦惟爾祖父能左右昭事其君於小大謀猷無敢背違故先王得安在位 嗚呼閔予小子嗣造天丕愆殄資澤于下民侵戎我國家

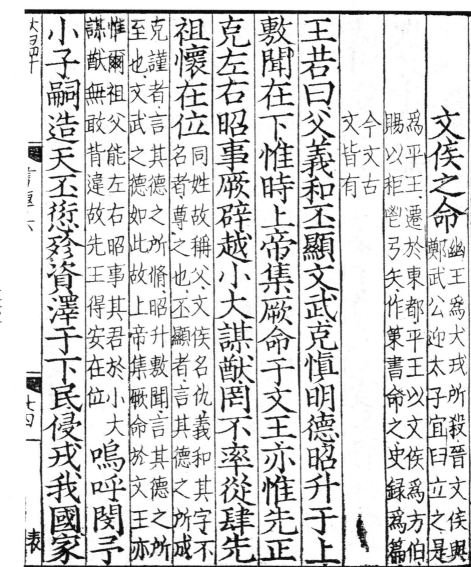

純即我御事罔或耆壽俊在厥服予則罔克曰惟祖惟父其伊恤朕躬嗚呼有績予一人永綏在位歎而自痛傷也閔憐也嗣造天丕愆者嗣位之初爲天所大譴父死國敗也殄絕純大也絕其資用惠澤於下民本既先撥故戎狄侵陵爲我國家之害甚大今我御事之臣無有老成俊傑在厥官者而我小子又材劣無能其何以濟難又言諸侯在我祖父之列者其誰能恤我乎又歎息言有能致功予一人則可求安厥位矣蓋悲國之無人無有如上文先正之昭事而先王得安在位也

父義和汝克昭乃顯祖汝肇刑文武用會紹乃辟追孝于前文人汝多修扞我于艱若汝予嘉顯祖文人皆謂唐叔即上文先正昭事厥辟者也後罔或耆壽俊在厥服則刑文武之道絕矣今刑文武自文侯始故曰肇刑文武會者合之而使不離紹者繼之

而使不絕前文人猶云前寧人汝多所修完扞衛我于艱難若汝之功我所嘉美也王曰父義和其歸視爾師寧爾邦用賚爾秬鬯一卣彤弓一彤矢百盧弓一盧矢百馬四匹父往哉柔遠能邇惠康小民無荒寧簡恤爾都用成爾顯德師衆也黑黍曰秬釀以鬯草卣中尊也諸侯受錫命當告其始祖故賜鬯也彤赤盧黑也諸侯有大功賜弓矢然後得專征伐馬供武用四匹曰乘侯伯之賜無常以功大小爲度也簡者簡閱其士恤者惠恤其民都者國之都鄙也。蘇氏曰予讀文侯篇知東周之不復興也宗周傾覆禍敗極矣平王宜若衛文公越勾踐然今其書乃旋旋焉與平康之世無異春秋傳曰厲王之禍諸侯釋位以間王政宣王有志而後效官讀文侯之命知平王之無志也愚按史記幽王娶於申而生太子宜臼後幽王嬖褒姒廢申后去太子申侯怒與繒西夷犬戎攻王而殺之諸侯即申侯而立故太子宜臼是爲平王平王以申侯立已爲有德而忘其弒父爲當誅方將以復讎討賊之衆而爲戍申戍許之舉其忘親背義得罪於天已甚矣何怪其委靡頽墮而不自振也哉然則是命也孔子以其猶能言文武之舊而存之歟抑亦以示戒於天下後世而存之歟

費誓 費地名淮夷徐戎並起爲寇魯侯征之於費誓衆故以費誓名篇今文古文皆有○呂氏曰伯禽撫封於魯夷戎妄意其未更事且乘其新造之隙而伯禽應之者甚整暇有序先治戎備次之以除道路又次之以嚴部伍又次之以立期會先後之序皆不可紊又按費誓秦誓皆侯國之事而繫於帝王書末者猶詩之録商頌魯頌也

公曰嗟人無譁聽命徂茲淮夷徐戎並興 漢孔氏曰徐戎淮夷並起寇魯伯禽爲方伯帥諸侯之師以征歎而敕之使無喧譁欲其靜聽誓命蘇氏曰淮夷叛已久矣及伯禽就國又脅徐戎並起故曰徂茲淮夷徐戎並興徂茲者猶曰往者云

善敹乃甲冑敿乃干無敢不弔備乃弓矢鍛乃戈矛礪乃鋒刃無敢不善 敹縫完也縫完其甲冑勿使斷毀敿鄭氏

云猶繫也王肅云敽楯當有紛繫持之予精至也鍛淬礪磨也甲胄所以衛身弓矢戈矛所以克敵先自衛而後攻人亦其序也

今惟淫舍牿牛馬杜乃擭敜乃穽無敢傷牿牿之傷汝則有常刑

淫大也牿閑牧也擭機檻也敜塞也師既出牛馬所舍之閑牧大布於野當窒塞其擭穽一或不謹而傷閑牧之牛馬則有常刑此令軍在所之居民也舉此例之凡川梁藪澤險阻屏翳有害於師屯者皆在矣此除道路之事

馬牛其風臣妾逋逃勿敢越逐祗復之我商賚汝乃越逐不復汝則有常刑無敢寇攘踰垣墻竊馬牛誘臣妾汝則有常刑

役人賤者男曰臣女曰妾馬牛風逸臣妾逋亡不得越軍壘而逐之失主雖不得逐而人得風馬牛逃臣妾者又當敬還之我商度多寡以賞汝如或越逐而失伍不復而攘取皆有常刑有故竊奪踰垣墻竊人

牛馬誘人臣妾者亦有常刑此嚴部伍之事甲戌我惟征徐戎峙乃糗糧無敢不逮汝則有大刑魯人三郊三遂峙乃楨榦甲戌我惟築無敢不供汝則有無餘刑非殺魯人三郊三遂峙乃芻茭無敢不多汝則有大刑甲戌用兵之期也峙儲備也糗糧食也不逮若今之乏軍興淮夷徐戎並起今所攻獨徐戎者蓋量敵之堅瑕緩急而攻之也國外曰郊郊外曰遂天子六軍則六鄉六遂大國三軍故魯三郊三遂也楨榦板築之木題曰楨墻端之木也旁曰榦墻兩邊障土者也以是日征是日築者彼方禦我之攻勢不得擾我之築也無餘刑非殺者刑之非一但不至于殺爾芻茭供軍牛馬之用軍以期會芻糧爲急故皆服大刑楨榦芻茭獨言魯人者地近而致便也

秦誓左傳杞子自鄭使告于秦曰鄭人使我掌其北門之管若潛師以來國可得也穆公訪諸蹇叔蹇叔曰不可公辭焉使孟明西乞白乙伐鄭晉襄公帥師敗秦師于殽因其三帥穆公悔過誓告羣臣史録爲篇今文古文皆有

公曰嗟我士聽無譁予誓告汝羣言之首首之爲言第一義也將舉古人之言故先發此古人有言曰民訖自若是多盤責人斯無難惟受責俾如流是惟艱哉訖盡盤安也凡人盡自若是多安於徇己其責人無難惟受責於人俾如流水略無扞格是惟難哉穆公悔前日安於自徇而不聽蹇叔之言深有味乎古人之語故舉爲誓言之首也我心之憂日月逾邁若弗云來已然之過不可追未遷之善猶可及憂歲月之逝若無復有來日也惟古之謀人則曰未就予忌惟今之

謀人姑將以爲親雖則云然尚猷詢茲黃髮則
罔所愆忌疾姑且也古之謀人老成之士也今之謀人新進之士也非不知其爲老成
以其不就己而忌疾之非不知其新進姑樂其順便而親信之前日之過雖已云然然尚謀詢
茲黃髮之人則庶罔有所愆蓋悔其既往之失而冀其將來之善也番番良士旅
力既愆我尚有之仡仡勇夫射御不違我尚不
欲惟截截善諞言俾君子易辭我皇多有之番番
老貌仡仡勇貌截截辯給貌諞巧也皇遑通旅力既愆之良士前日所詆墓木既拱者我猶庶
幾得而有之射御不違之勇夫前日所誇過門超乘者我庶幾不欲用之勇夫我尚不欲則辯
給善巧言能使君子變易其辭說者我遑暇多有之哉良士謂蹇叔勇夫謂三帥諞言謂杞子
先儒皆謂穆公悔用孟明詳其誓意蓋深悔用杞子之言也昧昧我思之如

有一介臣斷斷猗無他技其心休休焉其如有容人之有技若己有之人之彥聖其心好之不啻如自其口出是能容之以保我子孫黎民亦職有利哉昧昧而思者深潛而靜思也介獨也大學作個斷斷誠一之貌猗語辭大學作兮休休易直好善之意容有所受也彥美士也聖通明也技才藝也心之所好甚於口之所言也職主也人之有技冒疾以惡之人之彥聖而違之俾不達是不能容以不能保我子孫黎民亦曰殆哉冒大學作媢忌也違背違之也達窮達之達殆危也蘇氏曰至哉穆公之論此二人也前一人似房元齡後一人似李林甫後之人主監此足矣邦之杌隉曰由一人邦之榮懷亦尚一人之慶杌隉不安也懷安也

言國之危殆繫於所任一人之非國之榮
亦繫於所任一人之是申繳上二章意

朱文公訂正門人蔡九峯書集傳卷之六

淳祐庚戌季秋金華後學呂遇龍
校正刋于上饒郡學之極高明

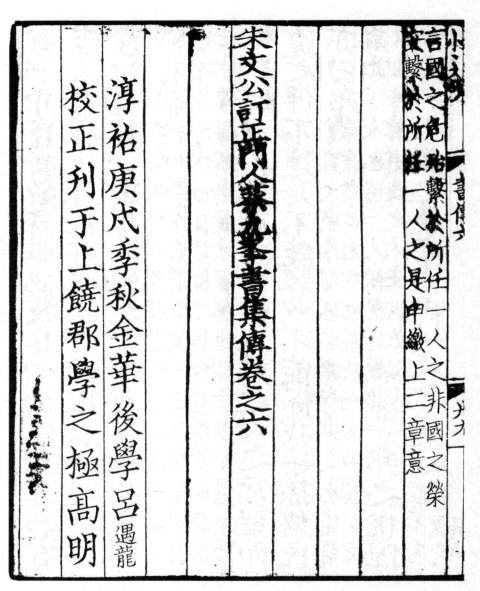

書序

漢劉歆曰孔子修易序書班固曰孔子纂書凡百篇而爲之序言其作意今攷序文於見存之篇雖頗依文立義而識見淺陋無所發明其閒至有與經相戾者於已亡之篇則依阿簡略尤無所補其非孔子所作明甚顧世代久遠不可復知然孔安國雖云得之壁中而亦未嘗以爲孔子所作但謂書序序所以爲作者之意與討論墳典等語隔越不屬意亦可見今姑依安國壁書之舊復合序爲一篇以附卷末而疏其可疑者於下云

昔在帝堯聰明文思光宅天下將遜于位讓于虞舜作堯典聰明文思欽明文思也光宅天下光被四表也將遜于位讓于虞舜以虞書也作者追言作書之意如此也○虞舜側微堯聞之聰明

將使嗣位歷試諸難作舜典側微微賤也歷試徧試之也諸難五典百揆四門大麓之事也今按舜典一篇備載一代政治之終始而序止謂歷試諸難作舜典豈足以盡一篇之義。

帝釐下土方設居方別生分類作汩作九共九篇槀飫漢孔氏曰言舜理四方諸侯各設其官居其方生姓也別其姓族分其類使相從也汩始作興也言治民之功興也槀勞飫賜也凡十一篇亡今按十一篇共只一序。如此亦不可曉

皐陶矢厥謨禹成厥功帝舜申之作大禹皐陶謨益稷矢陳申重也序書者徒知皐陶以謨名禹以功稱而篇中有來禹汝亦昌言與時乃功懋哉之語遂以爲舜申禹使有言申皐陶使有功其淺近如此而不知禹曷嘗無言皐陶曷嘗無功是豈足以知禹皐陶之精微者哉。

禹別九州隨山濬川任土作貢別分也分九州疆界是也隨山

者隨山之勢濬川者濬川之流任土者任土地所宜而制貢也。啓與有扈戰于甘之野作甘誓經曰大戰于甘者甚有扈之辭也序書者宜若春秋筆然春秋桓王失政與鄭戰于繻葛夫子猶書王伐鄭不曰與不曰戰者以存天下之防也以啓之賢征有扈之無道正禮樂征伐自天子出也序書者曰與曰戰若敵國者何哉孰謂書序爲夫子作乎。太康失邦昆弟五人須于洛汭作五子之歌經文已明此但疣贅耳下文不註者放此。羲和湎淫廢時亂日胤往征之作胤征以經攷之羲和蓋黨羿惡仲康畏羿之強不敢正其罪而誅之止責其廢厥職荒厥邑爾序書者不明此意亦曰湎淫廢時亂日亦有所畏而不敢正其罪耶。自契至于成湯八遷湯始居亳從先王居作帝告釐沃。湯征諸侯葛伯不祀湯始征之作湯征。伊尹去亳適夏既醜有夏復歸于亳入自北門乃遇汝鳩汝方作汝鳩汝方漢孔氏曰先王帝嚳也醜惡也不期而會曰遇鳩方二臣名五篇亡。伊尹相湯伐桀升自陑遂與桀戰于鳴條之野作湯誓以伊尹爲首稱者得之咸有一德亦曰惟尹躬暨湯咸有一德陑在河曲之陽鳴條在安邑之西升自陑義未詳漢孔氏遂以爲出其不意亦序意有以啓其陋歟。湯既勝夏欲遷其社不可作夏社疑至臣扈程子曰聖人不容有妄舉湯始欲遷社衆議以爲不可而不遷是湯有妄舉也蓋不可者湯不可之也唐孔氏以於時有議論其事者詳序文以爲欲遷者湯欲之也恐未必如程子所言要之序非聖人之筆自不足以知聖人也三篇亡。夏師敗績湯遂從之遂伐三朡俘厥寶玉誼伯仲伯作典寶三朡國名今定陶也俘取也俘厥寶玉恐亦非聖人所急篇亡○湯歸自夏至于大坰仲虺作誥大坰地名○湯旣黜夏命復歸于亳作湯誥○咎單作明居一篇亡

○成湯旣没太甲元年伊尹作伊訓肆命徂后

孟子曰湯崩太丁未立外丙二年仲壬四年太甲顛覆湯之典刑史記太子太丁未立而死立太丁之弟外丙二年崩又立外丙之弟仲壬四年崩伊尹乃立太丁之子太甲序書者以經文首言奉嗣王祗見厥祖遂云成湯旣没太甲元年後世儒者以序爲孔子所作不敢非之反疑孟子所言與本紀所載是可嘆巳肆命徂后三篇亡○吳氏曰太甲諒陰爲服仲壬之喪以是時湯葬巳久仲壬在殯太甲太丁之子視仲壬爲叔父爲之後者爲之子也祗見厥祖謂至湯之廟蓋太甲旣立伊尹訓于湯廟故稱祗見厥祖若止是殯前旣不當稱奉亦不當稱祗見也

○太甲既立不明伊尹放諸桐三年復歸于亳思庸伊尹作太甲三篇按孔氏云桐湯葬地也若未葬之辭蓋上文祗見厥祖言湯在殯故此不敢爲已葬使湯果在殯則太甲固已密邇其殯側矣捨殯而欲密邇湯於將葬之地固無是理也孔氏之失起於伊訓序文之繆遺外丙仲壬二帝故書指不通○伊尹作咸有一德○沃丁既葬伊尹于亳咎單遂訓伊尹事作沃丁○伊陟相太戊亳有祥桑穀共生于朝伊陟贊于巫咸作咸乂四篇○太戊贊于伊陟作伊陟原命○仲丁遷于囂作仲丁○河亶甲居相作河亶甲○祖乙圮于耿作祖乙沃丁太甲之子咎單臣名伊陟伊尹之子太戊沃丁弟之子桑穀二木合生于朝七

日而拱妖也巫咸臣名鄉相耿皆地名鄉相在河北耿在河東耿鄉河水所毀曰圮凡十篇亡

○盤庚五遷將治亳殷民咨胥怨作盤庚三篇以篇中有不常厥邑于今五邦序遂曰盤庚五遷然今詳于今五邦之下繼以今不承于古罔知天之斷命則是盤庚之前已自有五遷而作序者攷之不詳繆云耳也又五邦云者五國都也經言亳鄉相耿惟四邦爾盤庚從湯居亳不可又謂之一邦也序與經文旣已差繆史記遂謂盤庚自有五遷誤人甚矣

○高宗夢得說使百工營求諸野得諸傳巖作說命三篇按經文乃審厥象俾以形旁求于天下是高宗夢得良弼形狀乃審其狀貌而廣求于四方說築傅巖之野與形象肖似如序所云似若高宗夢得傳說姓氏又因經文有羣臣百官等語遂謂使百工營求諸野得諸傳巖非惟無補經文而反支離晦昧豈聖人之筆哉

○高宗祭成湯有飛雉升鼎

耳而雊祖已訓諸王作高宗肜日高宗之訓經言

肜日而序以爲祭成湯經言有雊雉而序以爲飛雉升鼎耳而雊載籍有所傳歟然經言典祀無豐于昵則爲近廟未必成湯也宗室都宮堂室深遠幽邃而飛雉升立鼎耳而鳴亦已異矣

高宗之訓篇亡○殷始咎周周人乗黎祖伊恐奔告于受作西伯戡黎

咎惡乗時也詳祖已所告無一言及西伯者蓋祖伊雖知周不利於商而又知周實無所利於商序言殷始咎周似亦未明祖伊奔告之意

○殷既錯天命微子作誥父師少師○惟十有一年武王伐殷一月戊午師渡孟津作泰誓三篇

十一年者十三年之誤也序本依放經文無所發明偶三誤而爲一漢孔氏遂以爲十一年觀兵十三年伐紂武王觀兵是以臣脅君也程子曰此事間不容髮一日而命未絕則是君臣當日而命絕

則爲獨夫豈有觀兵二年而後始伐之哉蓋泰誓序文既有十一年之誤而篇中又有觀政于商之語僞泰誓得之傳聞故上篇言觀兵之事次篇言伐紂之事司馬遷作周本紀因亦謂十一年觀兵十三年伐紂訛謬相承展轉左驗後世儒者遂謂實然而不知武王蓋未始有十一年觀兵之事也且序言惟十有一年武王伐殷繼以一月戊午師渡孟津即記其年其月其日之事也夫一月戊午既爲十三年之事則上文十一年之誤審矣孔氏乃離而二之於十有一年武王伐殷則釋爲觀兵之時於一月戊午師渡孟津則釋爲伐紂之時上文則年無所繫之月下文則月無所繫之年又序言十一年伐殷而孔氏乃謂十一年觀兵十三年伐殷是蓋繆中之繆遂使武王蒙數千百年僭君之惡一字之誤其流害乃至於此哉。

武王戎車三百兩虎賁三百人與受戰于牧野作牧誓

戎車馳車也古者馳車一乘則革車一乘馳車戰車革車輜車載器械財貨衣裝者也司馬法

曰一車甲士三人步卒七十二人炊家子十人固守衣裝五人廐養五人樵汲五人馳車七十五人革車二十五人凡百人二車故謂之兩三百兩三萬人也虎賁若虎賁獸之勇士百人之長也。武王伐殷往伐歸獸識其政事作武成歸獸歸馬放牛也武成所識其事之大者亦多矣何獨先取於歸馬放牛哉。武王勝殷殺受立武庚以箕子歸作洪範唐孔氏曰言殺受立武庚者序自相顧爲文未見意也。武王既勝殷邦諸侯班宗彝作分器宗彝宗廟彝尊也以爲諸侯分器篇亡。西旅獻獒太保作旅獒獻貢也。巢伯來朝芮伯作旅巢命篇亡。武王有疾周公作金縢。武王崩三監及淮夷叛周公相成王將黜殷作大誥三監管叔蔡叔霍叔也以其監殷故謂之三監。○成王既黜殷命殺武庚命微子啓代殷後作微子之命微子封於宋爲湯後。○唐叔得禾異畝同穎獻諸天子王命唐叔歸周公于東作歸禾。○周公既得命禾旅天子之命作嘉禾唐叔成王母弟畝壟也穎穗也禾各一壟合爲一穗葛氏曰唐叔雖幼因禾必有獻替之言成王既悟風雷之變因命唐叔以禾歸周公于東旅陳也二篇亡。○成王既伐管叔蔡叔以殷餘民封康叔作康誥酒誥梓材按胡氏曰康叔成王叔父也經文不應曰朕其弟成王康叔猶子也經文不應曰乃寡兄其曰兄曰弟者武王命康叔之辭也序之繆誤蓋無可疑詳見篇題又按書序似因康誥篇首錯簡遂誤以爲成王之書而孔安國又以爲序篇亦出壁中豈孔鮒藏書之時已有錯簡耶不可攷矣然書序之作雖不可必爲何人而可必其非孔子作也○成王在豐欲宅洛邑使召公先相宅作召誥○召公既相宅周公往營成周使來告卜作洛誥○成周既成遷殷頑民周公以王命告作多士遷商頑民在作洛之前序書者攷之不詳以爲成周既成遷商頑民謬矣詳見本篇題○周公作無逸○召公爲保周公爲師相成王爲左右召公不悅周公作君奭蘇氏曰舊說或謂召公疑周公陋哉斯言也愚謂序文意義含糊舊說之陋有以啓之也

○蔡叔既沒王命蔡仲踐諸侯位作蔡仲之命

○成王東伐淮夷遂踐奄作成王政踐滅也篇亡○

成王既踐奄將遷其君於蒲姑周公告召公作

將蒲姑史記作薄姑篇亡○成王歸自奄在宗周誥庶邦作多方○周公作立政○成王既黜殷命滅淮夷還歸在豐作周官成王黜殷久矣而於此復言何耶○成王既伐東夷肅慎來賀王俾榮伯作賄肅慎之命賄賂也義未詳篇亡○周公在豐將沒欲葬成周公薨成王葬于畢告周公作亳姑此言周公在豐漢孔氏謂致政歸老之時而下文君陳之序乃曰周公既沒命君陳分正東郊成周方未命君陳時成周蓋周公治之以公沒故命君陳然則公蓋未嘗去洛矣而此又以爲在豐將沒則其致政歸老果在何時耶篇亡○周公既沒命君陳分正東郊成周作君陳○成王將崩命召公畢公率諸侯相康王作

顧命。康王既尸天子遂誥諸侯作康王之誥尸天子亦無義理太康尸位羲和尸官皆言居其位而廢棄其事之稱序書亦用其例謬矣。康王命作冊畢分居里成周郊作畢命分居里者表厥宅里殊厥井疆也。穆王命君牙爲周大司徒作君牙序無所發明曰周云者殊無意義或曰此春秋王正月例也曰春秋魯史故孔子繫之以王此豈其例耶下篇亦然。穆王命伯冏爲周大僕正作冏命。穆王訓夏贖刑作呂刑此序亦無所發明但增一夏字自古刑辟之制豈專爲夷狄不爲中夏耶或曰訓夏贖刑謂訓夏后氏之贖刑也曰夏承虞治不聞變法周禮亦無五刑之贖其非古制明甚穆王耄荒車輪馬跡無所不至呂侯竊舜典贖刑二字作爲此刑以聚民財資其荒用夫子以其書猶有哀矜之意而録之至其篇首特以耄荒發之其意微矣詳見本篇○平王錫晉文侯秬鬯圭瓚作文侯之命經文止言秬鬯而此益以圭瓚有所傳歟抑賜秬鬯者必以圭瓚故經不言歟○魯侯伯禽宅曲阜徐夷並興東郊不開作費誓徐徐戎也夷淮夷也○秦穆公伐鄭晉襄公帥師敗諸崤還歸作秦誓以經文意攷之穆公之悔蓋悔用杞子之謀不聽蹇叔之言序文亦不明此意

書序終

尚書傳六卷總序一卷
文公先生門人
九峰蔡先生所集也始書本有傳分命門
人纂集莫可其意乃專屬之 九峰其說
出於一家則所著姓氏至於行有刪句句首
刊字附以己意為之緣飾者悉不復錄用詩
集傳例也宏綱要指奧辭奧義既飫聞而
熟講之矣又復玩心繹意融會其歸精思
力踐務造其極
文公既沒垂三十年而後始出其書故其援

據的確訓釋明備文從字順了無可疑典
漢五篇則又
文公未易簀前所定手畢也西山先生謂孜序
文之誤訂諸儒之說發明二帝三王聖賢
之用心皆先儒所未及者豈容輕議傳本
文公所命故不復表著師說若周公迪後率以
洛洛非封伯禽秦穆悔過任聽杞子非爲盈
明居東以避流言則序成爲卑遜作書以白公
則蘇氏近之他如毋類雜編兩棄也然之蓋也
後不及一登考亭之門嵗庚辰侍 凡紫谿

[illegible]齋[illegible]晉聞其說因請受以[illegible]

縱立萬協一之旨語錄所記若有合於

横渠書傳之云乃少異於

文公撰之內心亦有未釋然者聞竊從而疏[illegible]

則知一以心言純粹不雜之義一以理言融會

貫通之名也從語錄之說逆上經文既或未明

惕下克字復為長語味書傳之訓惟能言

而一之故始雖主於一善終則無一之不善自

渙然而無疑矣實當乎此則

文公釋經不苟同於　程子者非求異也蓋

蓋有在也若夫洪範九疇所以示行五常
居中地本無千備見於皇極內外篇根極理
要探索幽賾又其深造而自得之者每以不
獲先師印可為恨九原可作其謂斯何精義
無二終歸一揆畏與受賀不敏殫竭其為書
測其奧憂患罪罰偶未即死方將執經操
履日侍海濱而以頹不壞已不勝其悲矣
曩不自揆僭狀其行以請銘于當世名卿
輒復敘次所聞掛名傳末雖不足以發明
旨姑以志無窮之憾焉門人給宗生頓首書

談十日後學蕭向熙拜手敬書

歲在庚申　先祖與　九峯

商訂是書鑑生十一年矣獨得

在侍旁綿聽竊讀三月九日

先祖即世是書爲絶筆嗚呼痛

歿後廿八年，九峯嗣子杭泰
濡須出舊業示盥捧玩數四
手澤如新追想音容潸涕纂
集敬書其後而歸之衍冬劉
鏡弘孫盥百拜謹識

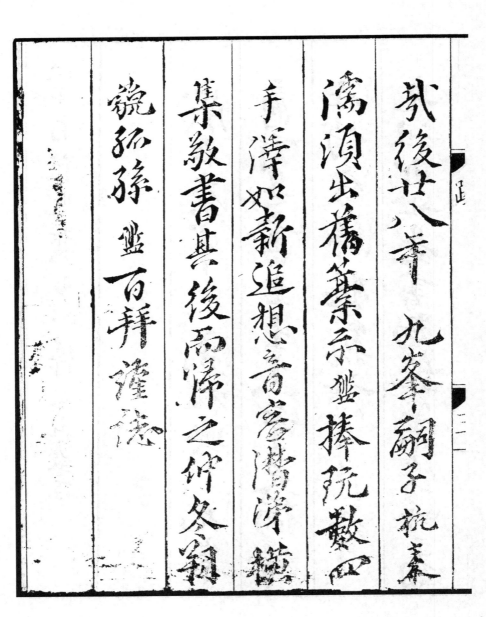

伊川先生以春秋傳屬
劉質夫既成門人請觀
先生曰却須著其親作
吁亦難矣　文公晚年
訓傳略備下至離騷且

為之辯證而帝王之書
獨以付　九峯先生叫
只籌蔡仲默来便了
文公豈輕所付哉斯傳
上經　乙覽四方人士

爭欲得而誦之猶懼其
借本之未善也遇龍倚
席上饒際先生的嗣
父軒先生為部繡衣茂
明家學而遇龍得以承

敎焉遂從攷質鋟梓學
宮觀者能以一時師友
問荅、求之則知其不專於
訓詁也淳祐庚戌九月既
望後學金華呂遇龍欽書